Report on Development of China's
Overseas Marxism Research (2023)

国外马克思主义研究 发展报告(2023)

复旦大学当代国外马克思主义研究中心
复旦大学马克思主义学院 编
复旦大学哲学学院

天津出版传媒集团

天津人民出版社

图书在版编目（CIP）数据

国外马克思主义研究发展报告. 2023 / 复旦大学当代国外马克思主义研究中心，复旦大学马克思主义学院，复旦大学哲学学院编. -- 天津：天津人民出版社，2024. 10. -- ISBN 978-7-201-20849-7

Ⅰ. A81

中国国家版本馆 CIP 数据核字第 20248H4V70 号

国外马克思主义研究发展报告（2023）

GUOWAI MAKESIZHUYI YANJIU FAZHAN BAOGAO（2023）

出　　版	天津人民出版社
出 版 人	刘锦泉
地　　址	天津市和平区西康路35号康岳大厦
邮政编码	300051
邮购电话	（022）23332469
电子信箱	reader@tjrmcbs.com
责任编辑	王佳欢
特约编辑	佐　拉
封面设计	春天·书装工作室
印　　刷	天津新华印务有限公司
经　　销	新华书店
开　　本	710毫米×1000毫米 1/16
印　　张	16.75
插　　页	2
字　　数	220千字
版次印次	2024年10月第1版 2024年10月第1次印刷
定　　价	78.00元

编 委 会

主　编：

　　　吴晓明、李　冉、张双利

策划与执行主编：

　　　陈学明、姜国敏

前　言

　　刚刚过去的 2023 年，是卢卡奇《历史与阶级意识》一书问世 100 周年。近两年来，我国的国外马克思主义研究学界为了纪念这个历史节点，围绕《历史与阶级意识》和卢卡奇的相关思想展开了一系列纪念和研讨，涌现出了一系列研究论述成果。全国当代国外马克思主义研究会 2023 年度的年会，更是把主题定为"卢卡奇与西方马克思主义的百年发展：纪念《历史与阶级意识》出版 100 周年"，汇聚了全国学界的学术力量进行集中探讨交流。就像年会的主题所说的一样，《历史与阶级意识》的出版并不单纯是一部书的问题，也不是卢卡奇个人成就的问题，它的问世标志着"西方马克思主义"这一思潮的正式形成。这部书出版以来的百年历程，也就是西方马克思主义及后来各种国外马克思主义思潮蓬勃发展并深刻影响世界的百年历程。

　　因而，2023 年度报告中，和 2022 年一样把关注学界对卢卡奇的研究作为第一位的课题，在总报告中提出了一些总体性的回顾、思考和评价，在分报告一中具体呈现学界在 2023 年度的研究热点和精彩思路。在我们看来，今天整个国外马克思主义思潮中关于发达资本主义条件下人的生存困境的根源和机制的思考，关于社会历史的主体如何形成、如何可能发挥力量的思考，其基本思路方法都还没有跳脱出《历史与阶级意识》分析"物化"、分析"阶级意识"所奠定的框架。因而，我们完全有必要持续地、长久地把卢卡奇当作我们的同时代人，研读他的作品，同他开展对话，从他那里汲取智慧，并对我们自身的研读、对话和汲取方式进行不断地批判审视。

　　在其后的分报告二至六中，我们从学界总体和史学理论、文学美学理论、哲学批判理论等具体领域的不同视角，概览了相关方面学者研究西方马克思主义、国外马克思主义的历史行程与最新进展。《历史与阶级意识》及其后全部国外马克思主义思潮对中国理论和实践发挥启示、借鉴价值,从根本上说是要经由马克思主义这个枢纽,助力中国化时代化马克思主义的守正创新事业,从而助力中国特色社会主义、中华民族现代文明和中国自主知识体系的发展壮大。这几个分报告,正是循着这样的思路,力求从我国国外马克思主义研究的总体历史经验和当代重要生长点上,注重问题导向,直面当代中国和世界面临的重大挑战,通过积极汲取国外马克思主义思潮的研究成果、积极反思我国国外马克思主义研究工作的担当作为,得出中外马克思主义之间互通互鉴的一些方法论启示。

相较于往年的报告,我们加强了对年内若干学术会议、学术研讨活动的追踪力度,占据了分报告七至十二整整六个部分的篇幅。其中,一方面是一些业已形成办会传统、在学界范围已经打响"品牌"的会议常开常新;另一方面在西方马克思主义诞生百年的历史节点上,以及在我国国外马克思主义研究学界一些活跃团队和平台自身建设发展的关键节点上,相关学者对国外马克思主义研究的学科建制、学术资源、研究进路、未来趋势等进行着积极反思和谋划。因而,及时汇集相关研讨讲习的内容,向学界及时全面地通报呈现,是我们本次年度报告所着力加强的内容。

当然,我们在各个报告的撰写中依然延续着以前的原则,充分尊重各个撰写者的学术观点和研究方法,综合考量热点动向和研究传统,有立场有选择有侧重地梳理、评价相关领域国外马克思主义研究工作的进程和成果,我们欢迎广大读者针对相关的梳理归纳和评价分析提出再思考、再评价,在切磋砥砺中推进"对国外马克思主义研究进行研究"这一宗旨任务。本年度报告由陈学明策划和组稿,参与各部分编写的是:

总报告:《传承〈历史与阶级意识〉优秀理论品格,共促21世纪马克思主义砥砺发展》,姜国敏撰写;

分报告一:《对卢卡奇的研究》,单传友撰写;

分报告二:《我国学界研究西方马克思主义的历史与现状》,韩欲立撰写;

分报告三:《对21世纪世界马克思主义的研究》,周爱民撰写;

分报告四:《对西方马克思主义史学的研究》,何佳佳撰写;

分报告五:《对西方马克思主义文学、美学理论的研究》,王健撰写;

分报告六:《对拉吕埃勒的研究》,黄其洪、吴敏、张倩撰写;

分报告七:《第十八届全国国外马克思主义论坛综述》,张米兰撰写;

分报告八:《第六届全国21世纪世界马克思主义论坛综述》,江文璇、吴华眉撰写;

分报告九:《第二届当代欧陆马克思主义论坛综述》,黄其洪、杨永赞撰写;

分报告十:《"国外马克思主义基本理论问题研究"研讨会综述》,郑力源、王雨辰撰写;

分报告十一:《"国外马克思主义研究学科建设会暨西南大学西方马克思主义研究所成立十周年纪念会"综述》,黄其洪、姚颖撰写;

分报告十二:《"西马百年回眸·京师系列讲座"综述》,陈俊宏撰写;

全书由陈学明、姜国敏统稿。

最后,感谢复旦大学当代国外马克思主义研究中心、复旦大学马克思主义学院、复旦大学哲学学院的领导对编写本年度报告的大力支持;感谢参与编写本年度报告的各位专家学者的倾心付出;感谢天津人民出版社的领导为本年度报告的编辑出版工作所付出的辛勤努力。

陈学明

2024 年 8 月 20 日

目　录

总报告
传承《历史与阶级意识》优秀理论品格，共促21世纪马克思主义砥砺发展

一、《历史与阶级意识》对马克思主义本土化时代化进程的推动意义和方法论启迪

2023年是卢卡奇《历史与阶级意识》一书初版问世100周年。近两年来，我国的国外马克思主义研究学界为了纪念这个历史节点，已经围绕《历史与阶级意识》和卢卡奇的相关思想开展了一系列研讨，并针对《历史与阶级意识》问世百年以来西方马克思主义和其他国外马克思主义思潮发展历程，形成了很多长视角纵览式的研究论述成果。进入2023年之后，学界的相关研究更是达到高潮，全国当代国外马克思主义研究会把2023年年会的主题也定为了"卢卡奇与西方马克思主义的百年发展：纪念《历史与阶级意识》出版100周年"，汇聚了全国学界的相关学术力量进行集中探讨交流。

正如本次全国外马年会的主题所表述的那样，《历史与阶级意识》在百年前的问世并不单纯是一部书的事情，也不是卢卡奇个人成就的事情，它的结集出版标志着"西方马克思主义"这一思潮的正式形成，这部书出版以来的百年历程，也就是西方马克思主义及后来各种国外马克思主义思潮蓬勃发展并深刻影响世界的百年历程。而相应地，中国学界也通过自己的研究实践和研究成果，不断呈现出《历史与阶级意识》所具有的深远历史影响力，确证着这部书在百年来马克思主义的发展史上所具有的重大历史性地位。特别是对于中国化时代化马克思主义的守正创新事业而言，《历史与阶级意识》所开创的一条先行探索路向对中国改革开放新时期的马克思主义理论

创新具有重要的启示意义,在百年后的今天,我们仍然有必要继续研读和思考这一作品,从中汲取智慧,助力未来新的征程。

(一)《历史与阶级意识》开辟了西方马克思主义的理论探索路向,极大地启示了中国新时期的思想解放事业

对于"西方马克思主义"这一十分复杂、动态发展的思想传统,我国学界在分析勘定其边界时固然也存在不少分歧意见,在论述具体某个人物和某种学说是否属于"西方马克思主义"范畴时并不能取得完全一致的意见,但大家在总体的方向上,还是已经形成了比较共识性的看法,即要坚持两个维度上的评判标准。其一,是要看相关人物和理论是否具有"马克思主义"属性,要在根本的态度取向上认同马克思主义的立场和方法(在具体观点论断上则当然应当容忍差异乃至误解偏见)。其二,是看相关人物和理论是否具有"西方"属性,这就是要立足西方资本主义的场景开展理论批判和建构,结合西方近代以来的思想传统和20世纪以来的新型社会场景,并同现当代非马克思主义的理论话语能够有效开展对话,从而形成对马克思主义的独到阐释路径,区别于第二、第三、第四国际等"传统马克思主义"的解读。①

这两条评判标准,实际上还可以追溯到西方马克思主义的另一位创始人柯尔施的自我界定,他在1930年再版其《马克思主义和哲学》时,就对西方马克思主义这一理论流派的特质作出了旗帜鲜明的自我概括,认为是在坚持共产主义者立场的同时,又与第三国际官方相对立:"当这种马克思列宁主义哲学传统传到西方的时候,它就反对卢卡奇、我和其他的'西方的'共产主义者的著作,我们这些西方共产主义者形成了共产国际自身内部一个敌对的哲学流派。"②而从这两项规定性来看,恰恰《历史与阶级意识》都已经具备了,它的理论立场和方法已经从根本上奠定了西方马克思主义这两方面的理论基础。

尽管在《历史与阶级意识》出版以后,该书的"离经叛道"观点立刻遭到

---

① 陈学明:《评"西方马克思主义"的最新理论成果》,《毛泽东邓小平理论研究》,2005年第1期。

② [德]柯尔施:《马克思主义和哲学》,王南湜等译,重庆出版社,1989年,第72页。

了苏联主导下的、仍然严守传统马克思主义解读方式的共产国际的严厉批判,卢卡奇本人也服从共产国际的组织原则作了自我批判,并且他的检讨并非完全违心,他的确是有部分的真诚认可自己理论错误的成分在,但是卢卡奇终究没有全盘放弃自己的创新思路。卢卡奇后来在《历史与阶级意识》的1967年再版序言中明确表述说,对"《历史与阶级意识》中的某些构思正确的倾向对我以后的活动、甚至对其他人的活动在多大程度上真的造成了富于成效的结果"这一根本问题,"我可以平静地留给历史去做出判断"①。

今天,历史确实已经作出了判断,确证了卢卡奇的理论成果确实是"富于成效"的。百年来,国外马克思主义思潮在思考发达资本主义条件下人的生存困境的根源和机制时,总的来说并没有跳脱出《历史与阶级意识》的"物化"分析所蕴含的挖掘社会内在矛盾机制的方法论。同样的,各种国外马克思主义的流派在批判社会现状的同时探索社会进步的主体如何形成、如何可能发挥力量时,也都扣合着《历史与阶级意识》的"阶级意识"分析的路径,也就是说要从主体性的自我生成与自我救赎当中寻找希望的种子。从而,我们完全有必要把卢卡奇当作同时代的人来加以研读,同他开展对话,继续创造"富于成效的结果"。

对中国马克思主义者来说,《历史与阶级意识》尤其是发挥了不可或缺的重要作用和影响,该书极大地影响了改革开放新时期以来的理论守正创新。西方马克思主义在中国新时期以来的传播,无疑是与卢卡奇《历史与阶级意识》在中国的传播联系在一起的,后者是前者的标志。在"文革"结束后,我国学界最早关注并着手开始研究西方马克思主义思潮的徐崇温先生,就关注到了卢卡奇和《历史与阶级意识》对西方马克思主义的人道主义理论路向的开创作用,以及其人其书对黑格尔–马克思思想传统中异化理论的独到诠释。而徐先生同另一位前辈学人、牵头翻译出版了《历史与阶级意识》一书中文版的杜章智先生,围绕"西方马克思主义"的定性开展了著名的持续十多年的"徐杜之争",更是构成了我国学界研究西方马克思主义的第一个阶段上浓墨重彩的篇章。二位先生的论争焦点之一,就是《历史与阶级意

---

① [匈]卢卡奇:《历史与阶级意识》,杜章智等译,商务印书馆,1992年,第37页。

识》一书的定性问题，该书观点是符合还是背离了传统马克思主义理论叙事，特别是符合还是背离了列宁主义的理论叙事。

总体来看，我国的广大研究者们正是在这二位前辈学人的开创性工作基础上继续前进，既在事实判断层面接受了徐崇温先生的观点，即《历史与阶级意识》与列宁主义的相关观点间存在一系列不可忽视的重要区别，又在价值判断层面接受了杜章智先生的观点，即《历史与阶级意识》一书的马克思主义立场坚定不移，并对马克思主义作出了独到的积极贡献。我国学界研究卢卡奇理论的基本进路，正是在揭示《历史与阶级意识》与传统马克思主义叙事之间重大区别点的基础上，去具体分析这些不同点有没有在新的历史条件下向前推进了马克思主义，是怎样推进的，这种推进是不是有着重大的积极作用。

例如在当时，由复旦大学哲学系的相关学者编译的一部《西方学者论〈1844年经济学—哲学手稿〉》，其中就收录了《历史与阶级意识》中的重要篇目《物化和无产阶级的意识》，尽管卢卡奇撰文时并不是直接论述马克思《手稿》的，《手稿》当时尚未公开发表，卢卡奇还根本没有机会读到，但编译者从论文与马克思《手稿》思想的契合度来考量，仍然收录了该文，并在译者前言当中也比较中肯地评述了卢卡奇在阐释马克思主义异化理论、探求马克思主义精神实质方面的贡献和影响。相关学者的这一做法，实际上就代表了当时学界一种比较普遍的思潮，当时很多中国学者去研读卢卡奇及其他西方马克思主义者的著作，实际上就是试图透过这个中介，借助他们的思想武器，去迂回但是真切地解答马克思主义特别是当代中国马克思主义的一系列重大理论问题和现实问题，切实推进中国的马克思主义理论创新和社会主义事业健康发展。而这也正是我们研究全部西方马克思主义和进一步扩展到研究国外马克思主义的基本进路和目的。

（二）《历史与阶级意识》对中国新时期理论创新的最大推动，是其展现了理解马克思的"另一种可能性"

随着时间的推移，我们越来越可以看清楚，《历史与阶级意识》对马克思主义的创新理解对中国化时代化马克思主义的事业产生了不可或缺的积极影响,可以说这本书滋养了中国几代的马克思主义研究者。而《历史与阶级意识》产生的首要积极影响,可以说还不在于书中这个或那个具体的新观点新论断,而是在于它从根本方法论的层面激活和助力了中国思想界的发展创新。正如同卢卡奇在书中提出那个著名命题,认为马克思主义的正统性在于其方法一样,《历史与阶级意识》对国人的启示作用也首要在于方法,它在方法论层面启示了我们,原来对马克思主义还可以有"另一种"不同的理解思路,我们不是非得定于苏联式"正统"一尊不可的。与这一点相比较,卢卡奇的具体创新观点是次要的,他的影响力并不是在于让我们简单地成为他本人的信徒,我们既可以采纳他的观点,也完全可以开辟出又一种理解思路。

今天,习近平总书记已然总结出了规律性的结论说,"马克思主义是不断发展的开放的理论,本土化才能落地生根,时代化才能充满生机"[①],这代表了中国的马克思主义者在一系列理论守正创新之后的自觉与自信。但在改革开放之初,国人们对于列宁主义这样一种伟大的马克思主义发展创新形态,还并没有完全认识到它是作为"马克思主义俄国化时代化"的伟大成果,在很大程度上是将其当作了某种"一脉单传"式的理论传人和"绝对权威"式的评判标尺。而卢卡奇开创了"西方的"马克思主义创新阐释路向,这实际上可以概括成是在尝试推进马克思主义的"西方化时代化"。尽管这种路向的尝试并不完美,但其同俄国式路向的相互对照映衬,就使得我们对于马克思主义可能拥有的多维度面相的理解空前开阔了,我们开展"中国化时代化"工作也多了一项重要的先例支撑,让我们确信"另一种"马克思主义是可能的。

而在《历史与阶级意识》的具体观点层面,其在对新时期之初中国理论界的影响其实不可过高估计。我们要注意到,卢卡奇是依托自己原先的黑格尔哲学功底,并依托马克思的《资本论》等当时已公开文本,独立阐发了一套宏伟的主客体辩证法和异化批判理论,这虽然可以说展现了他的理论才

---

① 《习近平向中国共产党与世界马克思主义政党论坛致贺信》,《人民日报》,2022年7月29日。

华，但与此同时，卢卡奇的黑格尔式总体观和他通过阶级意识的中介而强调无产阶级作为革命主体的理论叙事方案，同当时中国学界更加流行的叙事方式在理论侧重点和实践旨趣上是有很大差异的。新时期以来中国读者所接触到的青年马克思《1844年经济学哲学手稿》中的人本主义建构，西方马克思主义其他一些思想家关于实践哲学、人学、存在主义等的人本主义主体性理论叙事，乃至当时在中国学界获得重新关注的康德哲学等近现代理论范式，它们对人的主体地位的凸显都要比卢卡奇版本的理论更加直接和热烈。《历史与阶级意识》固然在马克思主义语境中开启了批判自然本体论、强调人的首要地位和自然的属人性的理论路向，但这种理论路向在上面所列这一系列理论资源中可以得到更加充分、更加顺畅的表达，当时中国思想界也的确是更多、更直接地借助于这些理论资源来重新解释马克思的。所以我们也可以说，中国学界当时更多的只是因为同卢卡奇面临类似的历史难题，即面临生存意义的迷惘和来自传统思维的压抑，从而激发出了类似的探索突破的热忱，所以才对这位思想解放的先驱者报以敬意并引为知己，其实是忽略了自己同他具体思想立场之间的重大张力。

卢卡奇在《历史与阶级意识》中通过对主客体辩证法的论述，确立了人这一主体特别是无产阶级这一主体在历史发展中的能动作用，当时这一方面为学界从根本方向上反对传统唯物主义哲学叙事中的机械决定论倾向、张扬人这一主体的能动作用提供了启示，但另一方面在当时许多中国学者的理解当中，实际上有意无意忽视或者剥离了卢卡奇本身注重无产阶级主体、无产阶级革命实践的理论视角。新时期以来的中国学界，无论是直接通过"重新发现"马克思的方式将马克思塑造成"人道主义的马克思"，还是通过引入康德哲学之类的张扬主体性的理论资源来"补充"马克思、让马克思主义哲学"回到康德"，声势都十分浩大，影响也都非常深远。有一些论者为了在其理论叙事框架当中充分释放出人的主观能动性，是试图将人的能动性置于一个至高无上的地位，将客观性的维度和决定论的范式简单看成对人的羁绊乃至禁锢，甚至把"辩证唯物主义和历史唯物主义"简单看成旧哲学，而无视了这一理论话语体系是内嵌于百余年来的革命、建设、改革伟大实践的。

（三）中国化时代化马克思主义守正与创新的内在统一，可以从《历史与阶级意识》中汲取重要思想资源

卢卡奇明确反对当时欧洲社会主义运动中所谓的"伦理反对派"，反对他们主张仅仅通过道德的变革来改变社会，把革命缩小到人的心灵这一领域，卢卡奇这方面的观点就启示我们，要坚持历史唯物主义，坚持通过生产力和生产关系的变革来推动社会的进步。又比如，卢卡奇批判"现代实用主义者"企图用"非决定论"来论证资本主义社会当中个人"自由"的活动余地，批判他们这种观点最后会变为一种直觉神秘主义，只不过是换了一个名义来对现状丝毫不加触动，卢卡奇这方面的观点也就启示我们，并不是说坚持唯物主义就会导致"宿命论"，导致不敢触动现状，或者反过来说只要拒斥唯物主义就可以解决问题了，关键是在于我们既要尊重客观性，又要避免这种尊重导致主体无所作为，避免走向"宿命论"。

今天，我们面对世界百年未有之大变局，习近平总书记指出："这就需要我们加强对当代资本主义的研究，分析把握其出现的各种变化及其本质，深化对资本主义和国际政治经济关系深刻复杂变化的规律性认识。"[①]这一直接涉及国外马克思主义研究、澄清当代世界马克思主义思潮特点和价值的重要论述已经广为人知。而实际上我们还可以推论说，我们回溯到百年前的20世纪初，正因为当时也是一场大尺度的历史变局，所以才导致了马克思主义的一次重大创新浪潮，相关思想家在形成规律性认识的过程中呈现出多面相的发展。

由于列宁、卢森堡、卢卡奇等不同国度的马克思主义者，其所面对的经济社会发展状况和政治斗争格局等各方面条件"深刻复杂"，他们的"分析把握"和"认识"就不可避免各具特色和侧重点。但是他们都是站在马克思主义的理论基地上，都是在积极践行着马克思主义哲学的大智慧，即追求要合理"安置"好主体与客体关系，切实用自己的理论叙事来指导和推动自己面临的无产阶级革命任务，构成主体–客体的有机运动和整体变革过程——从

---

① 《习近平谈治国理政》（第二卷），外文出版社，2017年，第66~67页。

这个统一的视角来审视包括列宁主义也包括卢森堡、卢卡奇等在内的各种具体理论方案,我们就可以把问题看得更清楚。新时期以来中国马克思主义理论发展和社会主义建设实践中,一大关键核心议题也正是合理"安置"好当今条件下的主体与客体关系,从而我们对卢卡奇等的先行探索成果心有戚戚焉。

除了启示我们在根本的哲学大智慧高度上厘清主客体关系的合理形态,卢卡奇在《历史与阶级意识》中还批判了资产阶级社会科学的本质与危害,从而启示我们要在马克思主义的指导下发展哲学社会科学,真正形成实践的理论,避免投入资产阶级那种抽象性研究方法的怀抱。《历史与阶级意识》中强调,资产阶级社会科学是"意识的物化结构",没有达到作为马克思主义方法论核心、同时也是作为无产阶级阶级意识主要标志和内容的总体性,所以它们存在本体论上的根本谬误,只能是从抽象"个性"和抽象"本质"观点出发,其所得出的结论无法真正理解社会和解决危机。

比如,卢卡奇在批判资产阶级经济学时,就指出它的抽象性质在于"把每一个被考察的历史对象变成了一个不变的单子。这个单子和……其他单子是不发生相互作用的",单子所呈现出来的性状就是"附着在它身上的不可消除的本质"。[①]这样一来,资产阶级经济学在把握资本主义社会的整个经济运行过程时,所能提出的就只有抽象的形式,而无力穿透内容,不理解使用价值,不理解真实的消费,"很少能说明整个经济生活的真实运动"[②]。

又比如,卢卡奇还批判了资产阶级法学,认为它的抽象性质就在于不理解法律的起源,不知道法律产生的真实基础在于各阶级间权力关系的变化:"在方法上放弃合乎理性的论证,放弃法律在内容上的合理性;他们只不过把法律看成一种形式上的计算体系,借助于此,一定行为的必然法律结果就可以尽可能精确地计算出来。"[③]这样一来,资产阶级法学也是无力把握内容的,它甚至无法很好地"计算行为结果",无法"按阶级合理地贯彻行为方

---

① [匈]卢卡奇:《历史与阶级意识》,杜章智等译,商务印书馆,1992年,第233页。
② [匈]卢卡奇:《历史与阶级意识》,杜章智等译,商务印书馆,1992年,第171页。
③ [匈]卢卡奇:《历史与阶级意识》,杜章智等译,商务印书馆,1992年,第174页。

式"。①中国新时期的思想解放,是要致力于在马克思主义的指导下构建符合实践和时代需要的哲学社会科学,而不能将马克思主义进行资产阶级社会科学化的重新解释,卢卡奇这方面的观点显然也很有警示价值。

二、《历史与阶级意识》对当代中国与世界超越资本主义现代性的启示作用

(一)把握《历史与阶级意识》的理论观点不能离开批判资本主义的问题意识与现实关怀

如前文所述,我们需要结合百年前的那次世界大变局来把握卢卡奇对实践问题的理论介入,而这就不能不相应强调卢卡奇做理论的根本问题意识所在,即"人们不仅在政治上必须决定对资本主义是采取赞成的态度还是采取反对的态度,在理论上也必须作出决定"②。卢卡奇的理论创新是自觉地服务于对资本主义的彻底批判和革命实践的,《历史与阶级意识》一书也是无产阶级革命的阶级意识的自我观照和展现,而不是停留在对主体性的文学歌颂和抽象哲学演绎。比如《历史与阶级意识》之所以要批判"伦理反对派",是着眼于他们"为自我堵塞了的客观革命道路寻求和找到一种主观代用品"③,这些人由于相信资本主义在经济上还具有生命力,所以试图通过这种主观层面的批判消除资本主义还存在的"坏的方面",希望有一种没有"坏的方面"、没有"弊病"的资本主义,归根结底就是一种改良主义的理论表达,这种理论本身和卢卡奇对它的批判都具有深刻的实践指向。更进一步说,《历史与阶级意识》就不是局限在以"实践"的范畴为核心来构建出一套"关于实践的理论"的著作,而更重要的是作为"实践性的理论",它能够有效地影响和介入实践,甚至在这个意义上我们可以说卢卡奇反而会和科学社会主义路向的阿尔都塞更有共同语言,而不是和很大一部分理论人道主义

---

① [匈]卢卡奇:《历史与阶级意识》,杜章智等译,商务印书馆,1992年,第175页。

② [匈]卢卡奇:《历史与阶级意识》,杜章智等译,商务印书馆,1992年,第79~80页。

③ [匈]卢卡奇:《历史与阶级意识》,杜章智等译,商务印书馆,1992年,第89页。

的后学共鸣，因为阿尔都塞才恰恰是主张马克思主义哲学作为一种"理论实践"参与革命、推翻资本主义的。

而与之对照，作为西方马克思主义人道主义传统的中坚力量的法兰克福学派，其近几十年来的活跃代表人物在很大程度上丧失了自己学派先辈乃至整个西方马克思主义传统所具有的革命性，其人道主义的哲学话语丧失了对资本主义进行彻底批判和彻底变革的激情，真正成了书斋中的空论，乃至于成了改良主义的修补匠，成了资本主义制度的辩护士。前文当中我们说到西方马克思主义之为西方马克思主义，一大要旨是看相关理论家是否自我定位到"马克思主义"，是否对马克思主义立场有根本认同，这种定位和认同不是空的，不是看某个理论家是否说了马克思几句好话，而是要看他对马克思主义的真精神是否有共鸣，他是否切实去批判资本主义，探索人类更美好的生存方式和社会形态。《历史与阶级意识》毫无疑问就是一部有革命性的作品，这种革命性或者说深刻的、战斗的、不妥协的批判性贯穿于全书每一章、每一页当中，这一整部革命的作品运用物化理论的手术刀，剖析了现代人的存在状态，揭示了这种物化、异化的状态根植于资本主义的制度体系，这为我们正确地研究人的存在方式提供了重要启示，今天我们开辟出中国式现代化的新道路，其中也正是汲取了包括卢卡奇、法兰克福学派之前阶段上激进批判资本主义现代性的一系列思想资源。

卢卡奇在《历史与阶级意识》书中反对片面的机械的经济决定论，重视主客体之间总体性的进程，但他这种理论立场也同样包含着一层意思，即现代资本主义社会恰恰正是通过了主客体辩证法，通过人自身的中介作用和过程，才形成并不断深化着人的物化生存样态、生存困境。所以，卢卡奇并不是把片面的经济决定论公式作一个简单翻转，并不是抽象地、片面地讲主体的优先地位。主体经过"物化"和"抽象化"的中介机制，造就了主体本身内部的割裂，造成了人与人之间的"孤立化""原子化"。可见，劳动者并不因为"创造了人类世界"的巨大贡献本身，或者因为理论家们对这一贡献的简单歌颂和理论复述，就直接地能成为自己生活的主人了，而是非得走过一个内在扬弃异化的过程不可。我国新时期以来主张让马克思主义哲学"回到康德"的理解路向，我们曾在过往的分析当中是把他们归纳为一种"启蒙主义式"①的理解,也就是说他们这一理解路向是同启蒙运动以来西方近代哲学的基本立场一样,抽象地推崇"人性",推崇"人"的地位、意义、权利、尊严、价值等。历史上的启蒙主义在其诞生阶段,是同西欧资本主义从封建社会胎胞中逐渐发展起来相适应的,是资本主义在上升期的理论宣言,这个时候它当然是把火力完全集中到抨击封建主义对人性的压迫方面,也就是像马克思所说的一样,资产阶级把自己宣布为全社会、全人类的代表,②而把封建主义设定为一个纯粹外在于人的枷锁,形成一种"人"同封建主义旧势力即"人"同"非人"的二元对立。在这种理论范式当中,看不到也根本容纳不了"人"这个范畴内部的差异、斗争和对立。

而卢卡奇的物化理论把重心放在了资本主义社会的微观生活机制和内在生成的超越道路上,这虽然同经典马克思主义和列宁主义叙事有很大的差异,但他同马克思和列宁一样,都是在指认和说明"人"这个范畴内部存在着差异、斗争和对立,大方向依然还是合拍的,并且也只有这种揭示才能真正推进对资本主义的批判和变革,抽象的主体性赞歌则会掩盖矛盾、阻碍变革。卢卡奇深刻地意识到,"要坚持下面这几点:即人与人的这种关系按照恩格斯的话来说,是'依赖于物的',是作为'物而出现的';即一刻也不能忘记,这种人的关系不是人对人的直接关系,而是典型的被生产过程的客观规律中介了的关系,……我们必须始终从这种直接性,从物化的规律性出发"③。卢卡奇的这种认识,正可以同马克思在《哥达纲领批判》中批判拉萨尔主义"劳动是一切财富的源泉"的命题相呼应,马克思在那里恰恰是把批判基调定位于"一个社会主义的纲领不应当容许这种资产阶级的说法"④,如果抽象歌颂人的劳动的创造力而无视物的生产资料的作用,就无法说明、无法克服资本主义的压迫形式。资本对劳动的压迫,一部分人对另一部分人的压迫,恰恰是凭借着一部分人对物的占有才能达成,物的因素构成了此间

---

① 陈学明等:《论新时期中国学界理解马克思主义哲学的三种路向》,《学术月刊》,2017年第3期。

② 《马克思恩格斯文集》(第一卷),人民出版社,2009年,第552页。

③ [匈]卢卡奇:《历史与阶级意识》,杜章智等译,商务印书馆,1992年,第263页。

④ 《马克思恩格斯文集》(第三卷),人民出版社,2009年,第428页。

不可或缺的关键变量,马克思恰恰是指认出"资产者有很充分的理由硬给劳动加上一种超自然的创造力"①,这是一种掩盖压迫机制的话术。

(二)评价《历史与阶级意识》对中国的意义同样要结合其对人类新的存在方式和文明形态的理论前瞻

依这样来看,《历史与阶级意识》围绕现代人的物化生存机制对资本主义现代性展开的深刻批判,是其创新阐释马克思主义最精彩的理论篇章,有效地避免了陷入"资产阶级的说法"的陷阱,历史也已经证明,这是卢卡奇其人其书介入中国历史进程最深切的理论财富。包括《历史与阶级意识》在内的西方马克思主义、国外马克思主义的各种思想资源,虽然一时间会助推许多国人从传统马克思主义哲学叙事模式"原地掉头"投入抽象人本主义的怀抱,但在我们的思想园地当中本身也根植着生长性的种子,在包括卢卡奇在内的各种思想资源的激荡浇灌下,我们的思想解放事业终究会健康成长,不会停留在单纯"启蒙主义式"的主体观层面,而是必然会更进一步迈开理论创新的步伐,走向马克思主义中国化时代化,最终我们得以不断在理论上和实践上实现对资本主义的超越。

当然,这需要一个过程。我们学界在新时期马克思主义哲学理论创新的早期阶段,是把马克思的哲学批判单纯理解为,或者至少是主要归结为对传统哲学形而上学的批判,这显然是对马克思的误解,同时也是对卢卡奇等人的理论创新资源的浅尝辄止,浪费了其中更可贵的精华部分,而这投射到我们现代化建设的实践进程中,就呈现为我们国门打开初期的跟跑模仿、跌跌撞撞样态,有不少人甚至是邯郸学步、失其故步。后来,我们逐步认识到了马克思的现代性批判有着两个维度,除了对形而上学的批判之外还有着对资本的批判,而这也对应于我们在实践进程中,通过逐步探索形成了自己一套独特的社会主义市场经济体系,并逐步融入经济全球化进程,并依托着经济建设的巨大成就日益影响世界发展的总体进程。不过当时这个阶段上,我们又往往会把这两种批判相提并论,不愿承认尽管马克思对形而上学

---

① 《马克思恩格斯文集》(第三卷),人民出版社,2009年,第428页。

的批判为后来他对资本的批判奠定了基础，可真正能够代表马克思现代性批判的主旨和深度的是他对资本的批判。同样在这个阶段上，我们总体上可以说是更加深入地吸收了卢卡奇等人的理论创新资源，但还没有完全把握其真意，我们同他仍然有着区隔，没有真正把他当作同时代人，仿佛是他批判他的，而我们干我们的——也就是说，我们还没有自觉、自信地从马克思主义时代化的高度去回应人类之问、世界之问。

　　在更高的阶段上，我们比较系统地确立了中国特色社会主义的道路、理论、制度、文化，沿着中国式现代化的道路阔步前行，这样我们才能从"术"的层面的思考完全登堂入室到"道"的层面的探究，按照守正创新的要求形成了当代中国马克思主义、21世纪马克思主义，并形成了中国化时代化马克思主义同中国特色社会主义、中国式现代化的相互联动、相互促进的有机整体。这个时候，虽然我们的自然时间距离卢卡奇已经愈发遥远了，但是由于我们进入并意识到百年尺度上的世界大变局，所以反而愈加感受到同百年前卢卡奇所处历史情境的类同之处，我们能够和他真正并肩战斗，按照科学的无产阶级阶级意识去批判和超越资本主义。我们仅举一个例子来说明。习近平总书记21世纪初在浙江工作期间，就在《之江新语》一篇专栏文章中写道："文化即'人化'，文化事业即养人心志、育人情操的事业。人，本质上就是文化的人，而不是'物化'的人；是能动的、全面的人，而不是僵化的、'单向度'的人。人类不仅追求物质条件、经济指标，还要追求'幸福指数'；不仅追求自然生态的和谐，还要追求'精神生态'的和谐；不仅追求效率和公平，还要追求人际关系的和谐与精神生活的充实，追求生命的意义。"①比较一下今天我们讲中国式现代化的五大特征就可以发现，除了头一条人口规模的历史既定条件和最后一条和平发展的对外关系原则，中间三条关于中国自身发展的规定性——共同富裕、物质文明与精神文明相协调、人与自然和谐共生——都在这里的表述中已经或多或少地被点到了。这里以全面的、"文化即人化"的人为评判尺度，反对物化的、单向度的人，如果离开了卢卡奇、马尔库塞等西方马克思主义理论先辈的探索，哪里会有这种锐利理论武器

---

　　①　习近平：《之江新语》，浙江人民出版社，2007年，第150页。

的出现？正是我们吸收借鉴了包括他们思想在内的人类文明一系列积极因素，才会在中国的历史场景中蹚出一条中国式现代化的正确道路。

马克思主义在对资本主义现存状态的批判当中，在针对性地设想和探索建设人类更美好的生活方式，更美好的社会制度，卢卡奇也在这方面为我们提供了很重要的先行引领。当然，他的这方面理论会伴随着他实际经历体验了苏联和匈牙利社会主义实践的利弊得失之后，在《关于社会存在的本体论》《民主化的进程》等作品中有丰富得多的展开，但《历史与阶级意识》的基本思路在其中是有着破题价值的。正是在卢卡奇系统描述了工人被迫成为纯粹的客体，工人忍受着自身的商品化和被简化为纯粹的量的过程之后，也就是说，正是在揭示出工人自己参与着对自己的抽象化和量化，揭示出了物化现象中一个最为隐秘的内在机制的关节点上，卢卡奇得出了"但正因此，他就被迫力求超越上述状况的直接性"①的革命性结论。他的这种饱含黑格尔哲学气息的"内在超越"思路当然有其神秘主义的一方面，严重忽略在具体革命实践当中实现超越的复杂性和曲折性，他后来自我检讨说这是一种"革命救世主义的唯心主义和乌托邦主义"②，"我主观上所想达到的东西，以及列宁对社会总体内的实际运动进行真正的马克思主义分析所获得的东西，在我的说明中，却成了纯粹思想的产物，从而成了某种直观的东西"③，是恰如其分的。但另一方面，马克思主义指出了"在经济学的形式上是错误的东西，在世界历史上却可以是正确的"④的辩证法，卢卡奇也正是切合了这种辩证法，他在逻辑上正确地界定了超越资本主义的未来合理社会形态的核心特质，超越了那种片面的经济决定论视域中把社会主义、共产主义看作对资本主义经济危机的纯经济解决方案的境界。如前文引用的习近平总书记在地方工作期间的精辟实践智慧，正是表明中国的马克思主义者也特别关注到了社会主义对人实现自身全面性的意义，凸显了社会主义对于人类文明形态的创新性贡献。

---

① ［匈］卢卡奇：《历史与阶级意识》，杜章智等译，商务印书馆，1992年，第250页。
② ［匈］卢卡奇：《历史与阶级意识》，杜章智等译，商务印书馆，1992年，第8页。
③ ［匈］卢卡奇：《历史与阶级意识》，杜章智等译，商务印书馆，1992年，第13页。
④ 《马克思恩格斯全集》（第21卷），人民出版社，1965年，第209页。

从一种世界历史的、人类文明史的视角来评价马克思主义和社会主义对人的拯救意义，是毫不过分的，《历史与阶级意识》里面正是有一种宏大的文明史的视角。比如，卢卡奇评价资本主义的"文明过程"一方面具有历史积极意义地切断了"人和自然之间的脐带"①，"在资本主义社会里达到顶点的文明过程的世界历史使命……就是达到对自然的统治"②；另一方面"社会形式（物化）使人失去了他作为人的本质，他越是占有文化和文明（即资本主义和物化），他就越不可能是人"，"资本主义的自然规律的确不可避免地要导致它的最终危机，但是在它的道路的尽头将是一切文明的毁灭和新的野蛮状态"③，展现着卢卡奇对人类文明的本质诊断和前途命运沉思。我们可以提出一个最一般的问题，既然人类已经有了资本主义制度，马克思为什么还要引导人们去斗争，去推翻和超越这一制度，去建立社会主义制度呢？按卢卡奇的说法，"各种竞争的生产制度的竞争——从世界历史上看——一般都由某一制度在社会和经济方面的优越性来决定"④，这种从"优越性"角度作出的解释显然也符合列宁解释俄国革命必要性、合理性的大方向，是要归结到社会主义与资本主义相比起来有更大的优越性。但同样很显然的，卢卡奇"社会和经济方面"的修饰语和他对于"这种优越性决不是必然地和它们在生产技术方面的优越性一致的"⑤关键补充，具有侧重地把这种"优越性"指向"社会"的全面性方面，要体现在社会主义把人引向一种真正属人的、更人性化的生存方式，而不限于对资本主义经济弊病的纯经济解决方案。

（三）百多年来中西方马克思主义的宝贵经验值得互相参照，推进21世纪世界马克思主义发展

马克思主义的科学社会主义的理论和实践，核心价值就在于创建一种以实现人的全面发展为宗旨，以真正满足人的需要为主要内容的存在方式，

---

① ［匈］卢卡奇：《历史与阶级意识》，杜章智等译，商务印书馆，1992年，第322页。
② ［匈］卢卡奇：《历史与阶级意识》，杜章智等译，商务印书馆，1992年，第317页。
③ ［匈］卢卡奇：《历史与阶级意识》，杜章智等译，商务印书馆，1992年，第371页。
④ ［匈］卢卡奇：《历史与阶级意识》，杜章智等译，商务印书馆，1992年，第327页。
⑤ ［匈］卢卡奇：《历史与阶级意识》，杜章智等译，商务印书馆，1992年，第327页。

而中国特色社会主义和中国式现代化就是坚持了这样一种科学社会主义的核心价值，是科学社会主义"可感可行"的生动范例，是对社会主义整体制度体系和微观作用机制的有效创新，从而也就代表了一种崭新的人类文明形态。比如就以生态领域为例，中国在生态文明建设方面无疑取得了重大的成就，也获得了世界各国人士尤其是不少国外生态社会主义、生态马克思主义阵营人士的关注和好评，但我们不能把中国生态文明建设的成就仅仅归结为治理层面的成功。也就是说，我们对中国生态文明决不能仅仅停留在政策措施的层次上加以说明，这是不够的，也是肤浅的。关键在于，我们应当进一步思考：为什么在中国能够制定出环境保护和绿色发展等一系列的战略方针？为什么这些生态战略在中国能够得到如此重视以至于成为基本国策？为什么这些国策能够在中国得到切实贯彻执行？生态文明建设说到底是一项群众性的事业，它如果没有人民群众广泛的自觉的并且有组织的参与，是不可能顺利地推进的。我们必须意识到，当下中国不仅胜在生态治理的"术"，更是有着生态文明的"道"，由人民从人类文明的高度理解生态文明建设事业为了人民，依靠人民，由人民共享，明确其定位和实施路径。

卢卡奇曾批判资本主义社会的情况，认为资本主义的高度组织化、合理化一方面把人打散为相互隔绝的孤立的原子，人与人之间的关系是由机械化的生产过程及其抽象规律所中介的关系；另一方面，资本主义又"在人类历史上第一次使整个社会（至少按照趋势）隶属于一个统一的经济过程；社会所有成员的命运都由一些统一的规律来决定"①。中国生态之治当然必须有效克服资本主义的这种二律背反才能达成，归根结底我们就是要重建起经由劳动而产生的人与人之间的联系。中国生态之治背后有中国之"智"为导引，就是说，我们是从理念上明确了人的新的存在方式，之所以能够形成，一个重要前提是建立起人与自然之间和谐共生的关系，劳动过程恢复到马克思所说的作为"人以自身的活动来中介、调整和控制人和自然之间的物质变换的过程"②，以人与人的和谐同人与自然的和谐相互中介，共同导向一种

---

① ［匈］卢卡奇：《历史与阶级意识》，杜章智等译，商务印书馆，1992年，第154页。
② 《马克思恩格斯文集》（第五卷），人民出版社，2009年，第207~208页。

自然与人共生的合理状态。我们通过达成"良好生态环境是最公平的公共产品，是最普惠的民生福祉"①的共识，把广大人民群众的积极性、主动性、创造性真正调动起来，使得广大人民群众真正成为生态文明建设的历史主体，而不是让生态事业沦为少数热心者的孤雁哀鸣。中国生态之治背后又有中国之"制"为保障，就是说，正是中国特色社会主义制度让人民群众能够按照社会主义文明要求的组织性投入生态文明建设。中国人民在从事中国特色社会主义的伟大事业中，必然会把生态文明建设作为一项重要战略任务，乃至上升到"五位一体"总体布局的不可分割组成部分的高度。中国特色社会主义制度具有极强的凝聚力和动员力，我们在中国的生态环境保护、生态文明建设过程中，一方面可以看到广大人民群众的高度热情，另一方面又可以看到高度的组织性和行动力，只有这样才能维护既定的战略有条不紊地实施。

中国凭借社会主义的根本制度创新和对人们社会生活的具体合理安排，创造出了人类文明新形态，我们继承了马克思主义的科学社会主义理论，吸收了包括国外马克思主义在内的人类优秀文明成果，推进了马克思主义中国化时代化，开创了中国特色社会主义和中国式现代化，也反哺了科学社会主义，反哺了人类文明。中国的马克思主义者呈现出了社会主义"看得见、摸得着、真实可感的事实"②，这样我们也就具有了守护和发展人类文明的"杠杆"和"根据地"，而这正是今天世界上许多马克思主义和左翼理论家行动家所最缺乏的。比如在当今数字化的时代，数字编码和算法被广泛应用于资本盈利和增值的场景，这本身无疑是对卢卡奇所批判的资本主义量化原则的进一步确证，确证了一切质的规定性都被还原为量的规定，一切社会活动都服从于计算性和可计算性的逻辑，但今天资本主义这种现实却缺乏催生积极变革因素的可行可靠渠道。像克里斯蒂安·福克斯这样的活跃西方左翼理论家专门回顾过卢卡奇，认为《历史与阶级意识》的物化批判在数字资本主义和大数据时代依然具有意义，社交媒体、大数据等当代互联网

---

① 习近平：《推进生态文明建设需要处理好几个重大关系》，《求是》，2023年第22期。
② 《习近平谈治国理政》（第四卷），外文出版社，2022年，第171页。

技术仍然都是物化统治的工具，工具性逻辑在数字资本主义时代占据主导地位，也依然起着破坏人们之间团结的功效。但是福克斯对此开出的药方只能是一般化的预言说，现代技术为合作和社会化创造了新的潜能，至多是从卢卡奇的思想中获得启发说，"只有把自己组织为政治集体，参与改造技术和社会的阶级斗争的有批判意识的人……才能创造基于共享的互联网和社会主义社会"，能够"在政治和经济上打败物化"①，他的行文至此也就戛然而止了，其实缺乏真正的实践批判力度。

当然，国外马克思主义者如何能在当今世界百年未有之大变局和资本主义社会新问题新矛盾面前有所作为，中国的马克思主义者也绝不能像当年苏联那样去"唯我独左"地粗暴评价，不能以一种"布置作业"的态度去向他们指手画脚，我们取得的成就植根于我们的主客观历史条件，而他们仍然要靠他们自主地探索去蹚出新路来。但在《历史与阶级意识》诞生百年之后的今天，我们认为至少中国共产党百多年来的奋斗历程所形成的世界历史性存在，中国共产党人对自身百余年经验教训的学习、研究、反思方法，值得大致"同龄"的西方马克思主义有所观照和思考。习近平总书记针对我们中国共产党的百余年历史，提出了要"准确把握党的历史发展的主题主线、主流本质，正确对待党在前进道路上经历的失误和曲折，从成功中吸取经验，从失误中吸取教训"②。像卢卡奇一生当中充满艰辛但始终奋进的理论历程，他"时刻准备进行毫不留情的自我批评和自我纠正的典型态度"③，明显是表现出了与此"英雄所见略同"的科学方法论品格。退而求其次，除了有卢卡奇这样的伟大思想家本身能够自觉进行自我反思和自我超越，西方马克思主义和其他一系列国外马克思主义思潮在相当长时期内，还往往可以通过不同学派间的交锋，大致维持一种总体上的内省和砥砺前进的态势。然而在今天，之所以国外马克思主义的发展存在很大困境，不少理论家思想

---

① ［英］克里斯蒂安·福克斯：《历史与阶级意识 2.0——数字资本主义和大数据时代的卢卡奇》，王立秋译，《智能社会研究》，2022 年第 1 期。

② 习近平：《关于〈中共中央关于党的百年奋斗重大成就和历史经验的决议〉的说明》，《求是》，2021 年第 23 期。

③ ［德］吕迪格·丹内曼：《卢卡奇和〈历史与阶级意识〉之间的曲折关系》，王琦琪译，《马克思主义与现实》，2023 年第 5 期。

家丧失了革命性批判性的朝气、锐气、正气,恐怕在很大程度上也是源于理论方法和视野上的故步自封,比如我们看哈贝马斯最近对资本主义侵略霸凌行为的无原则翼赞,这实在是他理论生涯的败笔,绝不能给他的正义理论大厦增添什么光彩。所以说,"百年恰是风华正茂"这个评语不是凭空形成的,中国共产党不忘初心、牢记使命,充分总结百余年历史经验,并且总结经验也是完全着眼于"增长智慧、增进团结、增加信心、增强斗志",这样我们才能继续前进,到中流击水浪遏飞舟。正如前文中我们说卢卡奇给予我们最大的馈赠是方法,那么这里我们不妨说,中国今天也可以把马克思主义中国化时代化所蕴含的这种方法论智慧进行一个回馈,启示当代世界追求马克思主义真理的人们,重新拾起并永远坚持包括卢卡奇在内的马克思主义先辈们的革命精神、革命方法。

三、梳理自《历史与阶级意识》以来国外马克思主义 百年历程的普遍性特点

(一)国外马克思主义复杂演进历程中的内在逻辑

自《历史与阶级意识》发表百年来,虽然从最初单一场景的"西方马克思主义"出发早已经发育出了纷繁复杂、谱系广泛的国外马克思主义思潮,但随着我国学界对国外马克思主义思潮研究的长期积累,对相关思想材料的占有日益全面,特别是我国学界对马克思主义本土化时代化和21世纪世界马克思主义的理论自觉日益深化,许多学者关于其百年来理论进程中的内在思想线索的梳理分析,也有了长足的进展。当然,由于国外马克思主义客观上所涉及的问题、领域存在着较大的差异、分析乃至相互之间有着激烈的斗争,当今的研究者们都比较注意作为学术研究工作的线索提炼应有其合理限度,我们需要避免陷入历史上存在的以单一的理论线索来"完美"串联全部发展历程,但实际上剪裁丰富思想材料、割裂相应论述语境的弊病。

例如有学者就注意强调,在《历史与阶级意识》出版以来,西方马克思主义百年的发展历程中,它并不是一个包含着准确外延和内涵的思想流派,能

够将纷繁复杂的思想流派归入同一思潮之名的，大体上只有他们从大方向上对于马克思主义都保有相当程度的认同和运用，以及他们都是和马克思一样对于当下资本主义社会的总体开展深刻批判，①这一立论基点显然是在前文中我们提到的学界界定"西方马克思主义"时所注重把握的"西方"性和"马克思主义"性两大规定性的进一步深化拓展，对他们创新马克思主义批判资本主义的理论视角和理论工具的多样性进行合理归纳提炼。具体说来，他们把脉资本主义文明的"消费异化"问题、"技术理性"问题、"大众文化"问题、"日常生活殖民化"问题、"社会心理压抑机制"问题、"公共领域衰微"问题、"资本主义增长极限"问题、"资本主义空间结构矛盾"问题等，从某个侧面、某个维度形成对他们所指认的"晚期资本主义""食人资本主义"等资本主义社会及其制度的描绘和批判，都在一定程度上继承了马克思主义的资本主义批判路向。②

从另一方面说，实际上，狭义的西方马克思主义思潮从最初就是围绕着批判资本主义的中心任务而呈现出多样化的理论表达方式，广义的国外马克思主义思潮实际上是进一步深化发展了这一多样化特性。在狭义的西方马克思主义思潮中，除了法兰克福学派是依托社会研究所的机构建制和师承关系形成了一个较为鲜明的"学派"等少数例外情况之外（但即使是法兰克福学派，其中也有像本雅明这样的变数，突破了该学派的基本研究范式），其他大部分西方马克思主义的研究者都并不具有某种明确的、排他性的阵营身份归属和自我认同。③

例如在20世纪30年代，占据主导的西方马克思主义者卢卡奇、柯尔施与葛兰西等人不仅是理论家，更是现实政治革命和建设的参与者，甚至是相应国家共产党的重要领导人。而在40年代至60年代，以法兰克福学派为代表的一群西方马克思主义者则大多是书斋中的学者，他们本身相对具有同

---

① 韩秋红：《国外马克思主义研究自主知识体系建构的原则与方法》，《马克思主义理论学科研究》，2023年第5期。

② 韩秋红：《国外马克思主义研究自主知识体系建构的原则与方法》，《马克思主义理论学科研究》，2023年第5期。

③ 夏莹：《当代西方马克思主义思潮的嬗变及其核心问题意识》，《浙江社会科学》，2024年第1期。

一性的理论范式又激发出了法国、英美等语境中多样化的马克思主义阐释路径：比如法国马克思主义者萨特的人道主义与阿尔都塞的结构主义的对垒，以让·鲍德里亚、阿兰·巴迪欧、雅克·朗西埃、齐泽克与阿甘本等为代表的激进左翼思潮的蓬勃，以及英美世界中分析的马克思主义、生态主义的马克思主义、女性主义马克思主义，以及威廉斯的文化史观与史学实践，多布的经济史学研究转向，霍布斯鲍民族主义史学转向，汤普森新社会史"文化转向"，萨维尔的新劳工社会史论的兴起等。而20世纪60年代之后，新的西方马克思主义者们虽然也在使用此前西方马克思主义者的批判范式，诸如辩证法、异化、劳动与资本等，但其内涵都发生了根本性变化。最为鲜明的一个特征在于，之前服务于宏大的社会革命叙事的批判逻辑，在这个阶段上大多转变为对日常生活的批判。特别是当我们看20世纪70年代以后的西方马克思主义者的发展态势，还必须面对一个理论上相当棘手的问题：除了诸如大卫·哈维与奈格里等为数不多的几位思想家之外，大部分活跃于这一时期的、可被我们归入西方马克思主义范畴的思想家都不再具有自觉的、明确的对马克思主义的认同。①

而至于近年来国外马克思主义的最新发展动态，根据有学者的梳理则至少可以包括如下十个方面：当代意识形态理论及其"新"特征、数字资本主义与新帝国主义研究、消费社会与劳动价值论问题的新探讨、公平与正义问题的政治哲学研究、生态马克思主义、当代民粹主义及其"新"特征、法兰克福学派的社会批判理论及其新发展、生命哲学研究的兴起、后现代主义与后马克思主义思潮、空间批判与城市马克思主义研究。②且不说数字、空间、生命等新的核心范畴，这些对"新""后"范式的追捧本身在方法论层面就已经同传统马克思主义和传统西方马克思主义都有着极大的差异。

因而，又有学者指出，只有以思想史的研究为基础，在把握具体的思想和流派发展的理论逻辑的基础上，才能建构出国外马克思主义总体的思想谱系。也就是说，需要以思想史研究为基础，明确各个不同的思想家或流派

---

① 夏莹：《当代西方马克思主义思潮的嬗变及其核心问题意识》，《浙江社会科学》，2024年第1期。

② 孔明安：《当代国外马克思主义研究的前沿问题述评》，《国外理论动态》，2023年第1期。

之间内在的思想关联,获得由一位思想家通达另一位思想家的逻辑道路、由一个理论问题进入另一个理论问题的基本思路,从而赋予国外马克思主义研究一个广阔的理论视野。这样一来,就可以摆脱就人物、流派研究人物、流派的状况,深入思想史的进程中去理解和把握人物、流派的思想,从而明确每一位思想家的思想都有其形成和发展的历史过程,在其思想发展的不同时期实际上可能具有完全不同的理论性质,如卢卡奇的思想就经历了新康德主义、西方马克思主义和晚年的自我反思三个阶段,萨特也是由存在主义走向马克思主义的等。①

该作者这里关于"每一位思想家的思想都有其历史"的判断,以及他文中援引的外国思想家关于"每一种马克思主义均是独特的"的观点,不禁让我们联想到了语言学历史上席业龙(Jules Gillieron)提出过的"每个词都有自己的历史"的著名论断——席业龙提出这个命题正是为了倡导,要用方言间的互相渗透、影响、借用等偶然的、一事一议的原因来解释每个词的音变,而反对之前的历史语言学的主流观点,认为同一类语音都会遵循普遍性规则而发生相同演变。因而,这种主张对国外马克思主义采取"思想史"研究方法的观点,实际上也就存在着一种可能倾向,会以复数的"史"的交叉交融来消解单一发展"逻辑"。

但是,在充分关注和体认到国外马克思主义思潮复杂性的学者群体当中,仍然有许多是主张要在现当代思潮诸多带有浓重的形而上学的、文学的甚至艺术底色的日常生活批判中,辨识出其固有的对西方马克思主义理论的继承,而要做到这一点就需要我们对于西方马克思主义自身的理论特质及其核心问题意识有一个总体的理解和把握。在这种观点看来,20世纪70年代以后资本主义社会的金融化转向,让资本逻辑所构筑的社会现实自身表现出一种形而上学,即对现实的物的生产日益被资本逻辑在先的予以规定,由此带来的社会的生产及人的消费模式都产生了一种颠倒性的表达。这种资本逻辑的统御方式变化带来了西方马克思主义对资本主义社会批判范式的转变。它在德国的社会批判理论中表现为以哈贝马斯和霍耐特等法

---

① 隽鸿飞:《论国外马克思主义研究的理论前提》,《求是学刊》,2023年第1期。

兰克福学派后继者围绕"交往""承认"甚至"妥协"而展开的理论建构,但他们的目的仍然是追求在一种异质于资本逻辑的语言学、法哲学基础上展开哲学研究。而西方马克思主义社会批判范式在激进左翼的思想传统下,则变成了一种以构筑生成性(devenir)、繁复性(multiplicité)形而上学的再造,这一形而上学的架构逻辑本身实际上构成了对当代资本主义社会金融化趋向的理论表达。

从而,能够将他们归入西方马克思主义范畴之内的标准,包含着如下两个核心问题意识:其一,是思考面向资本主义社会的革命是否存在,如果存在,又将何以可能? 其二,是以改变世界的革命理论为旨归探寻革命的主导者,即革命的主体抑或主体性究竟在哪里,或者将如何形成? 在某种意义上说,所有试图以肯定的方式,抑或否定的方式对这两个问题给予回应的思想家,都可以被视为是西方马克思主义者。就前者作出肯定性回答的路线来说,尽管如当代德国社会批判理论及英美的马克思主义理论是呈现出一个建构性大于革命性和批判性的取向,但他们仍可以在以上的核心问题框架中获得一种归类,只是对于他们来说,对资本主义社会的分析和批判并不能在"一揽子"的颠覆性策略之中得以呈现,相反它们应在一种不同社会群体之间的协商中得以被建构,换言之,他们不过是对于面向资本主义的革命之可能性给出了否定性的回答。而就后者作出否定式回答的路线来说,以欧陆思想为代表的激进左翼思潮却对革命话语作出肯定性的回答,并以围绕哲学中的主体性问题的讨论,在政治哲学的语境下,以主体性建构的不同方案论证激发革命的可能性,并在哲学上以对主体性问题的探讨,复兴了对哲学形而上学的重新理解。①

(二)国外马克思主义的资本主义批判逻辑

在继承了、延续了、拓展了马克思主义的资本主义批判的大方向之下,有学者选取西方马克思主义在批判资本主义进程中的发展进行系统考察,

---

① 夏莹:《当代西方马克思主义思潮的嬗变及其核心问题意识》,《浙江社会科学》,2024年第1期。

对它所开展的基本理论事业、理论行为的表现方式加以归纳,得出了西方马克思主义在批判、认识、解放三重事业中各自遵循的逻辑。一是批判的逻辑,表现为从资本主义批判到发达资本主义批判,西方马克思主义着力开展的这一方面事业是对马克思政治经济学批判方法的继承与重构,集根基性与前沿性于一体。二是认识的逻辑,表现为从揭示生产方式到洞察社会结构,西方马克思主义由此向我们揭示了资本主义不是一个不变的结构体系,更不是一个单一的结构体系。三是解放的逻辑,表现为从暴力革命到审美救赎,西方马克思主义思潮主张政治斗争是一种基于美学的政治抵抗,而非有效的政治实践,政治斗争也开始从完全的"革命实践活动"转向"激进的民主活动"。在该论者看来,综合来说西方马克思主义的三重事业、三重逻辑一方面是将马克思原有的政治经济学批判极大地扩展了,成为涵盖整个发达资本主义社会的全方位反思和批判,并提出了全新的革命策略,但另一方面,却也导致原有对资本主义生产方式的批判失去焦点位置和力量投入,从而使西方马克思主义的批判从总体上看丧失了现实性和力量,最终走向一种审美的乌托邦。①

从三重逻辑展开的宏观景象来看,他们用自己特定的语言和方式紧跟西方社会发展的新趋势,直面资本主义出现的新问题,以马克思的政治经济学批判为理论基础,立足当代发达资本主义社会在经济、政治、文化等方面的现实困境及其蕴含的人类性问题,开辟出了文化意识形态、启蒙与工具理性、符号政治经济学、生态危机、景观社会、抽象统治、平台资本主义、加速主义等多个批判战场,对整个资本主义社会展开了全方位、多角度、深层次的全景式批判。尽管西方马克思主义理论家探讨的问题丰富庞杂、各不相同,从这个意义上却可以说始终贯穿着一条主线,即以批判理论的立场和逻辑对西方社会现实进行反思。这一根本方向不仅在思维方式的高度上统领着整个西方马克思主义,而且构成一种奠基式的学术传统和学术方法,在西方马克思主义的发展中起到激活思想和更新理论的重要作用,源源不断地赋予西方马克思主义思潮以生命力、思想力和创新力。西方马克思主义正是

---

① 王庆丰:《西方马克思主义发展的三重逻辑》,《马克思主义与现实》,2023年第3期。

在这样一种对西方资本主义社会的反思和批判中，深化了对资本主义本质的认识和对发达资本主义社会的洞察。①

也有论者从西方马克思主义的理论批判工作所经由的哲学、经济学、政治学三大话语领域着眼，总结归纳了其围绕资本主义现代性价值体系及其内在发展逻辑而相应形成的自身三条发展线索。一是开展哲学维度的理性主义批判，从"总体性辩证法"到"空间辩证法"，即西方马克思主义针对启蒙理性这一资本主义现代性的精神内核，提出了让现代性的理性理念以完整形态得以正确应用的发展方案和主张"瓦解的逻辑"的否定方案，在关于启蒙"再启蒙"的思辨中走向重建与解构的分野。二是开展经济学维度的普遍异化批判，从"物化"到"新异化"，即西方马克思主义揭示了资本主义从实体经济到虚拟经济时代社会关系异化普遍化的进程，以价值批判立场要求向人的本质和社会本质的复归。三是开展政治学维度的极权主义批判，从"新控制形式"到"生命政治"，即西方马克思主义揭批资本主义民主政治的虚假性及现代官僚政治体制的极权主义危机，对现代政治持怀疑与否定态度，将建基于主体间包容性的参与式民主和新社会运动视为个体与共同体"和解"之路。在持上述这一归纳思路的论者看来，经济学维度的批判线索构成了西方马克思主义百年进程中最具有贯穿性和统摄力的线索。西方马克思主义在逻辑上沿着马克思劳动异化批判的理路，针对发达资本主义经济社会结构不同阶段上的新表现、新形态、新特征，往往找寻到马克思所开启的异化批判的相应阶段性现实映射。②

西方马克思主义沿着这一经济逻辑从"物化"到"消费异化"，从"单向度"到"景观社会"，从"生活世界殖民化"到"空间生产"，从"文化工业"到"符号政治经济学"的不断深化拓展，实际上就是揭示了在资本主义制度和资本逻辑的主导下资本剥削关系逐渐扩张。总的来说，相关西方马克思主义思想家是在商品形式普遍化的逻辑结构下持续延展着马克思的人本主义价值尺度开展批判，他们关于社会经济的资本主义现代性批判形成了"某物化→

---

① 王庆丰：《西方马克思主义发展的三重逻辑》，《马克思主义与现实》，2023年第3期。

② 孙颖、韩秋红：《西方马克思主义对资本主义现代性批判的三条路径》，《教学与研究》，2023年第12期。

物化物商品化→交换价值主体化、使用价值虚化→主体异化→异化主体复归"的批判逻辑与解决方案。其中"某"可以指代实物、数字、情感、交往、语言等实在或虚在的社会存在或社会关系。按照这种批判思路,资本主义社会当中一切现代生产技术的革新和生产范式的变化,包括资本主义最新发展到金融资本主义全球化时期、生产技术进入智能化信息化数字化时代,都不仅不会成为人实现自我发展的倚仗,甚至也不会保持原有异化程度、异化"密度"而作简单线性扩展,而是会不断让异化获得几何倍数的弥散,导致异化的侵占到社会结构各个组成部分、社会发展各个环节,导致人最终遭受"内卷式"累加的剥削和压迫。当然,在异化延伸到虚拟经济、数字资本及其社会关系中的当下,西方马克思主义也提示认为,异化的普遍化已经到了某种"极限"临界,即"无关系的关系"(Beziehung der Beziehunglosigkeit)这一"新异化"表现,当下的异化达到排斥人的"多余性"的极端境况,亦即使得扬弃异化的斗争到达了某种决战的时刻。①

(三)国外马克思主义的主体性逻辑

与对资本主义社会开展批判相伴随的,是国外马克思主义对人这一主体方面的高度重视和积极发扬。从追寻主体性的一般表现上来说,正如有学者所归纳的那样,卢卡奇开创的人道主义路向批判机械的经济一元决定论,从资本主义社会的内在运行逻辑和对人的塑造方式着眼,探讨了无产阶级被物化的生成机制和克服异化的可能出路,卢卡奇积极地强调了革命主体依托阶级意识的自我生成和救赎之路,此后霍克海默和阿多诺则消极地阐发了在计算理性的统治下彻底的物化和革命主体的消解,其后马尔库塞、奈格里和哈特等人从霍克海默、阿多诺在主体问题上的基本态度出发,试图在无产阶级之外寻找其他革命主体。阿尔都塞以结构主义方法从另一个方向上批判了经济的一元决定,强调历史的多元决定及无主体的过程,并将个人主体视作意识形态的部件,这种将超越资本主义的可能性放置于偶然性

---

① 孙颖、韩秋红:《西方马克思主义对资本主义现代性批判的三条路径》,《教学与研究》,2023年第12期。

之上的思想同样为主体的活动撑开了空间，又对此后的法国马克思主义产生了重要影响。晚年福柯和东欧新马克思主义的若干代表，则从对主体与真理的关系问题及日常生活分析入手，探讨个人主体的责任与义务问题，从而实现了一种伦理学转向。①

尤其在早期西方马克思主义对"主体-精神"能动性的探索中，有学者指出，卢卡奇是航向的开拓者和原则的设立者，柯尔施是进一步的论证提升者，葛兰西则是从抽象走向具体的操作实施者。他们为马克思主义注入"主体-精神"能动性的逻辑脉络可以总结如下：对"总体性"的追求开辟了"主体能动性"的哲学端口，对意识形态的"松绑"圈定了"主体能动性"的实现场域，对"主体能动性"实现机制的微观化、心理化探寻推动了"精神能动性"的生成，对"精神能动性"的革命力量兑现完成了马克思主义"主体-精神"能动性生成的最后环节。在某种程度上说，卢卡奇等人最重要的理论贡献即他们试图为马克思主义注入"主体-精神"能动性的时代活力，同时不改变"对历史发展的客观性、必然性进行科学分析"这一历史唯物主义的根本性、特质性逻辑，也不破除经济分析与阶级斗争的基础框架，不放弃开展无产阶级革命斗争的历史使命。卢卡奇、柯尔施、葛兰西都是无产阶级革命群众斗争的直接参与者和组织者，其理论从总体上仍立足阶级斗争视域，这与后来西方马克思主义的"文化转向"有着重要区别。②

有学者具有创新性地提出了卢卡奇和柯尔施的差异性问题，并试图以此重新界定西方马克思主义的诞生缘由和判断标准，其着眼点实际就在于柯尔施对主体性的阐发缘由和深刻程度。作者认为，西方马克思主义并不在卢卡奇的《历史与阶级意识》发表的历史节点上直接产生，而是随着之后苏联马克思主义对这两部著作开展政治批判，特别是柯尔施坚决不像卢卡奇那样自我检讨而被划为"极左派"，才最终促生了与"苏联马克思主义"相对立的"西方马克思主义"思潮。正是由于柯尔施借用了施弗林首次使用的

---

① 李乾坤：《对主体的探寻：国外马克思主义哲学的一个核心问题》，《内蒙古社会科学》，2023年第3期。

② 许秩嘉：《早期西方马克思主义开拓"主体—精神"能动性的四个逻辑环节》，《华侨大学学报（哲学社会科学版）》，2023年第6期。

"西方马克思主义"这一术语，并在一个崭新的高度上提升了西方马克思主义概念的批判能力，在融合西方激进主义的历史与现实的过程中，进一步充实和加强了西方马克思主义概念的包容性和革命性，这样一来此前《历史与阶级意识》与《马克思主义和哲学》等作品的思想先导意义才被最终激活。结合柯尔施明确地、有意识地使用西方马克思主义概念的具体语境，就可以看到柯尔施是在对卢卡奇实践辩证法的批判性分析中提及西方马克思主义的，这表明柯尔施对于西方马克思主义的一种更完备模式的自我期许，既批判苏联马克思主义将辩证唯物主义描绘成被动的"镜子式地反映"的衰退形式，又批判卢卡奇将辩证法的方法与其内容相分离，柯尔施的理论路向是对主体能动性的更加具有现实内容的发扬。①

也有学者具有创新性地提出了卢卡奇和阿尔都塞的相同性方面，其立论基础同样是在两位思想家对主体能动性的看法上。作者认为，卢卡奇与阿尔都塞两人具有相同的认识论基础，表现出西方马克思主义主体哲学的基本特征，传统解读把两者分别看作人本主义和科学主义两条路线的代表，给出一种二元对立发展的叙事，其实是忽视了西方马克思主义内部的一致性。卢卡奇提出的总体性辩证法作为无产阶级的认识论，就是强调认识论所具有的历史性，认识主体与认识对象及认识成果（客体的对象形式）都是不断发展变化着的。正是在这个意义上，卢卡奇指出"这种自我设定，自我生产和再生产，就是现实"，"历史唯物主义同黑格尔哲学的密切关系就明显表现在这里，因为它们都把理论视为现实的自我认识"。同样地，阿尔都塞把哲学定义为"理论领域中的阶级斗争"，他与卢卡奇一样，都是在面临革命危机时，同样选择了反对机械的经济决定论，尽管具体进行辩驳的方法路径上有所不同，却同样表现出以认识论为基础的主体哲学倾向。该作者认为从卢卡奇和阿尔都塞主要理论的论述中，我们可以清晰地看到两者的共同之处，如反对经济决定论，强调整体性和历史性，肯定阶级斗争的重要作用，等等。这些共同之处的存在并非偶然，一方面这是因为时代与当时革命形

① 周凡：《西方马克思主义概念的形成——基于柯尔施的被批判及其反批判的一种历史述评》，《国外理论动态》，2023年第6期。

势发展的需要,另一方面也是因为他们都没有挣脱当时主体哲学与认识论哲学这一主流模式,而这又蕴藏着卢卡奇和阿尔都塞两人共同的弱点,最终他们试图介入现实的理论言说都随着时代的发展而颓败。①

还有学者是试图揭示出西方马克思主义理论家当中存在着一种理论探索路向,认为劳动者主体性的发展同资本的统治之间有可能存在着深刻的隐性共谋。也就是说,劳动者的主体性不仅仅是作为反对资本的自由力量,资本也不仅仅是单向地对劳动者主体性加以篡夺而使人丧失自由,在新自由主义时代,资本权力的运作方式超出了传统的否定性表象,表现出了空前的肯定性特征;这种权力不限于压抑和否定主体性,在另一方面它反而要创造、激励、张扬乃至放纵主体性。具体说来,20世纪60年代以来的西方马克思主义者意识到批判理论不能固守"韦伯式马克思主义"的旧观念,将资本权力理解为资本对劳动者主体性的否定,否则就很可能让新的权力技术以"自由"和"解放"之名绕过批判理论的检视。有鉴于此,西方马克思主义者正面提出了资本逻辑下的"劳动主体再生产"问题。这一问题贯穿了意识形态理论、权力理论、生命政治理论等议题,表现出一种清晰可见的、对权力作肯定性理解的趋势,它所关心的不是资本权力如何否定和压抑劳动者的主体性,而是这种权力如何将特定的劳动主体性生产出来。

首先,阿尔都塞区分了两种不同意义上的主体性,一种是革命性政治行动的主体,但在此之外还存在着一种受到资本统治的、嵌入资本运行的"意识形态主体",它尽管处在被统治地位,但仍然具有主体的资格。实际上,资本主义统治方式的特殊性恰恰在于,将人作为主体并通过其主体性来施加统治,让人自觉"负责"遵守规范,这要比通过暴力给人强加规范"经济"得多。这种特定主体性的再生产是资本主义再生产过程的一个必要环节,意识形态在这里并不是用来遮蔽资本主义的生产关系,而是通过将人询唤为特定的主体,来保证资本主义生产关系的顺利运行。福柯将这一思路进一步彻底化,抛弃了有歧义的意识形态概念,将主体理论发展成权力理论或生

---

① 毕芙蓉:《论西方马克思主义的基本特征与发展趋势——基于卢卡奇与阿尔都塞之异同的一个考察》,《教学与研究》,2023年第4期。

命政治理论。在新自由主义社会中，工人不仅要被建构为劳动主体，还要被建构为投资主体或企业人，在这种情况下，劳动者的主体性发生了显著的"资本化"：劳动者根据资本的行动规则来理解和安排自身，将自身的活动理解为人力资本的投资。劳动者不仅是在资本驱使下从事重复劳动的主体，更是像资本一样的自我更新、自我塑造的自为主体。当然，这并不意味着劳动者拥有了资本，或者摆脱了资本统治而获得了自由，而只是意味着资本再生产的要求被嵌入了劳动者的主体性内部，劳动者自发地配合资本的再生产，并将其当作自身的意愿。

德勒兹根据资本主义再生产过程的特性，进一步推论出了其劳动主体的构造机制。资本主义的运转不是依靠外加的法则，而是依靠内在的关系结构；它不是用预定的规则支配社会成员，而是让诸多主体自行构成一种特定的关系，从而对其自身展开内在的、灵活的调节。用德勒兹的术语来说，资本主义的社会规则不是"编码"，而是"公理"。因此，资本主义的主体再生产不需要依靠某种纪律、信念或意识形态；它不必以主体的意识为中介，就能直接构造主体的行动和欲望，使之与资本的欲望相契合。这种机制的突出表现是货币的统治：货币将各种不同的欲望都统一成对于货币自身的欲望，并在它们之间建立了直接的数量关系，使资本主义的"公理"可以通过等价交换关系而自动运行。这样一来，即使主体对于资本主义没有任何认同和信仰，他仍然会自发地按照等价交换关系去行动。更重要的是，在货币这一对象上，无产者的欲望同资本的欲望统一起来：尽管无产者所占有的货币只够满足生存需要，不可能转化成资本，但货币这一对象的同质性却遮蔽了无产者的欲望与资本欲望之间的这一根本差异。其结果是，无产者改善自身处境的欲求不是通过阶级革命来实现，而是通过赚取货币来实现，但这恰恰再生产了资本主义本身。①

---

① 牛子牛：《资本逻辑下劳动主体性的再生产——西方马克思主义资本批判理论的一个当代面向》，《马克思主义与现实》，2023年第6期。

四、推进国外马克思主义研究的学科建设，有效助力马克思主义时代化发展新的百年征程

（一）在研究视角上加强对复杂经纬的总体把握

在之前年度的报告当中我们阐述过，习近平总书记关于"大历史观"的科学论述，他在研判许多具体问题是详察"历史经纬"的思想方法论，对于我们开展国外马克思主义研究也有重大的指导意义，这一点在本年度相关学者把握国外马克思主义复杂立场中内在逻辑的研究当中再次得到了确证，国外马克思主义思潮作为跨国、跨文化、跨时空复杂背景下的动态存在，极为丰富的思想史材料必然要在经纬纵横中编织出历史的纽带才能得到把握。包括在前文当中我们引述到有学者主张"每一位思想家的思想都有其历史"的研究视角，然而其也同时强调，虽然国外马克思主义发展总体逻辑消解，虽然相关理论越来越多元化、碎片化、本土化，但恰恰是要在这种理论隔阂日益加剧的状况下，思想史研究本身要推进对话与交流，这对于理解和把握国外马克思主义的思想谱系、推动研究的深入，具有至关重要的理论意义和现实价值。也就是说，需要在思想史的整体视域之中，厘清各个不同流派之间的思想关系，从总体上把握国外马克思主义思潮的发展及其内在逻辑的转换，也就是在一致性和多元化的两相对立之外，各个"思想史"的小逻辑之间转换的大逻辑依然是存在的。国外马克思主义诸流派虽然由于形成过程中获取的理论资源、研究的立场、理论旨趣等的不同而存在着较大的差异，但它们毕竟拥有共同的思想资源、时代问题，因此在问题的承接、理论的借用、概念的引申等方面是存在着思想关系的，对思想史个体和理论学派复杂状况的研究，绝不是为了加深隔阂而是为了跨越隔阂，实现对话与交流——既包括与各个不同流派及思想家之间的对话与交流，也包括各个研究者之间的对话与交流，将国外马克思主义研究不断引向深入。①

---

① 隽鸿飞：《论国外马克思主义研究的理论前提》，《求是学刊》，2023年第1期。

也有学者提出,虽然国外马克思主义本身确实日益存在发展线索分歧化的情况,但我们在研究当中也存在主观方面的取向偏好,这一方面的原因也同样参与造成了我们的缺点,即未能敏锐捕捉国外马克思主义思潮中的逻辑联系。根据他的分析,在过去40年间我国学界开展国外马克思主义研究的进程中,我们无论是从事国别研究、人物研究、流派研究,还是问题研究、专题研究,都是比较注重历史发展的纵向线索,即某个流派、国家、主题在不同历史时期的发展与传承,这种纵向研究主要着眼于研究对象本身客观的乃至自觉的代际授受与传承,相应地我们从中得出的线索脉络也就具有清晰性和直接性的优点。例如在对法兰克福学派的研究中,我们就会从早期的格律恩堡、霍克海默、阿多诺,延伸到第二代人物哈贝马斯,再到其弟子霍耐特,以及最新的莱纳·福斯特、罗萨、耶齐等,这就是典型的谱系学式的纵向研究。同时,由于早期国外马克思主义研究以引介为主,导致我们主要侧重文本开展思想阐释和引申演绎,而忽视了这些外来文本和思想背后的历史背景,更容易陷入对文本和思想之间交往逻辑的关注。

但其实,对于国外马克思主义的思想家们来说,他们提出的思想都是针对资本主义发展到一定历史阶段产生的问题而给出的回应与解答。例如,当法兰克福学派的霍克海默和阿多诺在对资本主义的工具理性进行批判时,他们针对的是西方资本主义社会正在现实地将无产阶级工具化。同样,当马尔库塞考察科技发展带来的西方资本主义技术治理之下人的存在状况,对"单向度的人"进行深刻批判时,针对的是由于人类被整合到高度技术化的生产体系之中,普通的人(无论是蓝领工人还是办公室的白领职员)都无法对资本主义工业体系给出反思和批判,作为劳动者他们都只能单向度地服从于资本主义的生产方式。换言之,大量的国外马克思主义思想家尽管主要活跃场所确实是在书斋和讲坛,但他们大部分也绝不是单靠自己的思辨和空想来构想未来社会的大厦,而是以自己的思想去触及现实的资本主义生产方式内部,给出自己的解答并进而发挥了或大或小的现实影响。如果我们在引介这些国外马克思主义的时候,忽略了其特定的历史背景,仅仅做从文本到文本的字面上的解析,可能就无法把握思想家们的理论精髓。①

这样一来,另一种搭建起国外马克思主义理论家和流派之间联系的思路也就呼之欲出了,那就是把握住20世纪以来资本主义的全球扩张及其自身生产方式调整的历史进程,以此为纽带来考察国外马克思主义的理论表现。国外马克思主义作为当代资本主义批判理论,其形成和发展,包括其间各种交往、分歧与斗争,始终是与这一客观历史进程密切联系在一起的,国外马克思主义并没有自己的"内史",而总是侧身于大历史的洪流之中。回顾国外马克思主义发展的历史可以看到,其发展中的每一次重大的理论变革都是与重大的现实问题及其引发的理论困难联系在一起的。国外马克思主义诸流派的兴起和发展既是对资本全球性扩张带来的世界性、人类性问题的反思和批判,同时又因这些问题在不同的国家、地区的表现形式不同,所引起的理论回应不同,而呈现出不同的特征,从而构成了20世纪以来国外马克思主义的总体图景。正如拉塞尔·雅柯比指出的,马克思主义在每一个地方都带有它特有的环境特征,马克思主义时常有着它背景条件所带来的色彩和内容,从而有其自身的历史、文本、领导人、成就和问题。因此,研究国外马克思主义就不仅要把握其形成过程中所依赖的理论资源及其发展内在理论逻辑,而同时需要关注其所直面的现实问题,以及由现实社会的变革所引发的理论变革,从而对国外马克思主义进行准确的定位和评价。②而如同列宁所说的那样:"马克思主义的全部精神,它的整个体系,要求人们对每一个原理都要(α)历史地,(β)都要同其他原理联系起来,(γ)都要同具体的历史经验联系起来加以考察。"③这些符合马克思主义真精神的理论回答,都可以穿透历史的复杂经纬而在历史本身的总体性当中得到统一。

(二)在研究目的上聚焦中国自主知识体系建构

在列宁告诫我们的马克思主义原理要"同具体的历史经验联系起来加

---

① 蓝江:《如何从中国自主知识体系出发来重建国外马克思主义研究?》,《江苏省社会主义学院学报》,2023年第4期。

② 隽鸿飞:《论国外马克思主义研究的理论前提》,《求是学刊》,2023年第1期。

③ 《列宁全集》(第47卷),人民出版社,2017年,第445页。

以考察"，以及从我们近年来在国外马克思主义研究中所反复援引的习近平总书记关于"学习研究当代世界马克思主义思潮"的重要论述当中，当然也就包含着国外马克思主义思潮纬线要同中国化时代化马克思主义产生交互的意涵。正如有学者所说的，如果说在国外马克思主义研究过程中始终渗透着中国学界的理论自觉，那么这一自觉意识就主要体现为"一体两面"的方法论自觉。"一体"主要指马克思主义这一主体，坚定马克思主义信仰、坚持以马克思主义为指导，是国外马克思主义研究的基线，构成国外马克思主义研究领域的自主知识体系建构的标线。"两面"指两个面向，从空间逻辑来看指的是面向中国、面向世界，即国外马克思主义研究开阔了我们思考马克思主义的世界视野，在比较中形成创新发展马克思主义的中国特色。从时间逻辑来看则指面向现实、面向未来，即对国外马克思主义研究始终以马克思主义的方法论原则展开理论批判，以马克思主义的价值旨归及其对社会历史发展的科学研判思考人类解放道路。①

国外马克思主义研究领域的自主知识体系建构当然从属于中国自主知识体系建构，但建构中国自主的知识体系指的绝不仅仅是一些具有中国元素、中国色彩和中国内容的哲学社会科学，而是获得了中国"自我主张"的哲学社会科学，因为只有这样的哲学社会科学才可能真正具有中国特色、中国风格和中国气派。这样的一种"自我主张"显然绝不意味着要终止学习，绝不意味着自我封闭或孤立主义，而应该把自我主张和对外学习统一在一起，即经历"文化结合"的锻炼。②国外马克思主义思潮作为马克思之后的马克思主义在世界其他各地传播发展演变的多种形态的集合，本身表现出马克思主义强大的生命力和因地制宜的真理力量。从广义上来看，马克思主义本土化时代化的各个路向和成果在各自的文明模式、文化语境、思维方式、话语体系下，共同推动着马克思主义研究与时俱进、因地制宜地创新发展，形成了某种"理论共同体"。这就构成了马克思主义理论的世界史，这是符合马克思所

① 韩秋红：《国外马克思主义研究自主知识体系建构的原则与方法》，《马克思主义理论学科研究》，2023年第5期。

② 户晓坤：《中国学术文化的自我主张与建设中华民族现代文明——访复旦大学吴晓明教授》，《马克思主义理论学科研究》，2023年第9期。

说的地域性的历史融汇成世界历史的判断。而这也是国外马克思主义研究的知识体系需要把握的必不可少的理论演进脉络，促进我们进一步思考如何在实现自主知识体系建构的基础上以中国话语讲好中国故事，讲好当代中国马克思主义的故事，也讲好21世纪马克思主义的世界历史故事。因此在这个意义上，马克思主义世界传播史和理论发展史构成无论是中国马克思主义研究还是国外马克思主义研究的统一坐标系，马克思主义同各个地域实际及其文化传统相适应相融合，也就衍生出具有各自特色理论形态的坐标轴。①

坐标系之喻是一个非常形象但是又具有理论深刻性的提法，同样有学者也表述说，我们可以将国外马克思主义研究看成一个由纵轴和横轴构成的直角坐标系：首先在纵向上当然就是从一个个时间和国别的纵向坐标点上来思考国外马克思主义相关传承线索上的理论和思想，但更重要的是我们需要为国外马克思主义引入一个横轴，即在中国自主话语体系中建构中国式的问题，采用中国自主的概念体系和话语体系，来重新架构国外马克思主义研究的横向研究。例如，当我们谈数字经济和数字赋能的时候，我们很容易联系到国外马克思主义的一些批判性成果，如马尔库塞、斯蒂格勒、大卫·哈维等人的成果，但我们并不是不加辨别地跟随他们批判数字技术和数字经济，而是基于中国的立场和话语，思考数字经济带来的巨大变革，避免资本垄断带来的新的不平等和不公正，让数字经济为人民群众带来更多的福利。在这个意义上，从中国自主知识体系出发，重新理解和阐释国外马克思主义，一方面是将国外马克思主义对资本主义批判的问题加以转化，成为中国自主知识体系中的有效组成部分，从而为哲学、社会学、政治学、传播学等领域研究提供更丰富的内涵；另一方面，中国自主知识体系也代表着中国学者的学术自信和思想自信，意味着通过吸收广博的国外马克思主义思想资源，立足中国具体实际，实现高质量高水平的思想转化，为中国数字社会和智能社会的发展提供有效的思想动力，为人类命运共同体的实践奠定创造性的基础。②

① 韩秋红：《国外马克思主义研究自主知识体系建构的原则与方法》，《马克思主义理论学科研究》，2023年第5期。

② 蓝江：《如何从中国自主知识体系出发来重建国外马克思主义研究？》，《江苏省社会主义学院学报》，2023年第4期。

分报告一
对卢卡奇的研究

1923年,卢卡奇结集出版了《历史与阶级意识》一书,该书奠定了卢卡奇的学术思想地位,也开启了西方马克思主义的理论之旅。从一定意义上说,一部西方马克思主义发展史就是对《历史与阶级意识》的注疏史、诠释史。百年后的2023年,国内学界围绕卢卡奇的思想影响展开了一系列讨论。根据国家图书馆和中国知网检索,2023年国内学界出版或再版了六部著作,[①]在 CSSCI 来源期刊发表了论文四十余篇文章。虽然从数量来看与以前相比并不算多,但这些研究也呈现出一些新特点。

一、总体路径

从总体上说,2023年国内卢卡奇研究主要有两条路径。一是文本研究,主要集中在对《历史与阶级意识》的理论主题、理论地位、当代价值等问题的讨论。二是思想史路径,关注的问题主要有三点:其一,侧重在马克思主义发展史中讨论卢卡奇与马克思的关系、卢卡奇与列宁的关系;其二,青年卢卡奇和晚年卢卡奇的关系,主要讨论了苏联时期卢卡奇的哲学和美学等相关问题;其三,卢卡奇对法兰克福学派、布达佩斯学派等的思想影响研究,侧重从国外马克思主义发展史的角度展开研究。

---

① 出版的著作有:[匈]卢卡奇:《卢卡奇自传》,杜章智编译,中央编译出版社,2023年;孙伯鍨:《卢卡奇与马克思》,南京大学出版社,2023年;刘力永:《发现能动的主体:〈历史与阶级意识〉解读》,中共中央党校出版社,2023年;单传友:《经典诠释视域下的〈历史与阶级意识〉》,人民出版社,2023年;王银辉:《卢卡奇文艺思想在中国的接受与影响》,商务印书馆,2023年;邹恒:《恩格斯与卢卡奇辩证法思想比较研究》,中国广播影视出版社,2023年。

(一)文本研究

任何学术思想的形成都具有特定的社会历史背景。《历史与阶级意识》诞生的历史背景是俄国无产阶级革命的胜利和西欧无产阶级革命的失败。这种鲜明的反差激发了早期西方马克思主义者的理论思考。卢卡奇思考的核心问题是西欧无产阶级革命为什么会失败,西欧在与俄国革命成果的对比当中能获得怎样的经验启示。因此在出版该论文集时,卢卡奇首先讨论的问题是"什么是正统的马克思主义"。通过追问这个问题,卢卡奇指出了马克思主义理论的根本属性是革命性,而不是实证性。马克思主义理论的内核是变革世界的辩证法,把握现实的方法是总体性的辩证法,在这个意义上马克思的思想直接承接了黑格尔的辩证法。在《作为马克思主义者的卢莎·卢森堡》中,卢卡奇高度评价了卢森堡,批判了宿命论与伦理改造论的错误倾向。在《阶级意识》中,卢卡奇讨论了阶级意识的来源、功能和无产阶级的阶级意识的特殊使命。在《物化与无产阶级意识》中,卢卡奇一方面分析了欧洲的特殊社会现实结构,另一方面指出了德国古典哲学与资本主义现实的同构性,指出了马克思理论革命的重要意义。马克思的理论革命一方面指向了德国古典哲学,另一方面由于德国古典哲学与资本主义物化结构的同构性,理论革命也指向了现实革命。当然,现实革命不能代替理论革命,现实革命必须依赖无产阶级的革命行动,因此在这篇文章的第三部分,卢卡奇讨论了无产阶级的阶级意识问题。在《历史唯物主义功能变化》中,卢卡奇再次讨论了历史唯物主义的革命意义。在《合法性与非法性》中,卢卡奇指出了不能囿于资本主义意识形态的限制,陷入合法与非法的思想误区。在《对卢莎·卢森堡〈论俄国革命〉的批评意见》中,卢卡奇指出了卢森堡陷入了合法斗争的思想陷阱,忽视了革命的作用,忽视了革命中的组织问题。在《关于组织问题的方法论》中,卢卡奇吸收了俄国革命的组织经验,明确指出组织问题是革命中最重要的"精神问题"。激进革命无疑是整本《历史与阶级意识》的思想主题。

但在本年度的相关研究当中,也有论者提出了与上述传统理解不同的看法。颜岩通过梳理卢卡奇思想中的黑格尔和韦伯因素,得出结论——《历史与阶级意识》中的卢卡奇具有保守主义色彩,或者说卢卡奇思想中既存在保守主义色彩,也蕴含着革命性和批判性,两种对立的倾向并存于该著作中。作者借助梅扎罗斯在《超越资本——关于一种过渡理论》关于卢卡奇的分析指出:"《历史与阶级意识》的明显悖论在于,一方面,从马克思主义的阶级革命理论出发,卢卡奇要论证无产阶级革命的历史必然性,就必须诉诸黑格尔主义强势的历史哲学;另一方面,从对文化的形而上学存在论分析出发,卢卡奇要消除日常生活的异化,就必须诉诸个体的自主意识,探讨伦理道德的选择性而不是客观规律的必然性。"①作者认为,这个悖论在于,一方面卢卡奇的革命理论受到黑格尔历史哲学客观规律性的制约,另一方面诉诸个体的自主意识,诉诸伦理道德的选择性。此外,作者认为卢卡奇思想中还存在着"韦伯包袱",这个"包袱"表现在,一方面卢卡奇对物化现象持否定态度,但另一方面由于受到韦伯的影响,卢卡奇对物化也持肯定态度。卢卡奇的思想是否存在"明显悖论"值得商榷。卢卡奇受到黑格尔历史哲学的影响毫无疑问,但卢卡奇是否受到黑格尔历史必然性思想的影响则存在着疑点。卢卡奇反对将马克思主义实证主义化,反对宿命论和伦理革命,并指出宿命论和伦理革命看似两极对立,但实际上两极相通。卢卡奇主张无产阶级的阶级革命,并指出阶级不同于个体,也不同于类存在,更不主张"伦理道德的选择性"。

李靖新弘在重新评价《历史与阶级意识》时指出,学界实际上创造了一个"卢卡奇神话",即认为卢卡奇的物化批判与青年马克思的异化思想具有相似性。但作者认为两者实际上有着天壤之别,因为卢卡奇物化批判的底色是新康德主义。"《历史与阶级意识》中的物化思想与马克思并无太大关联,它本质上仍是新康德主义思想的产物。"②作者认为学界制造了卢卡奇神话,忽视了卢卡奇思想的独立价值。在卢卡奇的自我批评中,卢卡奇的确指出了他没有像马克思那样区分对象化和异化问题。卢卡奇在物化批判中,的确糅合了马克思的商品拜物教批判和韦伯的合理化批判,尤其是卢卡奇

① 颜岩:《论卢卡奇〈历史与阶级意识〉中的保守主义成分》,《现代哲学》,2023年第6期。
② 李靖新弘:《穿透"卢卡奇神话"的迷雾——〈历史与阶级意识〉再评价》,《马克思主义与现实》,2023年第4期。

从商品拜物教得出了异化结论后，卢卡奇转向了对抽象劳动的批判。在批判抽象劳动时，卢卡奇指出了在劳动过程中最重要的原则，也就是根据计算和可计算性的合理化原则。卢卡奇由此转向了对合理化导致非理性的分析，指出了资本主义合理化中的危机问题。在理性批判的基础上，卢卡奇将社会结构分析与德国古典哲学关联起来，指出德国古典哲学试图超越理性的非理性危机，但最终陷入了概念的神话学。马克思在批判黑格尔的基础上找到了解决危机的现实主体。就此而言，卢卡奇的资本主义批判与马克思的确存在着分野。马克思在商品拜物教基础上也转向了对抽象劳动的批判，但马克思转向的是对劳动二重性的分析，并由此出发展开了对剩余价值论的分析。通过对剩余价值论分析，马克思一方面指出了平均利润率的下降这一客观趋势，另一方面指出了工人阶级与资本家的阶级对抗。卢卡奇与马克思的资本主义批判存在思想差异，但卢卡奇在"物化与无产阶级意识"第三部分"无产阶级的立场"中也对新康德主义的文化批判转向展开了批判。卢卡奇指出，新康德主义的文化转向其实就是将康德的物自体难题转向了文化领域。在新康德主义者那里，文化相当于物自体。当我们指认卢卡奇思想中的新康德主义底色时，不能回避卢卡奇对这一底色的自我批判。

司强从另一个角度论述的《历史与阶级意识》的德国古典哲学底色。其论文的主旨虽然聚焦在对比分析《历史与阶级意识》与《关于社会存在的本体论》对恩格斯自然辩证法的不同看法，认为卢卡奇对恩格斯自然辩证法的态度经历了从否定到肯定的转变，但他在论述这种转变的实质在于卢卡奇尝试转变总体性辩证法的基础时，也对《历史与阶级意识》的德国观念论基础，即一种将自然与历史相区别的二元论基础进行了较为深入的揭示。《历史与阶级意识》认为辩证法只存在于社会历史领域，而这一领域的特征在于主体或意识的介入，由此卢卡奇强调理论或主体与现实的辩证关系，并以此为基础，论证了马克思的辩证法对德国古典哲学的继承关系。卢卡奇把康德的自在之物问题归结为理性主义与非理性的内容之间的冲突，并把这种冲突归结为商品经济占统治地位的资本主义经济所导致的物化问题。康德的《实践理性批判》及费希特哲学，被卢卡奇解读为以道德实践来解决自在之物(物化问题)的难题,而《判断力批判》以席勒为中介,通达黑格尔和马克思的辩证法,最终在马克思的总体性辩证法中,也就是无产阶级革命中,找到了解决物化问题或自在之物问题的答案。通过对德国古典哲学的创造性解读,卢卡奇将马克思的理论阐释为德国古典哲学的继承者,即马克思解决了从康德到黑格尔企图解决但又无法完成的现代社会的物化问题。当然,由于认为辩证法只存在于历史领域,这就与恩格斯坚持的唯物主义一元论,即认为辩证法是自然、历史和思维的规律不同,卢卡奇陷入了新的二元论。又由于社会历史领域与自然领域的差别在于主体的参与,即意识的作用,所以卢卡奇所推崇的总体性辩证法,在本体论上以意识为基础,必然陷入唯心主义,即"以救世主自居的乌托邦主义"①。

韩志伟、宋孟琦认为,《历史与阶级意识》的核心问题和当代价值在于物化结构与阶级意识的辩证统一,而这一点被霍耐特和齐泽克忽视了。"如何在当代重新探索无产阶级革命道路,我们需要回到卢卡奇。"②作者从卢卡奇对实证主义的批判入手,分析了卢卡奇思想中物化结构批判与阶级意识理论之间的内在关联,批判了霍耐特重解卢卡奇的物化理论但忽视了阶级意识理论,而齐泽克重提阶级意识理论却忽视了物化理论。两种解释路径都各执一端,未能达到卢卡奇的思想高度。只有将两者结合起来,才能保持批判性与革命性的统一。

薛稷、郝晨玮从麦金太尔对卢卡奇的误读入手,捍卫了《历史与阶级意识》对历史唯物主义的创新性阐发。③作者从三个角度展开了具体分析。首先,麦金泰尔批评了卢卡奇的理性意志论;其次,麦金泰尔批评了卢卡奇"理想的无产阶级";最后,麦金泰尔批评了卢卡奇的政党理论。作者对这三个问题逐一进行了反驳,并指出在资本逻辑依然占据主导的今天,卢卡奇的资本主义批判依然具有当代意义。

①　司强:《卢卡奇对自然辩证法的态度转变及其根源》,《现代哲学》,2023年第6期。

②　韩志伟、宋孟琦:《物化结构与阶级意识的辩证统一——重思〈历史与阶级意识〉的核心问题与当代价值》,《天津社会科学》,2023年第5期。

③　薛稷、郝晨玮:《麦金太尔对〈历史与阶级意识〉的几点误读》,《广西大学学报(哲学社会科学版)》,2023年第6期。

2023年学界还推出了两篇关于《历史与阶级意识》评价的译作。吕迪格·丹内曼在讨论卢卡奇和《历史与阶级意识》之间的曲折关系后指出,卢卡奇的物化对于我们今天理解自主性问题依然具有重要意义。[①]这篇文章的最大特点在于以丰富的文献为基础,梳理了《历史与阶级意识》出版之后卢卡奇不同时期的自我批评。这篇文献的史料价值明显高于理论价值。在理论价值层面,作者指出新自由主义虽然号称自由和人权,但卢卡奇的物化批判告诉我们,在看似自由的时代,我们并没有实现自主性。因此,物化、自主性、实践、自由依然是我们重读卢卡奇需要关注的关键问题。这些问题在新自由主义时代展开资本主义批判依然具有启发意义。康斯坦丁诺斯·卡沃拉科斯则指出,卢卡奇的物化、危机、去物化过程及政治组织是一个有机整体,卢卡奇的革命性政党政治依然为我们思考资本主义时代的社会和政治解放提供了重要路径。[②]卢卡奇在捍卫之作中明确指出他讨论马克思主义辩证法的目的就是揭示无产阶级政党理论与辩证法内在关联。卡沃拉科斯从物化现象及其限度入手,分析了超越物化的政治革命的可能性,指出了政党理论的中介作用,从而将物化批判与革命性政党关联起来。这种解释路向无疑抓住了卢卡奇出版《历史与阶级意识》时单独撰写的《物化与无产阶级意识》和《关于组织问题的方法论》之间的内在关联。"物化""危机""超越物化""组织"四个关键概念构成了解读卢卡奇《历史与阶级意识》的逻辑线索。

(二)思想史研究

从思想史的角度研究卢卡奇,首先需要讨论卢卡奇与马克思、列宁的关系。张一兵重温了孙伯鍨先生的《卢卡奇与马克思》的思想价值。[③]作者认为,在孙先生的相关研究成果中,很关键的一点就在于指出了马克思在其中

---

① [德]吕迪格·丹内曼:《卢卡奇和〈历史与阶级意识〉之间的曲折关系》,王琦琪译,《马克思主义与现实》2023年第5期。

② [希腊]康斯坦丁诺斯·卡沃拉科斯:《〈历史与阶级意识〉中的物化、革命实践和政党政治》,叶甲斌、陈思静译,《马克思主义与现实》,2023年第6期

③ 张一兵:《物化与异化:一种历史唯物主义的科学观察——孙伯鍨〈卢卡奇与马克思〉研究》,《中国高校社会科学》,2023年第1期。

期的政治经济学批判中告别了早期人本主义路向,这就杜绝了从人本主义重构马克思主义的可能性。而卢卡奇的局限性就在于混淆了物化与异化,没有区分客观历史规律和特定历史现象,仅仅从抽象的价值判断出发,因此在方法论上是唯心主义的。张亮、赵立同样认为,《卢卡奇与马克思》直到今天依然是研究卢卡奇的思想指南。①作者指出晚年卢卡奇的思想影响逐步被人忘记,国内卢卡奇研究也存在着三点不足:一是未能在整个西方思想史中定位卢卡奇,二是未能全面系统把握卢卡奇自身思想的整体性,三是未能客观准确评价卢卡奇思想的理论地位。《卢卡奇与马克思》在今天依然是引领我们阅读思考卢卡奇与马克思、准确客观评价卢卡奇的思想指南。今天我们需要在孙先生研究的基础上,在扎实的文本基础上,在宽广的学术视野中推进卢卡奇研究。

卢卡奇的思想除了受到马克思的影响,同样也受了列宁思想的影响。在《历史与阶级意识》之后,卢卡奇专门写作了《列宁》,讨论列宁的思想贡献。因此,齐泽克明确指出卢卡奇实际上是"列宁主义哲学家",这就改变了传统的观点。传统观点认为早期西方马克思主义与列宁主义相对立,但实际上这个命题值得商榷。至少卢卡奇、葛兰西和科尔施都高度肯定列宁的思想贡献和俄国十月革命的现实意义。王雨辰、殷张晴认为,卢卡奇等早期西方马克思主义者在认识论上批判恩格斯和列宁,但在政治哲学上与列宁是一致的,因此,需要重新讨论西方马克思主义与列宁主义的关系。②作者认为卢卡奇从总体性、历史性和批判性三个角度阐发了马克思主义哲学的本质、从实践的角度批判了直观反映论、政治上高度评价列宁。这三个角度表明卢卡奇并不与列宁的思想相对立,而是与列宁思想高度关联在一起。这就回应了早期西方马克思主义与列宁主义的对立论,为在马克思主义发展史中定位西方马克思主义提供了方向。西方马克思主义和中国化的马克思主义都是马克思列宁主义的传人,也为中西马克思主义比较研究奠定了

---

① 张亮、赵立:《如何把握作为马克思主义者的卢卡奇——回望孙伯鍨教授的〈卢卡奇与马克思〉》,《烟台大学学报(哲学社会科学版)》,2023年第1期。

② 王雨辰、殷张晴:《论卢卡奇对列宁思想的态度及其当代效应》,《山东社会科学》,2023年第12期。

理论基础。西方马克思主义在资本主义批判和阐释马克思主义方面是我们发展马克思主义的思想资源，也是我们反思现代性问题的重要理论参考。

1930年至1945年，卢卡奇主要在苏联工作，这段时期被学界称为"苏联时期"。在这个阶段，卢卡奇研究的主要问题是马克思主义美学。相较于《历史与阶级意识》时期的卢卡奇，苏联时期卢卡奇的学术贡献往往被低估了，甚至受到诸多西方学者的批评。李灿、张亮重新研究了苏联时期卢卡奇的思想，指出这个时期是卢卡奇坚定马克思主义信仰，探索马克思主义哲学、文学、美学的关键时期。①卢卡奇建构了马克思主义美学，批判了资本主义意识形态，坚定了马克思主义信仰。卢卡奇选择去苏联是基于理论与实践的认同，完成了自己的身份转变。我们在评价苏联时期的卢卡奇时，不能跟在西方学者后面，淡化甚至质疑苏联时期的卢卡奇。我们要在扎实的文本基础研究基础上，充分吸收卢卡奇研究马克思主义所形成的"真知识""真本领"和"真信仰"。

曹学聪借助卢卡奇这一时期的《表现主义：意义与衰亡》《民族诗人海因里希·海涅》等代表性文献，分析了卢卡奇对浪漫主义的批判。②作者认为卢卡奇对浪漫主义的批判经历了三次转换。在《表现主义：意义与衰亡》中，卢卡奇认为浪漫主义与法西斯主义具有同构性。在《民族诗人海因里希·海涅》中，卢卡奇站在海涅的立场上，对浪漫主义的评价转向了中性的评价，认为浪漫主义中蕴含着人民性。二战后，卢卡奇对德国浪漫主义再次展开了批判。这时，卢卡奇站在自由主义的立场上批判了浪漫主义。卢卡奇批判浪漫主义的立场是否是自由主义这一点值得商榷，但卢卡奇批判浪漫主义是确定无疑的。即使在《历史与阶级意识》中，卢卡奇也对浪漫主义展开了激烈的批判。

在苏联时期，卢卡奇重新研究了青年黑格尔，并于1948年出版了专著《青年黑格尔》。该书梳理了青年黑格尔思想转变的历史进程，其学术价值较高，一直是国际黑格尔研究的重要文献参考。张东辉认为，卢卡奇关于青

---

① 李灿、张亮：《重访卢卡奇的苏联时期：历史、文本与再评价》，《世界哲学》，2023年第1期。

② 曹学聪：《卢卡奇对浪漫主义批判的力度与限度——从〈民族诗人海因里希·海涅〉谈起》，《山东社会科学》，2023年第3期。

年黑格尔研究的重要思想贡献在于,他抓住了法兰克福时期黑格尔的思想危机及其解决路径。①作者认为,此时卢卡奇站在唯物史观的基础上,以社会存在决定社会意识为研究进路,分析了黑格尔思想形成和转变的社会存在论基础。这种研究进路是马克思主义的研究进路,所呈现的黑格尔思想影响不同于狄尔泰的生命哲学等解读路向。就此而言,卢卡奇的黑格尔研究既揭示了黑格尔的思想转变,也见证了卢卡奇自身的思想转型,卢卡奇的黑格尔研究也是卢卡奇自身的思想反省。

我国学界对卢卡奇、葛兰西、科尔施等早期西方马克思主义者的认识在很大程度上是以佩里·安德森的《西方马克思主义探讨》为中介的。比如关于西方马克思主义的"形式转移""主题创新""终结论"等说法都源自佩里·安德森。问题是安德森的看法是否都准确可靠。王雨辰从安德森的一个基本判断入手,重新讨论了从卢卡奇到法兰克福学派的政治经济学批判。按照安德森的说法,西方马克思主义的讨论偏离了历史唯物主义的核心,也就是不再讨论资本主义经济发展规律这一核心问题,而是仅仅关注文化、艺术、哲学等问题。西方马克思主义倒转了马克思的问题域,马克思是从哲学转向政治,再从政治转向了经济,而西方马克思主义则从经济、政治退回到哲学。西方马克思主义群体基本都是哲学专业的教授,都是学院派。王雨辰、张熊对这个判断提出了批评,并指出了政治经济学批判是理解从卢卡奇到法兰克福学派不可或缺的线索。王雨辰认为无论是早期的物化批判,还是后期的社会存在本体论思想,卢卡奇理论背后的致思路径都是政治经济学批判,而这一传统被法兰克福学派吸纳了。《启蒙辩证法》中的启蒙批判是一种经济分析。霍克海默和阿多诺对启蒙理性和等价原则的分析指出了极权主义与资本主义经济关系的同源性。波洛克分析了国家资本主义问题,提出了货币价值论,否定了经济领域对社会的决定作用,转向了政治领域。王雨辰认为,这意味着在政治经济学批判基础上实现了对唯物史观的重构,

---

① 张东辉:《卢卡奇论青年黑格尔的思想危机及其辩证法开端》,《江西社会科学》,2023年第9期。

把批判的重心转向了微观政治领域。①西方马克思主义的政治经济学批判是这几年学界研究的新问题，但法兰克福学派的政治经济学批判是否转向了微观政治领域，这个判断值得商榷。

布达佩斯学派的诸多代表人物基本都是卢卡奇的嫡传弟子，讨论卢卡奇与布达佩斯学派的思想关系一直是学界关注的热点。张笑夷认为，卢卡奇对布达佩斯学派的影响主要表现在人道主义思想上，布达佩斯学派吸收了卢卡奇的"类生活"等概念对当代资本主义展开了批判。同时，布达佩斯学派放弃了卢卡奇的宏大历史叙事，突出强调了现代性中的偶然性、自由选择性。②王思楠具体分析了卢卡奇政治伦理观念对布达佩斯学派的思想影响。作者认为，布达佩斯学派最终没有超越卢卡奇的主观倾向。③赵司空从布达佩斯学派对卢卡奇的批评入手，反过来重新讨论了晚年卢卡奇社会本体论思想的当代价值。④作者认为，布达佩斯学派批评了卢卡奇的晚年社会存在论思想，但卢卡奇社会存在本体论思想中最关键的概念被布达佩斯学派忽视了，这就是"合目的性劳动"概念。"合目的性劳动"概念区分了社会存在和自然界，指出自然界是我们生存的前提，而合目的性劳动使人们实现了人自身。合目的性劳动还包含着价值维度，关涉个人选择问题。作者认为，这一思想符合历史唯物主义的基本精神。

学界通常认为，在西方马克思主义发展史中，卢卡奇等早期西方马克思主义者开创了人本主义马克思主义的诠释路向，阿尔都塞则开创了科学主义诠释的路向，两个路向是对立的。这种对立论的诠释路向在学界长期占据主导地位，尽管阿尔都塞的确对卢卡奇展开了批判，但实际上两种理论倾向也有内在相同之处。毕芙蓉从总体性辩证法与多元决定的对比分析得出结论，对立论的阐释路径并不可取，两种辩证法思想的根基都是马克思主义

---

① 王雨辰、张熊：《政治经济学批判：从卢卡奇到法兰克福学派》，《湖南师范大学社会科学学报》，2023年第4期。

② 张笑夷：《卢卡奇与布达佩斯学派》，《山东社会科学》，2023年第1期。

③ 王思楠：《继承与超越：布达佩斯学派对卢卡奇政治伦理思想的阐发》，《山东社会科学》，2023年第1期。

④ 赵司空：《论卢卡奇的社会本体论及其当代意义——从布达佩斯学派的批评谈起》，《马克思主义与现实》，2023年第5期。

主体性哲学。走出对立论的阐释框架，才能更好地理解西方马克思主义的基本特征。^①

文本研究和思想史研究实际上交织在一起，任何思想史研究都不可能脱离文本分析，同样任何文本分析都必须放到思想史中考察才能解释文本的意义和地位。只有将两种路径结合起来，才能更好地展开对基本问题的研究。

二、基本问题

从基本问题来看，学界的卢卡奇研究关注的主要问题有物化批判、总体性辩证法、意识形态批判、社会存在本体论等。2023年国内学界关于卢卡奇研究既有物化批判、辩证法等传统的老问题，也有基于政治哲学等新视角形成的新观点。

（一）政治哲学

虽然学界关于马克思主义是否存在政治哲学、如何理解马克思主义政治哲学的性质仍然存在着争论，但从政治哲学角度理解阐释马克思的思想革命、从政治哲学解读西方马克思主义的确打开了新的理论空间。王雨辰认为，青年卢卡奇政治哲学的特点是从社会存在决定社会意识的角度，分析了阶级意识的内涵和特点，批判了资产阶级阶级意识的矛盾，阐释了无产阶级的阶级意识的特点。阶级意识理论是无产阶级革命的战略问题，组织问题是无产阶级革命的策略问题。阶级意识理论和组织理论是战略和策略的关系问题。这种政治哲学不同于西方政治哲学市民社会与政治社会的二分，不同于抽象的自由民主理论，代表了马克思主义政治哲学范式。"卢卡奇的政治哲学是以马克思主义哲学为基础的，追求无产阶级的自由全面发展

---

① 毕芙蓉：《论西方马克思主义的基本特征与发展趋势——基于卢卡奇与阿尔都塞之异同的一个考察》，《教学与研究》，2023年第4期。

等目的的解放政治学。"①作者认为,深入把握卢卡奇的政治哲学,对于建构当代中国马克思主义政治哲学具有重要的启发意义。

在另一篇文章中,王雨辰讨论了卢卡奇在《民主化进程》中的民主思想。作者着重分析了卢卡奇讨论民主的方法论路径、民主的历史演进、资产阶级民主的历史局限和苏联社会主义建设在民主建设上的不足,并指出卢卡奇晚年民主思想的当代价值。②作者认为,卢卡奇晚年讨论民主问题的方法论是唯物史观关于经济基础与上层建筑的关系理论。卢卡奇批评苏联时期忽视了社会主义民主建设,导致了社会主义危机和马克思主义危机。卢卡奇强调社会主义民主与资本主义民主不同,社会主义民主要把自发性与灌输结合起来,党内民主和人民群众的主动性结合起来。就此而言,卢卡奇晚年民主理论的当代价值既在于批判了西方资本主义民主的虚假性,又在于揭示了传统社会主义民主建设上的不足,这就为中国特色社会主义民主建设提供了思想启示。

周凡、王诗语重新讨论了卢卡奇政治哲学中的"被赋予的阶级意识"概念,作者通过对德文原文的考察、词义的梳理指出,"被赋予的阶级意识"这个通行翻译过多地受到了列宁主义视角的影响,实际上从伦理学的视角来看,这个概念应当翻译成"可推定的阶级意识"更加合适。作者认为,翻译成"可推定的阶级意识"能够表明"阶级意识本质上是一种内在意识、自我意识和批判意识,而这些独特维度明确表征出它与列宁主义的阶级意识概念的显著差异性",才能领悟其中所蕴含的"伦理责任、政治责任和历史责任"。③作者在结论中指出,意识是斗争的根本,意识的斗争就是要超越日常意识的密林,不断自我批判、自我超越。就此而言,作者强化了阶级意识的自发性、自觉性、反思性,淡化了卢卡奇的组织理论,弱化了组织的功能。这种解读与卢卡奇的组织理论并不一致,与卢卡奇在自我捍卫之作中强调整本《历史

① 王雨辰:《从阶级意识理论到组织理论——论青年卢卡奇政治哲学的基本特点与当代价值》,《中南大学学报(社会科学版)》,2023年第5期。

② 王雨辰:《卢卡奇晚年对社会主义民主的探索及其当代价值》,《烟台大学学报(哲学社会科学版)》,2024年第6期。

③ 周凡、王诗语:《在意识的密林中探行——从卢卡奇政治哲学的一个概念谈起》,《马克思主义与现实》,2023年第4期。

与阶级意识》研究马克思主义辩证法的目的并不一致。

从政治哲学的视角讨论卢卡奇，就要对马克思主义政治哲学有一个前提性的界定。政治哲学关注的问题是人类政治生活的本质与规律，主要讨论政治价值、政治制度和政治理想等问题。马克思主义政治哲学对传统政治哲学的超越主要体现在，马克思将政治活动的根基拉回到了社会历史领域。因此，一般而言，马克思主义政治哲学也被人们概括为社会政治哲学，加上"社会"两个字无疑表明马克思主义讨论政治现象的方式与路径。从马克思思想的形成来看，在《德法年鉴》时期，马克思突出地遭遇了政治问题，遭遇了政治解放的积极价值和限度问题。从讨论市民社会与现代国家的关系问题入手，马克思形成了唯物史观。唯物史观既是一种历史理论，也是一种社会形态理论，既是一种历史分析方法，也是一种结构分析方法。马克思主义政治哲学的基础是唯物史观。马克思从经济社会形态、政治社会形态和意识形态的内在关联角度批判了传统政治哲学的局限性，指出了通过无产阶级的政治解放实现全人类解放的路径。

卢卡奇的政治哲学受到了马克思的影响，卢卡奇认为超越物化现象的无产阶级革命具有总体性，应当坚持政治与经济的统一，不能出现政治与政治的分裂，也就是将解放仅仅局限在政治领域。在具体分析无产阶级革命的现实性时，卢卡奇认为，无产阶级的阶级意识的形成也是一个自觉性与自发性相互作用的辩证过程。卢卡奇的政治哲学同时受到韦伯的影响，这一点典型体现在卢卡奇指出了经济领域的物化现象在政治领域、在法律领域也会表现出来。资本主义的企业和国家领域内部的行为结构和思维结构具有同构性，都是合理化的具体表现。韦伯认为合理化的结构带来了自由和意义的丧失，这一点同样影响了卢卡奇。当然，卢卡奇没有完全陷入韦伯的分析框架中，卢卡奇认为物化结构既意味着人的实现，也意味着人的丧失。卢卡奇对物化结构的分析本来就是辩证的，充满了辩证思维。就此而言，卢卡奇的分析更接近马克思在《1857—1858年经济学手稿》中的分析思路。

（二）物化批判

"物化批判"仍是学界研究卢卡奇的基本概念。张秀琴、郑天才梳理了从卢卡奇早期的《现代戏剧发展史》到《历史与阶级意识》《青年黑格尔》再到晚期的《社会存在本体论》中"物化"概念的演变。作者认为,在"物化"概念的演变中,卢卡奇的思想也在不断变迁,从走向马克思、成为马克思的学徒,再到面对马克思进行自我救赎,与"物化"概念相伴生的还有"异化""外化""客体化"和"物象化"等其他概念。①作者认为从卢卡奇早期文学作品看,卢卡奇逐渐从客体性原则走向对象性原则,在《历史与阶级意识》中,卢卡奇提出了"物化"概念,但没有区分对象化与异化。在《青年黑格尔》和《青年马克思》等文本中,卢卡奇区分了作为对象化的外化和异化。在《社会存在本体论》中,卢卡奇提出了劳动是人的社会本体论基础。卢卡奇的一生都在探寻劳动在历史唯物主义中的核心地位,重建历史唯物主义。作者侧重强调了卢卡奇的"物化"概念看似具有"断裂性",但实际上具有历史连续性,卢卡奇"一生没有走出物化逻辑的幽灵"。

"物化批判"是卢卡奇资本主义批判的核心概念。李庆霞、刘玉莹认为,卢卡奇以"物化"概念入手从经济、政治、意识形态三个维度展开了资本主义批判。在经济层面,物化表现为商品拜物教的全面统治;在政治层面,物化表现为政治官僚机构的机械化;在意识形态层面,物化表现为资本主义意识形态的虚假性和虚伪性。作者认为,卢卡奇未能区分对象化与物化,未能分析合理化背后的资本机制,夸大了阶级意识的作用,偏离了唯物史观。②

"物化"概念一直是理解从卢卡奇到法兰克福学派的重要线索。哈贝马斯的沟通行为理论就是要构建新的物化理论,哈贝马斯认为物化就是生活世界的殖民化。霍耐特也从承认角度重构了卢卡奇的物化批判,物化就是承认的遗忘。孔明安、田甜分析了哈贝马斯和霍耐特对卢卡奇"物化"概念的重构。③作者指出,哈贝马斯和霍耐特从主体间性角度重构物化批判理论,在思维逻辑上与卢卡奇没有差别。当法兰克福学派的这些后继者批评

---

① 张秀琴、郑天才:《卢卡奇物化逻辑的嬗变研究》,《山东社会科学》,2023年第1期。

② 李庆霞、刘玉莹:《〈历史与阶级意识〉对资本主义批判的三重维度》,《马克思主义理论学科研究》,2023年第8期。

③ 孔明安、田甜:《交往与承认:物化理论批判及其新诠释》,《烟台大学学报(哲学社会科学版)》,2024年第4期。

卢卡奇仅仅从经济角度分析物化从而陷入了"单一性"时,也就是批评将物化的原因归结为经济要素时,他们也同样陷入了"单一性",他们仅仅从规范的角度讨论物化,将物化的原因归结为主体间的关系问题,这就忽视了物化的物质基础。从这个角度说,他们与卢卡奇陷入了同样的逻辑困局。

总体来说,学界关于卢卡奇"物化"概念的研究大体上包括三个角度。一是从卢卡奇"物化"概念的形成、发展和演变的角度展开讨论,得出的结论是卢卡奇的"物化"概念有着自身的连续性。二是从"物化"概念的具体表现来看,"物化"并不仅仅是一个经济概念,也是一个政治批判、意识形态批判的概念。卢卡奇从物化角度展开资本主义批判具有整体性、总体性。三是从卢卡奇物化批判的影响来说,法兰克福学派虽然试图在新的时代条件下重新讨论"物化"概念,但讨论的路径转向了主体间性,转向了政治伦理批判。今天,我们重新阅读卢卡奇的物化批判,一方面需要回到卢卡奇,揭示卢卡奇对时代问题的诊断,另一方面也需要根据新的时代特点,阐发卢卡奇物化批判的当代意义。

卢卡奇的物化批判无疑揭示了现代资本主义条件下人的生存状态。在商品关系成为支配性、主导性关系条件下,劳动力成为商品,劳动的抽象化成为主要原则。卢卡奇从抽象劳动中看到了人受到支配,看到了人与自身劳动力的分离,看到了人与人之间的社会联系被物与物的关系取代。人的劳动不仅包括经济领域的劳动,而且涵盖了社会生活的各个领域。因此,劳动的抽象化也就不仅表现为经济领域,而且涵盖了社会生活的各个领域。卢卡奇的物化批判无疑具有整体性,并且对法兰克福学派产生了深远的影响。霍克海默和阿多诺将抽象劳动转化为工具理性行为,并由此对理性的蜕变展开了激烈批判。哈贝马斯和霍耐特认为早期批判理论陷入了理性批评的悖论中,主张区分理性的不同运用,重构理性批判。这种重构的路径遭到了不少批评,从法兰克福学派自身的发展来看,耶吉和罗萨所代表的新一代批判理论家从工具理性批判重新讨论异化问题,指出异化就是无关系的关系,就是共鸣的丧失。在一定意义上,我们可以说,新一代批判理论者对异化的讨论是对卢卡奇物化批判的接续,也是对早期批判理论家工具理性批判主题的复归。

(三)文艺美学

卢卡奇的美学思想成为学界持续关注的热点问题。卞友江、赵勇挖掘了卢卡奇现实主义文论中的人民性维度。人民性最关键的特征是,"从整体视域将社会历史的变革描绘成人民生活的变革"①。因此,人民性本质上是实践性。文艺的人民性是马克思主义理论的基本要素,对于我们今天发展当代中国马克思主义文艺理论依然具有借鉴意义。陈食霖、屈直梳理了卢卡奇文化批判理论的历史演进,抓住了不同阶段理论主题的内在逻辑。②作者认为,卢卡奇的文化批判的理论重心主要经历了文艺美学批判、物化批判、意识形态批判和日常生活批判等阶段。文艺美学批判是基础,物化批判和意识形态批判具有内在一致性,日常生活批判则是意识形态批判的拓展和延伸。从整体上把握卢卡奇的文化批判不仅是理解卢卡奇思想的一条线索,也是诠释西方马克思主义的重要维度。卢卡奇的现实批判维度不仅影响了法兰克福学派和布达佩斯学派,而且影响了英国文化马克思主义等流派。

刘健聚焦卢卡奇早期文论的探索过程(1918—1933),并将这个时期概括为从浪漫主义式地反对资本主义转向了现实主义路向。③肖萧从微观的角度分析了卢卡奇《审美特性》中的"第1信号系统"。卢卡奇认为,日常生活中的第1信号系统与体验主体有关,具有分散的、非客观化的间接性特征,其功能在于实现人际交往的激发要素和人的认识实践。艺术是第1信号系统的客观化。这个理论为马克思主义美学研究做出了积极贡献。④秦佳阳讨论了卢卡奇海德堡时期(1914—1918)美学研究的核心问题。这个问题就是

---

① 卞友江、赵勇:《整体性与人民性——论卢卡奇现实主义文论中的人民性维度》,《山东社会科学》,2023年第8期

② 陈食霖、屈直:《论卢卡奇文化批判理论的内在逻辑》,《武汉大学学报(哲学社会科学版)》,2023年第3期。

③ 刘健:《无产阶级与文学——论卢卡奇现实主义文学理论的早期探索(1918—1933)》,《福建论坛(人文社会科学版)》,2023年第12期。

④ 肖萧:《构思的新向度:卢卡奇〈审美特性〉中的第1'信号系统》,《广西大学学报(哲学社会科学版)》,2023年第4期。

美的理念与自然之间的关系问题,其目的仍在于解决审美二元论困境。卢卡奇提出主体基于意向性并通过自由变更,建构符合主观经验的对象化客体从而化解二元论困境。这体现了理念美学与现象学美学的有机结合。①吴凯分析了卢卡奇对威廉斯文化研究的影响。作者认为,威廉斯关于"现实意识"与"可能意识"的区分,突出了文化的能动性,强调文学艺术是改造现实的物质力量等观念受到了卢卡奇的影响,但威廉斯忽视了卢卡奇的政治经济学批判,也就疏离了卢卡奇所重视的无产阶级革命实践。②

关注卢卡奇的文艺美学问题一直是文学界关于马克思主义文论研究的重要问题之一。如果说以前的相关研究关注的主要是早期卢卡奇的文艺理论,比如卢卡奇关于戏剧理论、小说理论的分析,关于卢卡奇从文艺理论转向马克思主义辩证法的研究;2023年学界的讨论则主要集中在苏联时期卢卡奇建构马克思主义美学问题、卢卡奇文艺美学的后续影响问题。卢卡奇关于马克思主义美学问题的讨论,对于我们建构马克思主义美学依然具有启发意义。

(四)辩证法

《历史与阶级意识》的副标题是"关于马克思主义辩证法的研究"。辩证法也是学界关于卢卡奇研究争议最多的问题之一,批判的焦点问题主要有两个:一是卢卡奇是否反对自然辩证法,这里牵涉对恩格斯自然辩证法的理解问题;二是卢卡奇复兴马克思主义辩证法是否陷入了唯心主义,是否转向了黑格尔主义。韩志伟、宋孟琦从卢卡奇对实证主义方法论的批判入手,指出了卢卡奇批判实证主义方法论的路径,这一点对于批判当代资本主义仍具有现实意义。③作者认为,卢卡奇对实证主义的批判关键在于指出了这种思潮与资本主义合理化现实的内在同构性,实证主义固化了资本主义的社

---

① 秦佳阳:《观念论美学与现象学美学之间的〈海德堡美学〉手稿——论卢卡奇早年审美现象学思想》,《福建论坛(人文社会科学版)》,2023年第12期。

② 吴凯:《理论旅行:卢卡奇对威廉斯文化研究的影响》,《广西大学学报(哲学社会科学版)》,2023年第6期。

③ 韩志伟、宋孟琦:《卢卡奇对实证方法的批判及其当代价值》,《山东社会科学》,2023年第3期。

会现实,掩盖了资本主义的剥削关系,消解了无产阶级的革命意志。卢卡奇对实证主义的批判,对于反思当代后工业社会理论和后马克思主义的理论诉求仍具有积极价值。以贝尔为代表的后工业社会理论停留于对资本主义的"科学"分析,以科学性取代了革命性,而后马克思主义虽然主张激进民主,主张话语接合,但未能将对实证主义的批判转化为对资本主义社会现实的批判,因此无法找到工人革命的现实道路。两种路向的局限在于没有看到卢卡奇实证主义理论批判和资本主义社会现实批判的同构性,也就是忽视了科学性与革命性的内在统一。

赵立同样关注了卢卡奇对实证主义的批判。作者指出,早期卢卡奇从浪漫主义角度批判资本主义,转向马克思主义后,卢卡奇将超越资本主义社会现实寄希望于实证主义批判。卢卡奇批判了实证主义意识形态的社会根基,指出实证主义具有孤立性、非历史性和意识形态性,主张社会总体的历史辩证法超越实证主义。在评价层面,作者则认为由于卢卡奇过于强调了历史辩证法主体向度,因而陷入了困境,不能真正超越实证主义,不能真正点燃革命的火焰。卢卡奇的历史辩证法偏离了马克思的历史辩证法,停留于主观辩证法。①黄久儒从现象学的角度提出了《历史与阶级意识》中的辩证法具有描述性、解释性的思想元素,能够揭示主体意识之内思维和存在的同一问题,但本身却不能承载辩证法的真实内容和根基。②作者认为,在卢卡奇的思想发展过程中存在两阶段论和三阶段论。早期的两阶段论就是"正—反"模式,后期走向了"正—反—合"的三阶段论模式,前者受到康德影响,后者受到了黑格尔的影响。作者认为卢卡奇思想中并没有保守主义因素,主要是受到了黑格尔和马克思的影响,受到了工业革命时代的精神影响。

卢卡奇在阐发马克思主义辩证法时无疑批判了实证主义,这既表现在他批判第二国际理论家将马克思主义实证化,将马克思主义转变为一种改

---

① 赵立:《历史辩证法的再发掘:卢卡奇批判实证主义的当代审思》,《广西大学学报(哲学社会科学版)》,2023年第6期。

② 黄久儒:《辩证法:从异在化阐释到存在论根基——卢卡奇〈青年黑格尔〉思想的起源与目标》,《山东社会科学》,2023年第1期。

良主义理论,也表现为他对资本主义条件下人的思维方式的批判。实证主义表现为一种"事实拜物教"。事实拜物教就是跪倒在给定事实面前,就是直接接受了"既定性""给定性"。在卢卡奇看来,这种思维方式当然源于物化结构。因为合理物化的结构必然要求专门化。没有专门化就没有合理化,或者说,没有分工就是没有合理化。专业化的分工意味着对客体和主体的双重切割,意味着生产过程被分解成无数个局部的系统,意味着劳动主体变成流水线上的工具,意味着主体的态度只能是直观的态度,只能是旁观者的立场,只能被动接受给定的事实。这就是事实拜物教形成的现实土壤。

卢卡奇认为,实证主义崇拜事实,但没有看到事实的历史性和结构性。从历史性的角度来看,任何事实都是流动的整体的一个环节。生成是存在的真理。当我们陷入事实拜物教时,没有注意到任何事实实际上都只是对过去已经发生事件的统计。事实来源于数据的统计,但任何统计都只能是面向过去的,尽管今天利用大数据的方式能够进行实时更新,但这只能不断缩小过去与当下的距离。这个距离可能是一个无穷小的过程,但距离始终存在。因此,建立在统计基础上的事实并不可靠。从结构上来说,事实来源于专门化的分工,来源于局部的合理化,局部的合理化意味着切断了事实之间的整体联系。局部的合理化必然遭遇到整体的非理性问题。

因此,卢卡奇认为超越事实拜物教需要从现实的观点看待事实,从社会的历史的角度来把握事实。这一分析进路首先来自黑格尔对康德理性批判地再批判。康德区分理性的不同使用,对理论理性和实践理性分别加以考察。在黑格尔看来,康德的理性批判忽视了理性的社会历史基础。马克思沿着这一基本思路对黑格尔展开了进一步批判。在马克思看来,黑格尔从绝对精神的辩证运动把握社会现实,能够把握的只是精神的外化和现实化。马克思从物质生产的辩证运动真正揭示了社会历史现实的秘密。在这个意义上,回到社会现实是黑格尔和马克思的共同思想旨趣,也是黑格尔和马克思的基本观点,不同的是马克思在新的立足点上阐发了社会历史现实的本质规定。卢卡奇对实证主义的批判无疑强调了黑格尔与马克思的思想关联,强调了马克思的辩证法对实证主义的超越。

从这些专题研究来看,这些具体问题既包括马克思主义理论学界关注的热点问题,也包括西方马克思主义文论研究的重要问题。卢卡奇自身的跨学科特征要求我们打破学科壁垒,从总体上全面把握卢卡奇思想。

三、未来展望

卢卡奇是西方马克思主义的奠基者,在其曲折的一生中创作了一系列经典之作。随着时代问题的发展,人们对他的诠释也必将不断发展,我们仍需要从三个方面下功夫。

第一,强化文本意识。卢卡奇对于德国古典哲学、现代西方哲学等都有着深厚的学术造诣。从卢卡奇的文本角度来说,吃透卢卡奇的文本并非易事。研读卢卡奇的文本,我们需要树立历史的、具体的、整体的意识。历史的意识主要指回到卢卡奇文本的特定历史背景。历史背景既包括现实问题的历史背景,也包括思想史的背景。比如研读《历史与阶级意识》无疑要放到一战这个具体的历史背景中考察,放到俄国十月革命和匈牙利无产阶级革命的具体历史背景中考察,放到当时的时代主题中考察。思想史的背景则主要指的是卢卡奇思想形成、发展和转变过程中,卢卡奇所处的时代思想处境,即他所阅读消化的文本、他所批判吸收的文本。用阿尔都塞的话来说,任何思想的孕育都包含着一个"意识形态的襁褓"。只有充分反思这个"襁褓"才能真正理解卢卡奇思想的形成和发展过程。具体的意识指的是他的特定文本所遭遇的具体问题,每个文本都有独特的问题,只有深入了解文本所解决的具体问题,才能把握文本的核心思想,才能理解卢卡奇思想的独特性。整体的意识既指的是卢卡奇某一文本的整体,也指的是卢卡奇思想的整体。当然这里可能遭遇卢卡奇思想中是否存在着整体性的问题。不管我们的答案是肯定还是否定,我们都必须从整体上加以考察。只有我们从这三个基本视角出发,才能把握卢卡奇思想的内在逻辑,才能更好地消除我们对他的误解。

虽然理解必然包含着误解,但我们在解读卢卡奇文本中要排除一种先入之见。这就是我们在解读卢卡奇时往往是树立了一个永恒正确的马克思和永远错误的卢卡奇的观念。马克思的思想形成也有一个过程,解读马克思的思想也有不同进路,也会得出不同结论,但我们在解读卢卡奇时,常常会先入为主地认为卢卡奇必然是错的。这种倾向极大地制约了对卢卡奇的研究。摆脱这个先入之见，回到卢卡奇的文本，是提升卢卡奇研究水平的基本前提。从现实条件来说，卢卡奇的全集还没有被完全翻译过来，期待当中国学界组织编译的多卷本的《卢卡奇全集》完成后，学界关于卢卡奇的研究能够取得更大进步，尤其是在文本阐释上取得更大进步。虽然随着研究卢卡奇的各种文献资料不断更新，我们也期待与卢卡奇不断展开对话性研究，但由于研究者自身理论储备问题，不少研究作品还达不到卢卡奇的思想高度，在很大程度上还没有超出既有的批判意见层面，缺乏实质性的创新。因此，在开展相关研究时，提高自己的理论储备，进行必要的文献梳理是理论创新的基本前提。

第二，增强问题意识。回到卢卡奇的文本只是研究的起点，阐发卢卡奇研究的当代意义，就要从专题研究上下功夫。当我们从专题角度，突出问题导向，思考卢卡奇提出的问题在西方马克思主义发展史中的演变过程，卢卡奇思想的意义就会更加凸显出来。王庆丰从批判的逻辑、认识的逻辑、解放的逻辑这三条逻辑中讨论了卢卡奇的思想影响。[1]李乾坤认为，主体问题是西方马克思主义哲学的一个核心问题，[2]因此主体问题同样是研究卢卡奇思想及其影响的一个重要问题。安德鲁·芬伯格从社会本体论的角度阐释了卢卡奇物化理论对当代社会运动的借鉴意义。[3]这些研究路径都没有局限于卢卡奇个人的思想，而是从问题出发，呈现出理论对现实问题的反思。

问题意识既有理论问题，也有现实问题，但最终都可以归结为现实问题。虽然卢卡奇一生关注的问题在不断变化，但资本主义批判是其一生关注的焦点问题，超越资本主义的现实道路问题是卢卡奇着力思考的问题。今天，我们不断重新阅读卢卡奇同样要抓住这个问题。虽然资本主义呈现出新的样态，但资本逻辑的本质没有发生变化，虽然资本主义合理化的范围

---

① 王庆丰：《西方马克思主义发展的三重逻辑》，《马克思主义与现实》，2023年第3期。

② 李乾坤：《对主体的探寻：国外马克思主义哲学的一个核心问题》，《内蒙古社会科学》，2023年第3期。

③ ［美］安德鲁·芬伯格：《卢卡奇的物化理论与当代社会运动》，孙海洋译，《国外理论动态》，2023年第3期。

和程度在不断拓展，合理化所遭遇的非理性问题也没有变化。在这个意义上，如何将资本逻辑批判与合理化批判有机结合起来，批判当代资本主义的新变化仍是学界需要思考的，如何使卢卡奇的文本走进今天的时代仍是学界所必须关注的。没有这个问题意识，我们的卢卡奇研究可能就会陷入教条主义，可能就会仅仅局限于文本阅读，而忽视了如何将文本与我们这个时代关联起来。简言之，我们今天需要做的不仅是回到卢卡奇，而且要让卢卡奇的灵魂重现，追问如果卢卡奇生活在我们的时代，他会提出什么样的问题，他会提出什么样的解决方案。

第三，坚定中国立场。国内卢卡奇的相关研究大多要么从卢卡奇的文本出发，要么从国外学者的相关研究出发，这两种路径都是必要的，尤其是在思想积累阶段都是必要的。但正如诸多学者已经指出的那样，随着中国式现代化的推进，随着中国在经济层面的发展，我们也需要哲学社会科学上的自我主张，需要基于中国立场，胸怀天下，来讨论研究卢卡奇对于理解当代中国现实问题的理论和实践意义。基于中国立场，我们需要思考的是卢卡奇的相关研究为创新和发展马克思主义做出了哪些贡献，为坚定不移以中国式现代化推进中国特色社会主义研究提供了哪些启发。

从理论上来看，学界已经指出卢卡奇所代表的早期西方马克思主义并不与列宁主义相对立，而是一脉相承的关系。无论是早期西方马克思主义，还是当代西方马克思的主义最新发展其实都是基于本土化、时代化的要求，是对马克思主义的重新阐释。尽管在诠释的过程中，有些是对马克思主义的坚持，有些则放弃了马克思主义的基本立场、观点和方法。但无论是积极的贡献还是消极的批评，对于我们发展马克思主义都具有积极的借鉴意义。正如真理和谬误是一对矛盾一样，只有把坚持真理和修正错误结合起来，才能更好地发展马克思主义。因此，哪怕西方马克思主义对马克思主义的理论诠释出现了谬误，我们也应当认真对待，反思识别，从而更好地发展中国马克思主义。

从实践上来说，西方马克思主义批判了资本主义现代化及其理论表征，这一点对于我们推进中国式现代化同样具有启发意义。推进中国式现代化、坚持和发展中国特色社会主义需要坚持中国共产党领导。无产阶级政党领导是科学社会主义的基本原则。卢卡奇曾指出,无产阶级政党领导是马克思主义辩证法的逻辑必然要求,把马克思主义辩证法与政党理论联系起来就依然具有启发意义。邱爱金、郭成立足新时代党的建设的逻辑、本质与策略,重新讨论了卢卡奇的组织理论,挖掘了卢卡奇政党理论的当代意义。①卢卡奇的组织理论接续了列宁的无产阶级政党理论,重新讨论其政党理论对于新时代全面从严治党无疑具有积极意义。宋志娇、杨思远从卢卡奇社会存在和合类性思想入手,分析了卢卡奇合类性思想与人类命运共同体理论的相通性。②鲁绍臣从卢卡奇对现代资本文明批判的角度阐发了人类命运共同体的现实意义。③"人类命运共同体"是中国马克思主义者关于时代处境分析的典型概念。"人类命运共同体"概念是对马克思主义"真正的共同体"思想的具体阐释,是对中华优秀传统文化的创造性转化和创新性发展。卢卡奇的相关研究同样可以帮助我们深化理解人类命运共同体的哲学内涵。虽然把卢卡奇的相关研究与中国马克思主义的理论贡献有机联系起来还有不少具体困难,但这些研究都呈现出中国学者基于中国立场研究卢卡奇的价值诉求。

从总体上说,2023年国内学界研究卢卡奇既有对老问题的重新阐发,也有根据新的视角阐释新的文本,得出新的结论。从未来发展的角度来看,文本研究依然需要注重文献梳理,注重卢卡奇文本的内在逻辑,将"六经注我"与"我注六经"结合起来。在现实问题研究上需要树立"大时代"意识,卢卡奇的文本处于从资本主义向社会主义过渡的大时代中。这个时代趋势并没有变化,我们依然需要从这个大时代出发,把握研究卢卡奇的现实意义。从中国立场上,我们既需要把握其阐发马克思主义的理论贡献,也需要把握其对资本主义现代化批判的时代价值,还需要阐发中国式现代化如何破解他所提出的时代问题,坚守研究卢卡奇的中国立场。

---

① 邱爱金、郭成:《新时代党的建设的逻辑、本质与策略——基于〈历史与阶级意识〉的思考》,《江苏行政学院学报》,2023年第4期。

② 宋志娇、杨思远:《构建人类命运共同体的政治经济学分析——基于卢卡奇社会存在合类性思想的研究》,《经济问题》,2023年第8期。

③ 鲁绍臣:《卢卡奇与现代资本文明批判——民族与人类命运共同体的内涵与趋势》,《现代哲学》,2023年6期。

分报告二
我国学界研究西方马克思主义的历史与现状

世界百年变局加速演进,中国持续深入推进现代化,在这一前所未有的历史进程中,西方马克思主义的研究在中国的影响也在发生着深刻的变化。近五年来,国内关于西方马克思主义的研究涌现出诸多存在争议的问题,总体上来看,国内学界在三个问题域形成了对西方马克思主义的影响和性质的评估的最新看法:一是西方马克思主义与中国马克思主义关系及其评价,二是西方马克思主义对中国马克思主义的问题域的影响,三是西方马克思主义对中国马克思主义学术自主意识的影响。这些问题域不仅反映了近年来国内学界对于西方马克思主义理论的深入探索,也体现了中国学者在本土化过程中对其所产生的理论效应的批判性思考。

一、西方马克思主义在中国的传播及其深远意义

近年来,习近平总书记多次强调要加快构建中国特色哲学社会科学,归根结底是建构中国自主的知识体系。针对这一重要论述,有学者认为,西方马克思主义的理论资源为中国马克思主义的发展提供了重要启示和借鉴,有助于推动中国马克思主义的创新。毫无疑问,西方马克思主义在中国的传播已经有四十余年,可以说伴随了中国改革开放的开端和持续深入的全过程,因此四十多年来每一个重要历史节点,对西方马克思主义与中国马克思主义关系的讨论都成为中国马克思主义持续吸收马克思主义的世界性资源并促进自身理论发育的重要契机。近年来,对于西方马克思主义在中国传播及其影响的研究,开始呈现出从四十多年宏观传播史研究走向西方马克思主义传播的断代史和微观意义的研究。

(一)西方马克思主义在中国的整体传播史研究

夏巍认为西方马克思主义传入中国之初,西方马克思主义学者对于马克思主义经典文献的全新解读范式极大地启发了中国马克思主义学者,这种启发突出表现在20世纪90年代中国马克思主义学术界发生的关于"回到马克思"的研究视域的转向。作者认为:"在大量地吸收、借鉴西方马克思主义的理论成果基础上,从原初语境中重新解读马克思思想的发生与发展,才能恢复马克思思想超越一切传统形而上学的新哲学本质。"①巨大的思想解放作用也成为改革开放逐渐能够进入深水区的理论支撑,对于中国学者来说,西方马克思主义展现了马克思主义的开放性和多样性,从精神发育和启蒙的角度来说,中国马克思主义学者不再认为对马克思主义的诠释只能遵循一个模式,当代中国马克思主义的发展应当积极地参与世界马克思主义发展的宏阔历史。正是在这个意义上,夏巍认为,"西方马克思主义为我国马克思主义研究重新注入了信心与活力,拓展与丰富了我国马克思主义研究领域、研究主题、研究方法,打开了研究的世界视野与开放格局,催生了中西对话研究模式"。②

何萍认为,在中国马克思主义哲学与西方马克思主义哲学的互动关系方面,20世纪80年代以来发生了四次论争。第一次学术论争是发生于20世纪80年代的关于人性、人道主义和异化问题的讨论,第二次是发生于20世纪八九十年代有关"西方马克思主义"的争论,第三次是20世纪90年代中国学术界在探索中国市场经济建构道路中展开的"哲学有什么用"的讨论,第四次是在21世纪头十年中国学术界围绕马克思主义哲学中国化研究中的理论问题展开的讨论。③

第一次论争围绕西方马克思主义学者对于马克思青年时代的《1844年

---

① 夏巍:《西方马克思主义的传播对中国马克思主义研究的影响》,《贵州大学学报(社会科学版)》,2021年第6期。

② 夏巍:《西方马克思主义的传播对中国马克思主义研究的影响》,《贵州大学学报(社会科学版)》,2021年第6期。

③ 何萍:《中国马克思主义哲学与西方马克思主义哲学源流关系的形成及其特点——对西方马克思主义哲学研究意义的一点思考》,《学习与探索》,2022年第5期。

经济学哲学手稿》)(简称"《手稿》")的人道主义解读引发了国内学者的巨大分歧,一部分国内学者批判西方马克思主义过度抬高了《手稿》在马克思思想发展史上的地位,对异化问题的伦理的和人道主义的批判并不是成熟的马克思主义的批判范式,因而没有科学价值;另一部分学者认为,马克思在《手稿》中没有停留在道德批判的抽象维度,相反,他开始深入到经济层面,觉察到经济领域发生的异化对于资本主义批判具有重要的意义,这意味着马克思的新世界观和哲学正在《手稿》当中起源。这场论争对于中国马克思主义哲学的发展具有重要的导引和过渡作用,进一步引起了国内学者对于西方马克思主义的深入研究,并进一步推进了中国马克思主义发展进入更广阔的领域。因此,何萍认为:"这一时期的人性、人道主义和异化问题的讨论主要是为了完成政治批判的任务,并没有完成学术启蒙的任务,因而在论述革命的人道主义的理论中依然采用的是政治语境。"①

第二次学术论争发生在20世纪的八九十年代关于如何评价"西方马克思主义"的性质定位的讨论,以徐崇温为代表的批判派认为,西方马克思主义尽管对马克思主义的研究有许多独到之处,但是他仍然站在经典马克思主义的立场之上,认为西方马克思主义本质上偏离了马克思主义;以杜章智为代表的支持派认为,应当依据历史的和实践的原则来客观评价西方马克思主义的发展,也就是说,西方马克思主义的兴起与中国化马克思主义的兴起一样,都是与各个国家具体实际相结合的马克思主义的理论产物,当代马克思主义在世界范围内的多样化发展是历史条件和实践条件变化综合作用的结果,中国马克思主义应当主动迎接这一马克思主义发展的世界状况,而非固执地拒斥它。

第三次关于"哲学有什么用"的论争破除了中国马克思主义哲学研究倾向于政治化的学术范式,中国马克思主义哲学将自身提升到了学术研究的高度。表面上看,这场论争是发生在中国马克思主义哲学内部的,但是从本质上来看,正是由于西方马克思主义对马克思主义的哲学维度前所未有的

---

① 何萍:《中国马克思主义哲学与西方马克思主义哲学源流关系的形成及其特点——对西方马克思主义哲学研究意义的一点思考》,《学习与探索》,2022年第5期。

高度推崇,促使中国马克思主义哲学不得不实现与学术研究政治化的区分,从而将自身的哲学研究提升到能够与西方马克思主义哲学对话的高度上来。于是,"中国马克思主义哲学学界建构了马克思主义哲学研究的学术语境,使中国的马克思主义哲学研究走上了学术化的研究道路,这才有了今天的马克思主义哲学研究的学术繁荣"①。

第四次论争的发生与中国马克思主义的"中国问题意识"的自觉有关。事实上,西方马克思主义尽管流派众多,但是他们研究的问题和思维方式大多是以欧美发达资本主义国家为时空条件的,这种特殊性意味着仅仅翻译和介绍西方马克思主义的当代发展成果是无法对中国现实问题进行积极有效回应的,于是西方马克思主义研究与中国问题意识之间的"普遍性"和"特殊性"问题成为这一时期学术争论的主要焦点。要解决这个矛盾,当代西方马克思主义研究就必须坚持两个方面的统一:"一方面,中国马克思主义哲学在自我革新中需要从西方马克思主义哲学那里吸取思想资源;另一方面,中国马克思主义哲学在探索中国革命和社会主义建设的特殊道路中、在建构中国的社会主义现代性中,创造了自己的马克思主义哲学传统。"②

王雨辰认为,西方马克思主义在中国的传播在方法论方面的影响主要表现为四个阶段的研究范式和方法论嬗变,即"以教科书体系为标准的中、西马克思主义具体理论观点的抽象比较研究的教科书研究范式,以揭示国外马克思主义理论家理论问题为目的的问题式研究范式,以强调立足国外马克思主义理论家所处的社会历史条件和文化传统入手研究其理论创造和理论得失的理论与实践相统一的实践唯物主义研究范式,以及强调把国外马克思主义作为中国马克思主义理论建设和现代化实践思想资源,实现我国国外马克思主义研究的价值与意义的马克思主义哲学中国化研究范式"③。

---

① 何萍:《中国马克思主义哲学与西方马克思主义哲学源流关系的形成及其特点——对西方马克思主义哲学研究意义的一点思考》,《学习与探索》,2022年第5期。
② 何萍:《中国马克思主义哲学与西方马克思主义哲学源流关系的形成及其特点——对西方马克思主义哲学研究意义的一点思考》,《学习与探索》,2022年第5期。
③ 王雨辰:《国外马克思主义研究方法论的自觉与方法论转换》,《贵州大学学报(社会科学版)》,2021年第1期。

"教科书范式"所对应的是20世纪80年代，以是否遵循经典马克思主义经济学说和政治学说为评价标准批判国外马克思主义对马克思经典的人道主义解读的历史时期。"问题式研究范式"所对应的是将国外马克思主义理论文本作为实证研究对象来对待，抽象诠释其理论内容和罗列其问题清单，却无法将其历史与逻辑统一起来。"实践唯物主义研究范式"尊重了国外马克思主义发展的独特历史与实践背景，建立起了对国外马克思主义发展独特样貌的同情之理解，但是无法将国外马克思主义理论成果与中国马克思主义发展的特殊性对接起来。"马克思主义中国化哲学研究范式"则一方面要求以前三种研究范式为理论前提，另一方面要求实现国外马克思主义研究与中国化马克思主义理论建设和现代化实践的有机融合。很显然，王雨辰认为"马克思主义中国化哲学研究范式"为21世纪我国国外马克思主义研究提出了更高的要求，即"以服务于中国马克思主义理论建设和现代化实践的价值立场代替以单纯引进和评价国外马克思主义理论观点的价值立场，科学地揭示支配我国国外马克思主义研究的实践逻辑与理论逻辑，厘清国外马克思主义理论在当代中国的理论效应和实践效应，才能真正实现我国国外马克思主义的价值和目的"[①]。

　　陈学明的《西方马克思主义在中国的传播与影响研究》，以改革开放以来中国对于实现解放思想和走向现代化道路的迫切理论需求为背景，对西方马克思主义与中国马克思主义改革开放以来的理论创新的关系作出了客观独到的评价。他认为至少在以下六个重要哲学理念上，中国马克思主义的当代发展与西方马克思主义有着密切的联系：第一，以人为本；第二，市场经济与社会主义关系；第三，对生态危机的批判；第四，对美好生活的深刻理解；第五，对中国式现代化的创造性理解；第六，对人类文明新形态的创建。[②]

　　陈学明认为，随着中国式现代化的文明新路径的开拓和深入发展，国外

---

　　①　王雨辰：《国外马克思主义研究方法论的自觉与方法论转换》，《贵州大学学报（社会科学版）》，2021年第1期。

　　②　陈学明：《西方马克思主义在中国的传播与影响研究》，中国人民大学出版社，2023年，前言第2~3页。

马克思主义研究最终还是要落脚到如何服务于马克思主义中国化上来。事实上，进入21世纪以后，中国化马克思主义的理论发育的外部环境已经发生了与20世纪八九十年代完全不同的新的变化，中国的国际地位及它所代表的世界社会主义发展的希望，使得从事马克思主义研究的国外学者开始有更多的对于中国的学术讨论，这种学术上的直接联系使得中国化马克思主义能够"不再需要经由一般性、相似性的中介迂回才指涉中国"①。陈学明的论述提示了这样一个西方马克思主义发展与中国马克思主义发展互动的历史和逻辑的线索，即西方马克思主义正在从马克思主义理论的领跑者，转变为与中国马克思主义的同行者，甚至是追随者。能够证明这一转变的趋势的理论事件是我国西方马克思主义研究学界近年来提出的"21世纪世界马克思主义"的理念，这一理念与"人类命运共同体"理念的同构性在于，马克思主义的发展不再仅仅服务于作为民族国家的中国的发展和福祉，而是服务于包括第三世界国家在内的全世界各国人民的发展和福祉。

（二）西方马克思主义在中国的传播断代史研究

陈祥勤将20世纪80年代中国的西方马克思主义研究作为对象，考察了中国学者在西方马克思主义传入中国之初受到西方马克思主义影响的理论效应。他认为"国内对西方马克思主义各思潮流派的研究，不论是综合性研究还是专题性研究，都有一个共同特征，即从属于对西方马克思主义的总体性质及这些思潮流派与马克思主义的总体关系的判断，正是这种总体性判断深化了当代中国对马克思主义的认识，开创了马克思主义的新理论、新思想和新学术"。从问题域的拓展和方法论的启发方面，20世纪80年代初的西方马克思主义研究是具有启蒙意义的。因此，他认为："国内的西方马克思主义研究历程……推动了国内关于马克思主义的实践观、辩证法、唯物论等问题的讨论，也使国内学界进一步认识了西方马克思主义对当代资本主义的批判、对苏联社会主义的评价及对革命、社会主义和乌托邦等问题的

---

① 陈学明：《西方马克思主义在中国的传播与影响研究》，中国人民大学出版社，2023年，第84页。

探讨。"①

孙颖认为，近十年来我国对国外马克思主义的研究发生了范式转向。在理论内容方面，表现为从资料译介式研究转向追溯逻辑理路的谱系式研究。她认为"国外马克思主义研究愈加重视跨学科交叉研究，联系联结学科互补优势，延伸问题研究的多学科视域，形成问题研究的学科谱系"②。当代国外马克思主义研究的生长点越来越趋向于各个学科研究范式的融合，比如现代传播学与马克思主义政治经济学的交叉所产生的传播政治经济学批判，为深刻理解现代资本主义领导权与数字媒体之间的深度共生关系提供了极为重要的视角。在研究方法方面，我国对国外马克思主义的研究体现为从文本评析式研究转向理论体系建构式研究，这类研究表现为"通过与国外马克思主义相关流派整体思想特征的比较分析，从整体上论证中国模式与中国方案的优势与世界意义"，"总结归纳国外马克思主义的思想史方位及其逻辑理路，批判地分析其对时代问题与中国问题的建设性参考意义"和"建构并完善独具特色的范式体系，将之应用于国外马克思主义研究"。③在价值旨归方面，我国对国外马克思主义的研究体现为从汲取直接经验为主的对象式研究转向回归马克思主义经典、深化中国意义的主体性研究。新时代的我国国外马克思主义研究紧紧追随中国式现代化的独立话语，将国外马克思主义研究的兴趣、问题、方法和范式整合在中国化时代化马克思主义的中心上来，"强化中国话语的创新建构与世界传播，增强当代中国马克思主义的世界影响力，不断发出强有力的中国声音"④。

张亮对21世纪以来马克思主义在西方的发展持悲观评价。他认为，当代国外马克思主义走的是一条衰退的道路，具体表现在："第一，政党组织涣散，队伍日益萎缩，理论创新乏力；第二，学术流派的鱼龙混杂，政治立场日益碎片化，价值取向日益多元化；第三，理论地位日益弱化，学术队伍日益老

---

① 陈祥勤：《"格义"与"反向格义"——20世纪80年代中国的西方马克思主义研究》，《马克思主义与现实》，2023年第1期。

② 孙颖：《国外马克思主义研究的范式转向》，《马克思主义理论学科研究》，2023年第8期。

③ 孙颖：《国外马克思主义研究的范式转向》，《马克思主义理论学科研究》，2023年第8期。

④ 孙颖：《国外马克思主义研究的范式转向》，《马克思主义理论学科研究》，2023年第8期。

化,发展空间日益受限;第四,话语体系日益私人化,越来越脱离底层群众,实践效果日益式微。"①这一理论趋势使得马克思主义在西方的发展前景并不乐观,因此21世纪马克思主义能够继续保存对于人类未来的可能性的积极探索的希望和历史使命,就只能落在中国的马克思主义者身上。张亮基于对国外马克思主义当代发展的以上评价,认为中国马克思主义者首先应当确立坚定的理论信心,"没有必要像30年前对待洪水猛兽的态度那样对待国外马克思主义,当下它更像是一种有利于提高我们免疫能力的东西,因此我们要怀有高度开放的态度,在保持信心的前提下引进、译介国外研究成果"②。其次,应当顺势而为,积极开拓21世纪马克思主义研究的新局面,"建构与当代国外马克思主义的平等对话关系""以中国问题为导向,着力推动当代国外马克思主义的创新性运用与创造性转化"和"从文本研究出发超越文本研究,回归马克思主义原理体系的当代建构"。③再次,中国马克思主义者要承担21世纪马克思主义研究的国际义务,也就是说,积极促进马克思主义国际话语权从西方向东方的转移,通过这种方式来支持国外马克思主义在国外的存续和发展。最后,张亮还主张,要积极实现中国马克思主义的当代研究成果的对外输出,中国的社会主义现代化强国的实现,也许最后一块拼图正是"文化现代化",这必然意味着在与国外马克思主义研究者的交流中,中国马克思主义话语体系的输出和传播最终形成主体和中心的地位。

此外,在对西方马克思主义的中国传播过程中的负面效应方面,也有学者批评西方马克思主义研究中的"西化"现象。国内的研究者"有的未能辩证科学地对待西方马克思主义,有的对其弊端未予以足够重视",而对西方马克思主义的重要缺陷缺乏自觉,因为"一方面,西方马克思主义研究尽管很重视实践,但仍然没有在关键环节实现理论和实践相结合;另一方面,西方马克思主义理论表达呈现多元化倾向,对马克思主义基本原理也会否定

① 张亮:《21世纪以来国外马克思主义的发展状况及其中国反思》,《中国社会科学评价》,2019年第3期。

② 张亮:《21世纪以来国外马克思主义的发展状况及其中国反思》,《中国社会科学评价》,2019年第3期。

③ 张亮:《21世纪以来国外马克思主义的发展状况及其中国反思》,《中国社会科学评价》,2019年第3期。

和歪曲"[①]。

二、西方马克思主义对中国马克思主义的问题域的当代影响

(一)当代数字资本主义批判及其影响

数字技术与资本主义的深度融合是当代西方社会和中国社会同时面对的重大现实问题。近年来,国内学者对西方马克思主义的数字资本主义政治经济学批判、意识形态批判等方面展开反思。

蓝江认为,数字资本主义的剥削和不平等的实质没有变。西方数字资本主义批判对中国的启示在于,要区分数字资本主义的生产方式和生产关系两个维度,因为西方学者的"问题在于他们在反对数字资本主义的同时,也把数字生产方式作为批判对象给抛弃了"[②]。因此,蓝江主张,我国学者对数字资本主义的批判应当重新回到马克思的《资本论》,并借助马克思关于劳动价值形式问题的讨论,从政治经济学的高度理解数字时代劳动价值形式的重组。

温旭认为,数字资本主义的全球化演进建立起一种数字帝国的数字权利机制,它超越了数字帝国主义,由于"数字帝国超越了国家主权的局限性,呈现出根据这一主权的数字帝国主义操控体系的终结"。温旭的结论是:"如果依旧以帝国主义的武装侵略、殖民主义的残酷掠夺的旧本体论的构境加以分析,那么就无法透过数字生活世界对数字资本进行斗争。对数字帝国构序必须进行数字化和意识形态化的解构,而且不只停留在否定和价值判断的层面,更重要的是在反抗数字帝国中寻求数字生活世界的合理化

[①] 冯颜利:《当代西方马克思主义思潮流变与新动向》,《人民论坛》,2020年第32期。
[②] 蓝江:《从数据生产到共享平台——当代西方数字资本主义批判及其对中国特色社会主义的启示》,《思想理论教育》,2022年第5期。

出路。"①

刘皓琰认为,在当代资本主义发展陷入数字困境的同时,中国具备发达资本主义国家不具备的独特优势,具体表现在:"中国特色社会主义是中国发展数字经济显著的制度优势,国有企业是中国数字经济与科技发展的重要力量,完整的工业体系与广阔的市场为数字经济的发展提供了应用场景。"②除此之外,中国学者也更加关注到"当代西方数字资本主义的问题并非技术和发展问题,而是马克思主义政治经济学中批判的生产关系问题"③。也就是说,数字资本主义批判必须牢固坚持历史唯物主义的分析范式,才有可能对中国现代化进程中推进对数字技术的社会主义应用产生积极效应。

郝志昌认为:"以'公共使用'的美丽谎言制造'公共归属'的假象,以'劳动力'在实体性的市场被购买转变成'注意力'在虚拟性的平台被'招募',以'非标准化'的雇佣劳动制造'自我剥削'的假象,从而继续攫取新一轮的数字剩余价值。"④数字资本主义剥削新形式的出现,进一步印证在数字商品生产及价值分配中"生产资料所有制"问题的本质重要性。

数字生产资料所有制关系中的公共性问题成为近年来国内学者的关注焦点,有学者敏锐关注到西方数字资本主义批判中的"共同性"问题,认为数字资本主义时代为共同性创造了条件,但是这种生成显然缺乏生产关系的自主改造并使之转向社会主义的内生可能性。因此,对于社会主义中国而言,"我们既需要对数字技术所代表的现代化进程保持积极姿态,对科技建构未来的路向保持积极想象,又需要认识到科技去资本化的重要性与必要性,警惕资本对科技的裹挟"⑤。

---

① 温旭:《从数字帝国主义到数字帝国:数字资本主义的全球化逻辑》,《理论与改革》,2024年第1期。

② 刘皓琰:《数字时代资本主义的困境与中国优势》,《马克思主义理论学科研究》,2022年第8期。

③ 蓝江:《从数据生产到共享平台——当代西方数字资本主义批判及其对中国特色社会主义的启示》,《思想理论教育》,2022年第5期。

④ 郝志昌:《数字时代的所有制议题:从数字资本主义到数字社会主义》,《国外理论动态》,2023年第6期。

⑤ 韩秋红、苟娇:《数字时代资本主义批判理论的新转向》,《东北师大学报(哲学社会科学版)》,2023年第5期。

（二）生态马克思主义批判及其对生态文明的启示

随着中国特色社会主义生态文明建设的深入推进及其所取得的举世瞩目的成果的逐步呈现，近年来国外生态马克思主义学者越来越多地将学术目光转向中国，在生态批判方面，中外马克思主义学者展开了频繁和建设性的互动。

福斯特高度关注中国生态文明建设的发展，他评价认为："中国建设生态文明的方法与全球北方/西方的任何方法都完全不同。中国生态文明建设的目标是要改变整个发展模式和生活方式，构建绿色低碳循环发展的经济结构，推动经济社会全面向生态友好型转变，进而从根本上解决中国的生态环境问题。"①福斯特认为，中国之所以能够取得如此辉煌的生态文明建设成就，有着文化上的独特优势，在中国传统文化中生态文明是一种历史悠久的处世哲学和生存哲学。因此，生态文明概念"受益于中国本土的革命传统，也借鉴了中国传统文化。这种观点不是把马克思主义生态学和中国文化传统简单地分开甚至对立起来，而是反映了它们在许多方面的密切关系，其中包括生态方面的考虑"②。郭剑仁在与福斯特的访谈中也介绍了福斯特的这一观点，认为"当今世界的生态文明建设必须迈向社会主义；综合了中国特色社会主义、生态马克思主义和中国传统文化精髓的中国生态文明建设，拥有一个全面的、深刻的、可行的生态转型路线图，可在实践中取得卓著成绩"③。威廉·莱斯与福斯特有相同的评价，认为"中国在合理运用《巴黎协定》和《联合国气候变化框架公约》来解决气候变化问题方面具备独特的优势，甚至足以引领全球"④。福斯特和莱斯对于中国生态文明建设的评价，印

---

① 贾可卿：《如何认识和应对当前的全球生态危机——访美国马克思主义生态学者约翰·贝拉米·福斯特》，《世界社会主义研究》，2023年第4期。

② 贾可卿：《如何认识和应对当前的全球生态危机——访美国马克思主义生态学者约翰·贝拉米·福斯特》，《世界社会主义研究》，2023年第4期。

③ 郭剑仁：《为什么伟大的生态文明能够在社会主义中国产生——著名生态马克思主义理论家福斯特教授访谈》，《鄱阳湖学刊》，2022年第5期。

④ ［加拿大］威廉·莱斯、李哲：《资本主义生态批判与全球生态治理——访加拿大生态学马克思主义学者威廉·莱斯教授》，《马克思主义理论学科研究》，2024年第2期。

证了当代中国西方马克思主义研究的一个新的局面的产生,即不仅仅是西方马克思主义对中国马克思主义发生着影响,而且中国的马克思主义研究进展也反向影响着西方马克思主义。

以生态马克思主义作为参照系,国内学者就中国生态文明建设中的关键议题进行了具有中国独特问题意识的生态批判思考。

王雨辰、邹晓芟认为,生态马克思主义"强调只有在生态社会主义社会中,以生态理性为基础,通过技术创新和技术生态化,才能真正实现经济增长与人类和自然之间的和谐发展"①。这一观点事实上在实践中正在被中国的生态文明实践所实现,而生态马克思主义关于生态正义和环境正义问题的争论,进一步启示中国的生态文明"以历史唯物主义为基础,建构既能捍卫中国的发展权与环境权,又能推进全球生态治理的中国形态的生态文明理论,并把历史唯物主义的'环境正义'作为我国生态文明建设的价值归宿,使生态文明建设的目的定位于提升人民群众的民生,切实实现'环境民生论'的价值追求"②。

郇庆治认为:"生态马克思主义已经不能再简单化理解为一个欧美或国外的马克思主义流派,相应地,生态马克思主义的中国化或当代中国的生态马克思主义等伞形概念,就为我们分析进展中的社会主义生态文明理论与实践提供了一个重要的话语语境或视域。"③郇庆治的观点表明,西方生态马克思主义的重要问题域的深入研究,正在促使生态马克思主义研究与我国社会主义生态文明建设的整体性视野及其全球环境政治话语权之间的相互构建,这是一种重要的理论共生关系,中国的生态马克思主义研究应当朝这一方向作出更大努力。

陈艺文认为,国内生态马克思主义研究正从以马克思和恩格斯经典文献解读和生态马克思主义思潮评介为主的学习阶段,走向一个建立在马克

---

① 王雨辰、邹晓芟:《论正确认识和处理我国生态文明理论研究和建设中的三个问题》,《福建师范大学学报(哲学社会科学版)》,2023年第5期。

② 王雨辰、邹晓芟:《论正确认识和处理我国生态文明理论研究和建设中的三个问题》,《福建师范大学学报(哲学社会科学版)》,2023年第5期。

③ 郇庆治:《生态马克思主义的中国化:意涵、进路及其限度》,《中国地质大学学报(社会科学版)》,2019年第4期。

思主义中国化基础上的社会主义生态文明研究新阶段。①国内对生态学马克思主义的关注和研究已经有三十多年的历史,随着中国生态文明从理论到实践的深入推进,生态批判与社会主义生态文明结合的当代中国马克思主义生态学正在成为非常活跃的学术研究方向。陈艺文认为,国内学术界对国外生态学马克思主义理论的反思及其与社会主义生态文明论的建设性互动,对丰富和发展"面向中国社会现实的马克思主义生态学"②具有重要理论意义。

(三)西方马克思主义的现代性批判及其对中国的影响

不可否认的一个基本事实是,西方马克思主义现代性批判理论在中国传播的四十多年历程中,在某种程度上促成了中国马克思主义对现代性本质的积极和有效的反思,在现代性批判若干重要问题域上,马克思主义中国化以西方马克思主义现代性批判的概念和理论为中介,为中国式现代化的自主现代化道路的形成注入了重要的精神要素。近年来国内学者继续保持了对西方马克思主义现代性批判重要问题的关注,并产生了一系列具有中国问题意识的理论成果。

孙颖、韩秋红认为,西方马克思主义的现代性批判总体上有三条批判逻辑理路:一是哲学维度的理性主义批判,从总体性辩证法,到法兰克福学派的启蒙辩证法和否定辩证法,再到空间辩证法,西方马克思主义构建了完整的对于现代性的哲学维度的理性主义批判范式,这使得中国马克思主义研究者在方法论上建立起对形而上学批判的理性自觉,以及对辩证法作为马克思主义内核的坚守。二是政治经济学维度的异化批判,事实上,无论是在物质生产时代的商品异化,还是在文化工业生产时代的精神异化,抑或在数字资本主义时代的数字异化,一以贯之的逻辑始终是在劳动和价值生产中人的普遍被奴役和剥夺,"西方马克思主义在商品形式普遍化的逻辑结构下

---

①　陈艺文:《当代中国马克思主义生态学研究的回顾与反思——基于学术文献史视角的考察》,《鄱阳湖学刊》,2021年第4期。

②　陈艺文:《当代中国马克思主义生态学研究的回顾与反思——基于学术文献史视角的考察》,《鄱阳湖学刊》,2021年第4期。

持续延展着马克思商品拜物教思想的人本主义价值批判路向"①。三是政治学维度的极权主义批判，西方马克思主义学者"一方面批判资本主义现代性通过不断强化的官僚主义和技术理性统治而加剧着极权主义危机，另一方面反思批判资本主义政治统治如何通过将虚假共同体合法化和制造个体虚假认同实现资本主义社会'铁笼'的构筑"②。孙颖、韩秋红认为，国外马克思主义现代性批判的重要价值在于：第一，有利于我们认清资本新形态、资本主义内在矛盾、社会主义制度优越性；第二，有利于辨识马克思主义基本原理所在；第三，有助于发展当代中国马克思主义，为话语创新与体系建构提供丰富的话语资源与逻辑启示。③

陈学明认为，西方马克思主义的现代性批判的突出特点是其暴露了现代性的内在辩证性。他认为："西方马克思主义的现代性理论的特点在于，在对当代社会的现代性负面效应进行激烈而愤怒的抨击与批判时，并不如后现代主义那样在解构一切逻各斯中心主义、普遍主义中解构哲学的一般意义，解构理性主体性的多元效度，打碎一切本质性存在，消解形而上价值追求对人的积极意义，把一切现代性矛盾的问题呈现都归为现代性本身逻辑开显的必然结果。而是希望人们能够正确认识现代性内涵，正确对待现代性现实效用，以正确的方式持存对现代性的目标追求。"④西方马克思主义现代性批判的基本态度有助于我们一方面对现代化中的资本及其逻辑保持清醒的批判意识，另一方面有助于我们充分发挥中国的制度优势，积极驾驭资本对现代化进程的驱动能力，完成中国的现代化事业。⑤邹诗鹏也认为，西方马克思主义对当代资本主义的现代性困境的批判是全面的和深刻的，

① 孙颖、韩秋红：《西方马克思主义对资本主义现代性批判的三条路径》，《教学与研究》，2023年第12期。

② 孙颖、韩秋红：《西方马克思主义对资本主义现代性批判的三条路径》，《教学与研究》，2023年第12期。

③ 韩秋红、孙颖：《国外马克思主义资本主义批判理论的经验启示与中国意义》，《东北师大学报(哲学社会科学版)》，2020年第2期。

④ 陈学明：《对马克思主义哲学的三个追问——兼论西方马克思主义、马克思主义哲学与现代西方哲学之关系》，《东北师大学报(哲学社会科学版)》，2018年第1期。

⑤ 陈学明：《对马克思主义哲学的三个追问——兼论西方马克思主义、马克思主义哲学与现代西方哲学之关系》，《东北师大学报(哲学社会科学版)》，2018年第1期。

四十多年来中国研究西方马克思主义,焦点也集中于其现代性批判理论,这"有益于我们把握现代性,特别是看待、分析和批判现当代资本主义时代的现代性问题"①。

近年来也出现了一些将西方马克思主义现代性批判与中国式现代化问题结合起来的研究成果。韩欲立认为,西方马克思主义的现代性批判有助于我们更深刻地认识什么是"中国具体实际","中国具体实际"消解现代性"伪具体世界"迷思。②苟娇认为,"面向资本主义现实为基本特征的西方马克思主义批判理论不仅在理论层面提供了有效的话语方式和研究范式,也在实践层面提供了精神维度的路向引领与前进动能,主要体现为观照现实的时代精神、主体解放的形而上精神和综合视域的包容精神","助力当代中国特色社会主义道路驾驭资本逻辑的优越性,同时使中国特色社会主义事业生发出面向世界的独特意义"。③

(四)生命政治批判及其中国影响

新冠疫情暴发以来,西方马克思主义学者如齐泽克、哈维等激烈批判了新自由主义疫情治理的溃败,但是有些西方马克思主义学者如阿甘本也在疫情暴发后仍然坚持认为治理新冠疫情扩散的紧急措施是非理性和不正当的。面对内在冲突的西方马克思主义思潮,张亮、孙乐强评价道:"必须对当代国外马克思主义思潮保持清醒的批判和反思意识。"④与之相呼应,闫培宇认为,西方生命政治"不仅没有给予个体更多人权与自由,也没有产生通往人类解放的现实路径。这表明生命政治在理论与实践上都行不通,所以不能走其西方现代化老路,而要走人民至上的中国式现代化新路,这是研究生

---

① 邹诗鹏:《西方马克思主义研究的资源性意义及其反思》,《马克思主义理论学科研究》,2019年第5期。

② 韩欲立:《超越现代性"伪具体世界":"两个结合"视域下重释"中国具体实际"的内涵》,《新疆社会科学》,2023年第6期。

③ 苟娇:《西方马克思主义批判理论的中国效应》,《长春理工大学学报(社会科学版)》,2021年第5期。

④ 张亮、孙乐强:《新时代的历史方位与当代国外马克思主义哲学研究的初心使命》,《山东社会科学》,2020年第5期。

命政治的当代价值所在"①。也有学者批判以阿甘本为代表的生命政治学，认为"阿甘本生命政治学远离了政治经济学历史批判传统，不能阐明生命政治问题的成因、本质与趋势，存在着资本创新逻辑视域的缺失"②。国内学者对国外生命政治的研究总体上遵循了历史性和具体性原则，也就是说，没有抽象地将生命政治批判作为一般原则套用在对中国现代性问题的批判上，特别是在新冠疫情期间的"紧急状态"下，尽管有些西方学者批评国家和政府以"人民至上、生命之上"作为最高原则的抗疫理念伤害了个体自由，但是国内学者普遍对生命政治的相关议题保持了学术独立性，并在对相关西方学者展开批判的同时，深化了学术界和民众对党和国家"人民至上、生命至上"的抗疫理念的政治认同。

在西方生命政治与中国马克思主义的关系上，有学者进一步展开争论。王庆丰认为，西方生命政治的理论逻辑内在包含于马克思哲学中，我们不能把生命政治学仅仅看作一种现代意义上的治理术，它应该具有更高的形而上的价值，我们完全可以发展出类生命意义上的形而上的生命政治学。③高云涌质疑道，不能牵强地以西方生命政治来解释马克思，即"将资本权力理解为福柯意义上的生命权力"④。闫培宇认为："尽管生命政治围绕人的身体与生活展开，而一旦保有生命的成本妨害到资本的价值增值，人的健康权、生命权等人权也就为生命政治所捐弃。"⑤生命政治批判的问题域尽管对于中国马克思主义认识当代资本主义新变化及其实质提供了重要的理论资源，但是我们也要清楚地认识到，生命政治批判不能代替马克思主义的政治经济学批判，从价值取向和实践目的来说，中国式现代化作为总体性现代化解决方案内在地包含着个体生命与身体的解放。

---

① 闫培宇：《为什么生命政治行不通——对生命政治的崛起、繁荣与困境的再思考》，《重庆邮电大学学报（社会科学版）》，2023年第3期

② 马中英：《阿甘本生命政治学的历史唯物主义批判》，《中国矿业大学学报（社会科学版）》，2023年第4期。

③ 王庆丰：《生命政治学与治理技术》，《山东社会科学》，2020年第10期

④ 高云涌：《马克思的资本批判内蕴了生命政治批判吗——与王庆丰博士商榷》，《中国社会科学评价》，2020年第2期。

⑤ 闫培宇：《为什么生命政治行不通——对生命政治的崛起、繁荣与困境的再思考》，《重庆邮电大学学报（社会科学版）》，2023年第3期。

总之,对于生命政治理论的讨论仍然是国内西方马克思主义研究的一个持续性热点,但是对于生命政治给予中国马克思主义的影响而言,中国学者不能过于依赖西方生态政治理论成果,而是要积极推进"面向中国问题的生命政治学"。也就是说,中国化马克思主义生命政治"一方面要关注人生命存在和发展等诸多方面问题的正义性解答,把生命的利益表达放在首位;另一方面,在继续发展生产力的前提下,规避生命的政治化,即生命被政治约束、控制与剥夺等倾向"①。

(五)中外马克思主义比较研究

陈学明认为,国外马克思主义这一学科的生命力的关键在于,是否能切实有效地促使国外马克思主义的思想资源推进马克思主义中国化,而要完成这一转变,就必须通过比较分析当代国外马克思主义与当代中国马克思主义产生的历史和文化背景及理论形态的异质性,映现马克思主义中国化之独特的现实发生与理论生成。陈学明进一步指出,作为国外马克思主义研究者应当自觉承担起中外马克思主义融通的学术任务,在发挥国外马克思主义的资源性作用中,将中外马克思主义比较和融通研究谱写到马克思主义中国化时代化的宏伟篇章中。

杨礼银认为,目前中西马克思主义比较研究尽管已经取得了一定成果,但是相较于西方马克思主义的整体研究而言,中西马克思主义比较研究存在的突出问题是,"中西马克思主义比较研究的内容缺乏系统性……对于中西马克思主义比较研究的必要性阐述不足,由此产生的严重后果就是中国马克思主义与西方马克思主义的研究从主要方面看还彼此脱节,各自为政,不相往来……对于中西马克思主义比较研究的可能性未能予以深度挖掘,因而许多研究者想当然地将中国马克思主义看成是实践层面的马克思主义,而将西方马克思主义看成是理论层面的马克思主义,最终否定了其对话

---

① 马中英:《国内生命政治学研究的现状、问题与未来走向》,《苏州大学学报(哲学社会科学版)》,2019年第2期。

的可能性"①。

竭长光、张贝可从辩证法理论入手,比较了中西马克思主义辩证法理论范式。他们认为,西方马克思主义的"主客体相互作用"范式辩证法与国内教科书中的"物质-矛盾"范式辩证法在关于如何理解马克思主义辩证法的"唯物主义"性质、辩证法的"本体",以及如何评价恩格斯的"自然辩证法"等问题上存在巨大分歧。他们进一步围绕这个分歧提出了以下理论问题,即"辩证法"与"唯物论"的统一何以可能?"内因论"在马克思主义辩证法中的位置与意义是什么?辩证法问题上的"马恩对立论"是否成立?马克思主义辩证法的"能动性"是否是一种"主体能动性"?实践活动的"批判性""革命性"与"条件性"的关系是什么?主体能动性逻辑与"矛盾"论哪个更适合于解释"复杂事物"?②

任平认为,比较研究的方式"最初是简单的批判方式的对话,后来进入深度对话的阶段,进入21世纪则开展了全面的对话。对话的深入亦加深了思想的开放性,推动了理论创新"③。夏巍认为,中国马克思主义与西方马克思主义的对话研究范式,在中国马克思主义更加深入了解当代西方学术前沿、提升学者自身的马克思主义理论素养和终结西方学术一统天下的话语霸权上有着极为重大的意义。④"对话中产生的对马克思主义的新理解也成为中外学者共同努力的结果,推进了对西方马克思主义的深度研究,也极大促进了马克思主义理论学科的建设。更为重要的是,大多数西方马克思主义者传承了马克思对西方中心主义的批判与超越,能较为客观地分析和理解中国特色社会主义道路。"⑤

① 杨礼银:《中西马克思主义比较研究的发展现状及其问题》,《云南师范大学学报(哲学社会科学版)》,2018年第4期。

② 竭长光、张贝可:《中西马克思主义两种辩证法理论范式的比较与反思》,《山西师大学报(社会科学版)》,2021年第3期。

③ 任平:《当代中国马克思主义研究》,北京师范大学出版社,2017年,第132~146页。

④ 夏巍:《西方马克思主义的传播对中国马克思主义研究的影响》,《贵州大学学报(社会科学版)》,2021年第6期。

⑤ 夏巍:《西方马克思主义的传播对中国马克思主义研究的影响》,《贵州大学学报(社会科学版)》,2021年第6期。

三、西方马克思主义对中国马克思主义学术自主意识的影响

(一)西方马克思主义的方法论诠释与中国马克思主义的方法论自觉

王雨辰认为,我国对国外马克思主义的研究经历了"两次转向",即西方马克思主义的"文化转向"和晚期马克思主义的政治经济学批判的回归。两次转向不仅是研究主题的变化,也是在方法论上的转型。也就是说,文化转向"奠定了西方马克思主义的文化价值批判、意识形态批判的理论主题,而且形成了人本主义和科学主义两大流派的西方马克思主义理论,前者强调马克思主义哲学应当是以实践为基础,以人类社会为研究对象,以探讨人的自由和解放为使命的历史唯物主义理论;后者则强调马克思主义哲学应当是以社会结构为基础,以经济结构为主导的'多元决定论'的马克思主义哲学,其共同点是反对立足近代哲学的立场,把马克思主义哲学理解为一种以探求世界绝对本质的决定论式的知识论哲学"①。文化转向的正面效应在于激活了马克思主义的主体维度,以人的方式来探寻社会发展的可能性,在方法论上直接影响了中国马克思主义对于马克思主义的"主体–客体"关系的历史辩证法自觉意识的形成。王雨辰认为,第二次转向即政治经济学转向,由哈维、哈特和奈格里等人发动,回归历史唯物主义生产方式理论,试图将文化批判与政治经济学批判结合起来,将革命议题置于当代资本主义政治经济学本质的分析基础之上,探讨新形势下无产阶级联合的可能性。第二次转向展现了回归马克思主义经典资本批判范式的重要性,对于中国马克思主义研究者来说,宏大叙事和微观研究对于当代资本主义批判和对社会主义前景的深度研究都具有同等重要的价值,"实现研究方法论的自觉和转换,深化对国外马克思主义理论的研究和把握,既是深化我国国外马克思主

---

① 王雨辰:《国外马克思主义研究方法论的自觉与方法论转换》,《贵州大学学报(社会科学版)》,2021年第1期。

义研究的重要途径,又是实现我国国外马克思主义研究的价值和目的的前提和关键"①。

韩秋红认为,国外马克思主义研究正处在建构自主知识体系的历史时期,在方法论上逐渐形成了"一体两面"的方法论自觉。具体来说,"'一体'主要指马克思主义这一主体,坚定马克思主义信仰、坚持以马克思主义为指导,是国外马克思主义研究的基线,构成国外马克思主义自主知识体系建构的标线。'两面'指两个面向,从空间逻辑来看指的是面向中国、面向世界,即国外马克思主义研究开阔了我们思考马克思主义的世界视野,在比较中形成创新发展马克思主义的中国特色。从时间逻辑来看则指面向现实、面向未来,即对国外马克思主义研究始终以马克思主义的方法论原则展开理论批判,以马克思主义的价值旨归及其对社会历史发展的科学研判思考人类解放道路"②。

(二)西方马克思主义的多元话语与中国马克思主义学术自主体系

隽鸿飞认为,21世纪国外马克思主义研究需要改变传统的以西方为中心的研究方式,将中国的发展及其带来的世界历史性变革纳入其理论的视域,并在世界历史的总体进程中去思考资本主义与社会主义的关系及人类未来的问题。③中国马克思主义研究本质上是自身如何实现对自身的时代化理解的问题,或者更具体地说,如何在当代资本主义新变化的背景下理解中国特色社会主义道路和模式的可能性和合理性的问题。我们对国外马克思主义的研究最终要服务于我们对于自身发展道路和前景的独立自主的学术体系的建构。"中国的国外马克思主义研究,在借助国外马克思主义对现代性的反思和批判来面对中国问题的过程中,也必须注意到中国的现代化进程与西方现代化进程的本质差别,才不至于将自己迷失于西方的理论

---

① 王雨辰:《国外马克思主义研究方法论的自觉与方法论转换》,《贵州大学学报(社会科学版)》,2021年第1期。

② 韩秋红:《国外马克思主义研究自主知识体系建构的原则与方法》,《马克思主义理论学科研究》,2023年第5期。

③ 隽鸿飞:《21世纪国外马克思主义研究中心的转换》,《马克思主义理论学科研究》,2020年第1期。

之中。"①

张亮在回顾当代西方马克思主义发展现状的时候,认为马克思主义在西方的发展呈现出"话语体系日益私人化,越来越脱离底层群众,实践效果日益势微"的特征,与西方马克思主义的诞生地不同的是,这些马克思主义的西方派别往往在中国得到更多的理论回应,这不能不说是西方马克思主义发展状况的尴尬局面。事实上,这种局面反过来证实了21世纪马克思主义的发展中心需要一个东西方转换的历史契机的必要性。在这一点上,张亮是从反面证实了隽鸿飞的判断,即在21世纪马克思主义发展的全球学术生态中,中国化马克思主义由于取得了在理论和实践上的卓越成果,因而正在走向21世纪世界马克思主义发展的学术话语的中心。

蓝江主张从中国自主知识体系出发来重建国外马克思主义研究体系。他认为:第一,中国自主知识体系需要国外马克思主义依照中国的具体实际建立自主的概念体系,概念反映的是生活的具体,西方的现代性生活经验与中国人的现代性生活经验并不是绝对相同的,因此,生活的具体的差别就要求我们不能将西方的概念当作中国人的概念,必须在具体的差异的意义上重新建构具有内在规定性的概念。第二,中国自主知识体系需要国外马克思主义依照中国的具体实际建立自主的话语体系,话语规则意味着对于世界的解释权的掌控,第三世界国家之所以在西方话语体系中被作为一个隐没的存在和无权利者,正是因为对于话语规则的制定权不在自己掌控之下。换句话说,什么问题能够成为全世界关注的焦点问题,是需要话语体系的权力的,我们不能继续沿用西方马克思主义的话语体系,而是需要将西方马克思主义文本置于中国式现代化的主体经验基础之上,重新建构话语规则和问题域。第三,中国自主知识体系需要国外马克思主义依照中国的具体实际建立自主的叙事体系。②事实上,中国的马克思主义者已经开始提出了中国叙事的理论任务,如何向西方讲好中国故事意味着如何向世界构建和传

---

① 隽鸿飞:《21世纪国外马克思主义研究中心的转换》,《马克思主义理论学科研究》,2020年第1期。

② 蓝江:《如何从中国自主知识体系出发来重建国外马克思主义研究?》,《江苏省社会主义学院学报》,2023年第4期。

达一个百年变局条件下中国作为现代民族国家的国际样貌的问题。综合以上三个方面，蓝江认为："从中国自主知识体系出发，重新理解和阐释国外马克思主义，一方面是将国外马克思主义对资本主义批判的问题加以转化，成为中国自主知识体系中的有效组成部分，从而为哲学、社会学、政治学、传播学等领域研究提供更丰富的内涵；另一方面，中国自主知识体系也代表着中国学者的学术自信和思想自信，意味着通过吸收广博的国外马克思主义思想资源，立足中国具体实际，实现高质量高水平的思想转化。"[①]

王雨辰也认为，中国学者对西方马克思主义的研究，正在促使中国马克思主义进一步形成一种具有内在一致性和自主创新能力的话语体系，"西方马克思主义所提出的理论命题的真实含义逐渐为学术界所理解和接受……学术界主流的观点转变为如何借用西方马克思主义的理论资源服务于中国马克思主义理论建设和中国特色社会主义实践"[②]。王雨辰具体指出了国外马克思主义学术自主话语体系建设所要解决的重要问题。他认为，"国外马克思主义话语体系建设主要包括从事国外马克思主义理论研究的话语主体的培育、不同话语主体之间的相互理解与对话以及如何坚持马克思主义在国外马克思主义理论研究中的指导地位问题"，其中具有本质重要性的问题在于"应该把我们研究国外马克思主义的根本目的定位为在阐发国外马克思主义流派和理论家的具体理论观点的同时，总结归纳他们所提出的理论问题，使之服务于中国马克思主义理论的理论创新和理论建设"[③]。除此之外，王雨辰指出，国外学者的马克思主义研究之所以呈现出理论与实践的脱节，其中一个关键性的原因在于，国外的马克思主义研究缺乏组织性，左翼学者之所以将马克思主义作为研究对象，大多出于自身的理论兴趣和人生经历，尽管理论光谱上呈现出多样性的特征，但是国外左翼很难被整合为有效的理论力量作用于社会实践领域。我国的国外马克思主义学术自主体系

① 蓝江：《如何从中国自主知识体系出发来重建国外马克思主义研究?》，《江苏省社会主义学院学报》，2023年第4期。

② 王雨辰：《论西方马克思主义研究在中国的理论效应与价值》，《长江论坛》，2023年第3期。

③ 王雨辰：《论我国国外马克思主义研究话语体系建设的基本原则与路径》，《山东社会科学》，2018年第10期。

建设的优势在于,尽管学者的理论建构和社会治理的实际举措并不直接统一,但是在坚持马克思主义的意识形态指导地位和坚持社会主义道路方面是毫不动摇的。因此,"从国外马克思主义研究者之间的对话看,要克服当前研究者脱离对国外马克思主义理论的总体性把握而走向研究碎片化的倾向",从组织上来说,就意味着国外马克思主义学术自主体系建设需要一个具有高度组织性和纪律性和统一领导的研究队伍,避免走向学院化而远离对中国现实问题的研究自觉,避免学术研究者的孤芳自赏,割裂理论与群众之间的现实关系。总而言之,王雨辰认为,具有学术自主性质的国外马克思主义研究,必须坚持"从事国外马克思主义理论研究的学者应当向学术界大力推介其研究成果,为从事中国马克思主义理论研究的学者了解国外马克思主义理论的具体观点和理论实质创造前提;而从事中国马克思主义理论研究的学者则应当树立理论与实践辩证统一的马克思主义发展观,与从事国外马克思主义理论研究的学者展开理论对话,批判地吸收国外马克思主义理论的研究成果,使之成为推进中国马克思主义理论创新的思想资源"①。

邹诗鹏认为,西方马克思主义研究显然不是无涉于当今中国,对于把握当今中国而言,西方马克思主义是一项重要的参考性资源。有没有西方马克思主义资源及其视野,在很大程度上意味着是否有能力将中国的马克思主义研究置于当今全球资本主义背景进而展开开放性的分析与研究,这也在很大程度上决定着现实研究的广度与深度。②邹诗鹏进一步指出,要保持和拓展中国马克思主义发展的世界性视野,除了在学术上形成自觉性的国外马克思主义研究意识之外,在实践上也必须保持一定规模的国外马克思主义学术研究队伍,"只有形成了一定的规模,西方马克思主义才有可能有实力反哺中国的马克思主义理论研究,使其理论资源效应得到较为充分的显现"③。在这一点上,邹诗鹏也与王雨辰的观点呼应,也就是说,西方马克

---

① 王雨辰:《论我国国外马克思主义研究话语体系建设的基本原则与路径》,《山东社会科学》,2018年第10期。

② 邹诗鹏:《西方马克思主义研究的资源性意义及其反思》,《马克思主义理论学科研究》,2019年第5期。

③ 邹诗鹏:《西方马克思主义研究的资源性意义及其反思》,《马克思主义理论学科研究》,2019年第5期。

思主义的研究成果向中国马克思主义理论创新的转化过程不仅需要学者们的刻苦钻研和智慧头脑,更加需要一个有组织的、有内在凝聚力的、有坚定马克思主义立场和信仰的学术研究队伍,这是我国国外马克思主义研究能够避免西方马克思主义学者"碎片化"和"分散化"倾向的宝贵经验。用邹诗鹏的话来说,中国马克思主义学术自主体系的形成"需要有足够的世界视野及理论资源",只要"积极主动地并批判性地汲取相关资源,一定会有益于中国马克思主义理论的创新发展及其学科建设"。①

---

① 邹诗鹏:《西方马克思主义研究的资源性意义及其反思》,《马克思主义理论学科研究》,2019年第5期。

分报告三
对21世纪世界马克思主义的研究

　　近年来,随着全球化的深入发展和世界格局的深刻变革,我国的国外马克思主义研究开始深入探究21世纪世界马克思主义发展的动态与前景。这一领域的工作显著拓展并深化了我国国外马克思主义研究,反映了我国学术界在如何将中国化时代化马克思主义与国外马克思主义进行有机结合、相互促进方面认识得更为合理深刻。相较于过去的国外马克思主义研究工作,21世纪世界马克思主义研究所指涉的对象范围在空间和时间维度上都展现出了显著变化。在空间上,研究者们开始将视线投向更广阔的全球舞台,既关注传统西方马克思主义的研究进展,也注重探究马克思主义在第三世界的传播与发展状况。这种变化凸显了马克思主义在全球范围内的普遍价值和时代意义,同时也强调了中国化时代化马克思主义与国外马克思主义之间的相互借鉴和相互影响。在时间上,21世纪世界马克思主义研究聚焦于马克思主义在当代的新发展,关注其在解决现实问题、指导社会实践中的新作用和新价值。这一转变不仅体现了马克思主义与时俱进的理论品质,也彰显了马克思主义在21世纪仍然具有强大的生命力和指导意义。为进一步推动我国21世纪世界马克思主义研究,有必要梳理我国世界马克思主义研究的发展历程,明确研究的基本原则和方法,以及研究对象和研究主题。

一、我国的世界马克思主义研究的发展历程

　　21世纪,我国的世界马克思主义研究经历了显著的发展与变化,这些变化深刻反映了我国马克思主义理论界对于马克思主义的理解不断演进和深

化。大体上,我国的世界马克思主义研究可以分为三个鲜明的发展阶段。第一阶段主要侧重译介苏联马克思主义,第二阶段是西方马克思主义研究兴起和繁荣期,到了第三阶段,我国的研究开始密切关注传统西方马克思主义以外的马克思主义思潮,并积极探究中国化马克思主义与国外马克思主义相互借鉴吸收的辩证过程。因而可以说,我国世界马克思主义研究到了第三阶段才成为真正意义上的世界马克思主义研究。

(一)第一阶段:苏联马克思主义的主导与影响

时间跨度从俄国十月革命开始,一直延续到我国改革开放之前,这是我国世界马克思主义研究的初始阶段。中华人民共和国成立后,受冷战的国际大背景影响,我国马克思主义理论界对世界马克思主义的理解呈现出鲜明的对抗性。在这一阶段,马克思主义理论界对世界的理解大多基于苏联的官方解释,将马克思主义视为与西方资本主义相对立的意识形态。人们主要遵循苏联对马克思主义的官方解读来把握马克思和恩格斯的思想,对西方国家的马克思主义持简单的否定态度。在这一阶段,我国的世界马克思主义研究主要侧重译介苏联马克思主义,并将其与中国革命和建设的实践相结合。虽然对西方国家马克思主义的发展情况有所关注,但仅限于只言片语地介绍,没有进行深入的研究和探讨。这一阶段的研究,为我国马克思主义理论体系的构建奠定了基础,但同时也存在着一定的局限性和片面性,尤其是对马克思主义的许多认识普遍存在教条主义的倾向。

(二)第二阶段:西方马克思主义研究的崛起与论争

随着改革开放拉开序幕,我国的世界马克思主义研究进入了第二阶段。这一阶段以注重研究西方马克思主义为鲜明特征,我们开始不断接触、译介、学习、吸收西方马克思主义的具体情况和理论成果。1982年,徐崇温的《西方马克思主义》在天津人民出版社的出版,这是我国开展西方马克思主义研究的第一部专著。该书明确提出了观察和评价西方国家的马克思主义不能以苏联模式的观点为标准,而必须以马克思的新唯物主义世界观为评价指针的观点。随后,在重庆出版社的支持下,徐崇温主编了"国外马克思主义和社会主义研究丛书"，累计出版42本，推动了我国国外马克思主义研究的兴起。在第二阶段，我国学者大量翻译与全面研究了西方马克思主义经典代表人物的著作，撰写了系统的介绍性教材，组建了多个专业的研究团队和研究中心，并成立了全国性的研究协会"全国当代国外马克思主义研究会"。全国性研究协会的成立，为西方马克思主义研究的发展提供了有力的组织保障。

从我国的世界马克思主义研究发展历程来看，徐崇温对西方马克思主义的认识与评价起到了"投石问路"的作用。他所投下的"石块"引起了学界关于西方马克思主义是否是马克思主义的持久论争，这场争论从20世纪80年代一直持续到21世纪初。徐崇温对待西方马克思主义的态度是有所批判地借鉴，有批判是因为"西方马克思主义各个流派、各种倾向全都用西方唯心主义的某个流派去解释、发挥、补充、'结合马克思主义'"，因此西方马克思主义并不是马克思主义。①针对徐崇温的主张，有杜章智的"替换论"，他认为西方马克思主义是含混的"伪概念"，主张用"当代国外马克思主义"概念取而代之；也有王雨辰的"补充论"，他认为20世纪马克思主义的主流是苏联的马克思主义和中国的马克思主义（毛泽东思想和邓小平理论），而西方马克思主义的各流派是"必要补充"②。这一大的争论后来还衍生出了规模稍小的西方马克思主义是否终结的争论。以张一兵、张亮等为代表的学者认为，西方马克思主义的理论发展逻辑已经终结，终结之后所存在的"后现代马克思主义""后马克思主义"和"晚期马克思主义"远离了马克思的历史唯物主义，因而并非真正的马克思主义，③而以汪行福、李佃来等为代表的学者则持有相反的观点。④

---

① 徐崇温对杜章智、段忠桥的全部回应，参见徐崇温：《怎样认识"西方马克思主义"》，重庆出版社，2012年。

② 王雨辰：《关于研究和评论西方马克思主义的几个理论问题》，《马克思主义研究》，2004年第6期。

③ 张亮：《阿多诺与西方马克思主义的逻辑终结》，《福建论坛》2000年第4期；张一兵、周嘉昕：《如何理解"西方马克思主义的逻辑终结"？——兼答汪行福教授的质疑》，《学术月刊》，2006年第10期。

④ 汪行福：《"西方马克思主义"已经终结了吗？——与张一兵教授商榷》，《学术月刊》，2006年第10期；李佃来：《阿多诺与西方马克思主义的终结：一个再审思》，《学术月刊》，2013年第12期。

总之，这一阶段的研究是正统马克思主义与非正统马克思主义相互角逐的时期，是马克思主义与非马克思主义共同发展的时期。这一阶段的争论和分歧，虽然在一定程度上影响了我国西方马克思主义研究的进展，但也促进了学界从整体上深入思考和探讨西方马克思主义的本质内涵和价值取向。通过这场争论，人们开始更加客观地看待西方马克思主义，认识到其对于马克思主义理论的贡献、价值和不足之处。

（三）第三阶段：世界马克思主义研究的真正起航与发展

　　进入 21 世纪后，我国的世界马克思主义研究进入了第三阶段。这一阶段的重要标志是国外马克思主义研究成为马克思主义理论一级学科下属的二级学科之一。国外马克思主义正式成为马克思主义理论学科的重要组成部分，明显表明它已经受到国家层面的关注和承认。换言之，国家层面已经认同西方国家及其他非西方国家的马克思主义也是一种马克思主义，尽管这些具体形态的马克思主义可能与中国化时代化的马克思主义存在某些方面的差异。承认这种差异并以包容的心态把它们共同纳入马克思主义的坐标系中，意味着我国的世界马克思主义研究开始真正走向世界马克思主义研究。

　　在第三阶段，我国的世界马克思主义研究开始更多地关注传统西方马克思主义以外的马克思主义思潮，并积极探究中国化马克思主义与国外马克思主义相互借鉴吸收的辩证过程。相较于第二阶段主要聚焦西方马克思主义的研究，21 世纪的世界马克思主义研究在研究领域方面大为拓宽，不再仅侧重研究西方发达资本主义国家的马克思主义，而且开始关注第三世界的马克思主义及不同国家、不同文化背景下的马克思主义实践。我国的世界马克思主义研究开始坚持"走出去、请进来"的方针，积极参与国际学术交流和合作。例如，由北京大学主办的世界马克思主义大会已成为全球范围内马克思主义研究者的国际级盛会，与国际同行进行交流合作，共同推动马克思主义理论的创新和发展。这种开放包容的态度和合作精神，为我国的世界马克思主义研究赢得了广泛的国际声誉和认可。在这一阶段，我国的世界马克思主义研究取得了令人瞩目的成就，形成了规模较大的研究团队和稳定的研究平台,例如21世纪世界马克思主义论坛(迄今为止已举办7届)等,同时也产出了数量众多、影响广泛的研究成果,例如王凤才领衔的国家重大社科基金项目"21世纪世界马克思主义发展状况与前景研究"成果之一《多重视角中的马克思——21世纪世界马克思主义发展趋向》(上、下)。

回顾我国21世纪世界马克思主义研究的发展历程,我们可以看到一条从封闭到开放、从单一到多元、从对抗到合作的清晰轨迹。这一历程不仅反映了我国马克思主义理论界马克思主义观的变化过程,也展示了我国学者在推动马克思主义理论创新和发展方面的不懈努力和卓越成就。展望未来,我国的世界马克思主义研究将继续坚持开放包容的态度和合作精神,为推动马克思主义理论的创新和发展做出更大的贡献。

二、21世纪世界马克思主义研究的原则与方法

在21世纪这个信息爆炸、文化交流日益频繁、人工智能越发普及的时代,世界马克思主义研究正面临前所未有的机遇与挑战。我国的21世纪世界马克思主义研究界纷纷强调,要摒弃狭隘的视角和僵化的思维,要从更为广阔的全球视野出发,深入探索马克思主义在当代世界的意义与价值。学界基本达成了这样的共识:21世纪世界马克思主义研究必须摒弃"唯我独马"的偏见。这种偏见表现为固守马克思主义的某个具体教条,坚信我们的理解绝对正确、不容置疑,通过否定和排斥相反的、不同的理解方式,达到捍卫马克思主义"纯洁性"的目的。这种态度和研究方式不仅违背了马克思主义开放性和包容性的精神,也阻碍了马克思主义理论的创新与发展。正如陈学明强调的:"当代西方马克思主义思潮在中国不是一种纯粹的外在研究对象,实际上已经不断融入马克思主义中国化过程,内化为马克思主义中国化不可分离的一个组成部分。"[①]因此,我们不能人为地排斥国外马克思主义这一组成要素,再去试图探讨中国化的马克思主义与国外马克思主义的本质异同。这种做法不仅无助于我们深入理解马克思主义,反而会使我们陷

---

① 陈学明:《论当代西方马克思主义》,《西南林业大学学报》,2017年第1期。

入狭隘的视野和僵化的思维。正确的做法是,需要"将当代西方马克思主义与当代中国马克思主义共同放置在马克思主义的坐标系里加以比较研究。进一步说来,当代中国的马克思主义本身就应当和西方马克思主义一道,组成世界马克思主义的洪流"①。综观我国近年来的21世纪世界马克思主义研究,对这一原则的贯彻具体表现在如下两个方面。

(一)回顾反思国外马克思主义对中国化时代化马克思主义的贡献

首先,我国21世纪世界马克思主义研究开始回顾和反思国外马克思主义对中国化时代化马克思主义取得非凡成就所起到的贡献,其中代表性成果有陈学明等著的《西方马克思主义在中国的历程与影响研究》。该书系统地回顾了西方马克思主义从20世纪70年代末80年代初传播到我国至今四十多年来的历程。作者明确强调,在新时代发展当代中国马克思主义和21世纪马克思主义的新形势下,研究西方马克思主义在中国的传播和影响具有重要意义。全书从西方马克思主义对中国哲学社会科学、对中国意识形态和社会现实的影响,系统梳理了西方马克思主义在中国产生的积极效应,如推动了中国马克思主义理论的发展和创新,提高了人们对社会现实的认识和批判能力等。同时,对于西方马克思主义的缺陷,作者也有清醒地认识,指出了西方马克思主义在中国传播过程中可能产生的消极效应,如部分观点可能与中国国情不完全契合等。

以陈学明为代表的上述观点在国内学界已经得到诸多学者的支持。例如,何萍在梳理西方马克思主义传入中国所经历的几次争论中明确指出,西方马克思主义哲学"以自己的学术性品格挑战了中国的马克思主义哲学史和马克思主义哲学中国化的研究,对中国马克思主义哲学研究语境的变换、马克思主义哲学史观的变革和中国马克思主义哲学学术结构的形成起到积极的作用,从而成为中国马克思主义哲学自我革新的重要思想资源"②。张亮也明确指出,国外马克思主义者通过重新解读马克思主义经典著作,为中

---

① 陈学明:《论当代西方马克思主义》,《西南林业大学学报》,2017年第1期。
② 何萍:《中国马克思主义哲学与西方马克思主义哲学源流关系的形成及其特点——对西方马克思主义哲学研究意义的一点思考》,《学习与探索》,2022年第5期。

国化时代化马克思主义提供了新的理论支撑。他指出,国外马克思主义的数字异化批判,以及对《资本论》及其手稿中"机器论片断"、经济危机理论、资本逻辑学说的挖掘,围绕阶级理论、国家理论、空间批判理论和生态批判理论的讨论,重新发现了马克思主义经典著作中蕴含的丰富潜能。这种重新回到经典著作的研究方式,对于我国学界具有深刻的启发意义。"21世纪国外马克思主义通过回到马克思主义经典著作实现理论创新的路径,为我们提供了三点重要启迪:第一,聚焦经典、关注思想;第二,理论联系实际、带着问题意识回到马克思主义经典著作;第三,站稳当代立场、以开放的心态回到马克思主义经典著作。"①也有学者立足自身某个具体的研究领域,开始反思国外马克思主义某个流派对我国学界的启示,例如李旸通过研究分析马克思主义指出:"对中国学界而言,罗默、施韦卡特、佩弗等人的市场社会主义理论为我们坚持和发展社会主义市场经济提供了积极的理论支持和启发,而科恩对市场缺陷的分析也促使我们反思市场在分配正义、社会风尚方面的消极作用(比如贫富差距、消费主义等)。这两方面结合起来,有助于我们形成对于市场与社会主义关系的科学认识。"②

诚然,国外马克思主义对于中国化马克思主义的理论创新提供了诸多理论启示,但是真正的理论创新需要坚持马克思主义的立场,立足本国国情以解决实际问题为导向,这一点也已经得到诸多学者的认同,具体体现在强调要从中国自主知识体系出发来重建国外马克思主义研究。王雨辰明确强调:"以服务于中国马克思主义理论建设和现代化实践的价值立场代替以单纯引进和评价国外马克思主义理论观点的价值立场,科学地揭示支配我国国外马克思主义研究的实践逻辑与理论逻辑,厘清国外马克思主义理论在当代中国的理论效应和实践效应,才能真正实现我国国外马克思主义的价值和目的。"③韩秋红认为,我国国外马克思主义研究中的这种自觉意识主要

---

① 张亮:《回归经典再出发的21世纪国外马克思主义》,《山西大学学报(哲学社会科学版)》,2022年第2期。

② 李旸:《"分析的马克思主义"对中国学界的启示》,《云梦学刊》,2020年第4期。

③ 王雨辰:《国外马克思主义研究方法论的自觉与方法论转换——从国外马克思主义流派评价到国外马克思主义理论问题研究》,《贵州大学学报》,2021年第1期。

体现为"一体两面"的方法论自觉。"一体"是指主要指马克思主义这一主体，"两面"一个是面向现实社会问题的社会批判理论及其方法论启思，另一个是面向未来社会历史发展前途的科学社会主义理论与运动的经验总结与探索。她认为，"这两个面向既符合马克思主义'破除旧世界，建立新世界'的理论价值旨归，又回应着我们所处的马克思主义所指明的世界之问、时代之问，且对应着马克思主义所批判并给出科学解答的核心问题，也是世界马克思主义'理论共同体'阵营普遍关注的核心问题。"[1]蓝江也明确指出："当代中国国外马克思主义研究发展进入一个转折期，即我们需要按照中国自主知识体系的横向研究来重新建构国外马克思主义研究。"[2]

(二)关注思考中国化时代化马克思主义的世界意义

与此同时，我国21世纪世界马克思主义研究也开始关注和思考中国化时代化马克思主义的世界意义。中国化时代化马克思主义是马克思主义中国化的最新成果，它不仅继承了马克思主义的基本原理和精神实质，也结合了中国的国情和时代特征进行了创新和发展。中国化时代化的马克思主义在理论和实践上均取得了显著成就。越来越多的学者开始关注中国化时代化马克思主义的世界意义。他们认为，中国化时代化的马克思主义不仅是中国特色社会主义事业的理论支撑和实践指导，也为世界马克思主义研究提供了新的视角和思路。中国化时代化的马克思主义的成功实践为世界其他国家提供了可资借鉴的经验和启示，有助于推动世界马克思主义的发展和创新。例如，郁庆治在剖析习近平生态文明思想的基础上，明确指出习近平生态文明思想的世界意义与贡献，首先在于它所拥有的对于广义上的生态环境保护治理理论与实践的世界性重要影响，"无论是对于全球环境治理的核心理念、制度与政策架构还是主体构成来说，它所彰显的是，当代中国正在同时作为发展中国家代表和现代工业文明转型探路者，在双重意义上

---

① 韩秋红：《国外马克思主义研究自主知识体系建构的原则与方法》，《马克思主义理论学科研究》，2023年第5期。
② 蓝江：《如何从中国自主知识体系出发来重建国外马克思主义研究?》，《江苏省社会主义学院学报》，2023年第4期。

成为一个未来可期的世界领导者"①。

以中国化时代化马克思主义为指导,我国走出了一条"既有各国现代化的共同特征,更有基于自己国情的中国特色"的中国式现代化道路。我国的21世纪世界马克思主义研究从理论与实践两个维度高度肯定了中国式现代化的世界历史意义。从理论方面来看,中国式现代化超越西方以资本为主导的现代化逻辑得到了诸多学者的强调。虽然在西方主流现代化理论中,绝大部分都强调西方社会的历史性进步是"良好治理、自由的民主政体、自由市场经济、科技人才、地理优势和一定创业精神相结合"所取得的,但是事实上,"西方现代化历程中最重要的推动力是殖民主义、奴隶制和种族灭绝等因素"。②而中国式现代化则尤其强调各国间要秉持"相互尊重、公平正义、合作共赢"原则,摒弃传统的以强凌弱的丛林法则,要走出一条对话而不对抗、结伴而不结盟的国与国间交往新方式。如果说西方所主导的现代化宣称普适性其实是虚假的意识形态宣传,是一种"抽象普遍性",那么"中国式现代化道路的社会主义性质、与中华优秀传统文化相结合的独特的民族形式及其在独立自主基础上融入世界历史进程以吸收现代性人类文明形态的积极成果的途径",则形成了中国式现代化的特殊性,这种特殊性突破了发达资本主义国家对现代化的抽象普遍性理解。③因而,中国式现代化是对西方现代性危机及其文明限度的内在超越。④从实践方面来看,"中国式现代化事业的奠基,改变了'东方从属于西方'的现代化版图和世界历史格局,向世界宣告了'人类和地球的欧洲化'时代已经结束"⑤。在中国式现代化的进程中,中国特色社会主义制度积极利用国际生产力,有效发挥市场资源配置功能,推动工业化持续发展,努力实现共同富裕、绿色发展、推动世界和

---

① 郇庆治:《论习近平生态文明思想的世界意义与贡献》,《国外社会科学》,2022年第2期。

② [英]卡洛斯·马丁内斯:《中国式现代化的重大世界历史意义》,禚明亮《人民论坛》,2024年第10期。

③ 隽鸿飞:《中国式现代化的特殊性、普遍性及其世界历史意义》,《理论探讨》,2023年第4期。

④ 臧峰宇:《中国式现代化的文明底蕴及其世界历史意义》,《哲学研究》,2023年第1期。

⑤ 陈曙光:《中国式现代化的世界历史意义》,《马克思主义与现实》,2023年第4期。

平。①对于广大发展中国家来说，"中国式现代化道路的开辟改变了发展中国家'要么依附/要么脱钩'的历史宿命，启迪广大发展中国家走自主现代化的新道路。中国式现代化模式的形成提供了后发国家规避西方'现代化悖论'和'现代性之殇'的新路径，开辟了更为健康、更可持续的现代化新愿景"②。

就如顾海良明确指出的，"马克思主义自诞生以来，就一直关注和研究所处时代重大课题；马克思主义在其发展的每一阶段，都不断地吸收同时代的社会科学和其他各科学领域存有的一切有价值的成果；马克思主义从来不是那种需要人们向它膜拜的'终极真理'，它总是从发展着的社会实践和时代课题中阐发新的理论"③。我国的21世纪世界马克思主义研究之所以能够同时兼顾上述两个方面，与坚持马克思主义研究的问题导向紧密相关。在全球化时代，人类面临着许多共同的问题和挑战，如全球气候变化、贫困与饥饿、地区战争与冲突，等等。这些问题不仅影响着各国人民的福祉和利益，也威胁着人类文明的未来发展。我国的21世纪世界马克思主义研究对于国外马克思主义既没有"一概排斥"，也不搞"全盘照搬"，之所以能够兼收并蓄，主要在于更自觉地坚持以时代问题为导向。在以时代问题为导向的方法指引下，各国马克思主义间的差异不再是"是"与"非"、"内"与"外"的本质差异，而是应当被视为世界马克思主义应对各种问题的"不同方案"。方案间的差异，构成了人类整体学习过程中的元素，元素间的相互联系和相互作用有助于更好地应对人类共同面临的问题。因而，它们之间的差异不仅体现了马克思主义理论的多样性和丰富性，也为我们提供了从不同角度、不同层面理解和发展马克思主义的可能性。这就要求我们应当以一种包容和开放的态度来对待这些差异，并在研究中加以深入探讨和发掘，为解决全球性问题贡献智慧和力量。

---

①　宋朝龙：《世界大变局下中国式现代化的世界历史意义》，《毛泽东邓小平理论研究》，2022年第10期。

②　陈曙光：《中国式现代化的世界历史意义》，《马克思主义与现实》，2023年第4期。

③　顾海良：《马克思主义中国化时代化新的飞跃》，《解放日报》，2022年10月31日。

三、21世纪世界马克思主义的阐释路径与研究对象

目前,21世纪世界马克思主义的阐释路径和研究对象基本已经得到确立。[1]依据王凤才团队的归纳,我国主要从五条阐释路径出发展开研究工作并取得了重要的研究成果。[2]这五条阐释路径分别是:国外马克思学阐释路径、正统马克思主义阐释路径、西方马克思主义阐释路径、东欧新马克思主义阐释路径和中国化马克思主义阐释路径。结合五条阐释路径和世界马克思主义发展的区域版图,我国研究者描绘出了21世纪世界马克思主义的整体发展图景。欧洲和拉美地区主要关注西方马克思主义和马克思学,研究内容丰富多样。俄罗斯和东欧国家则偏重于正统马克思主义和东欧新马克思主义,强调对社会主义历史的反思与新社会主义的探索。在这些阐释路径中,主要有三大研究对象——对马克思、恩格斯文本文献的深入挖掘,对当代资本主义的多维度批判,以及对全球社会主义实践的关注与反思。由于新自由主义经济危机的世界性影响和各国马克思主义者互动交流的加强,五条阐释路径的地域性特征逐渐淡化,各条路径中的研究方式和理论主题开始在区域间相互渗透。展望未来,我国21世纪世界马克思主义研究将会继续深化马克思主义经典理论的现代阐释,结合全球化背景下的资本主义发展,探索新形式的社会主义实践,为解决当今世界面临的系统性问题提供新的理论与实践支持。

(一)21世纪世界马克思主义的五条阐释路径

欧洲(包括东欧)是西方马克思主义和马克思学的发源地,这两大阐释路径在21世纪的欧洲不但没有走向衰落,反而欣欣向荣。在德国,西方马克思主义中的重要流派法兰克福学派在第三代学术领军人物霍耐特和第四代

---

① 王凤才等:《多重视角中的马克思——21世纪世界马克思主义发展趋向》,中国社会科学出版社,2021年。

② 对这些阐释路径的较早阐述,可参见王凤才、陈学明:《国外马克思主义研究:四条路径及其评价》,《学术月刊》,2011年第2期。

领军人物弗斯特的带领下成果频出，在社会哲学和政治哲学领域中开辟了新的研究天地。马克思学研究也获得了一定的发展，例如马克思恩格斯全集历史考证版第二版（简称MEGA2）编辑出版工作于2015年又获得了新的资助，剩余的卷数将以电子版问世。新的编辑成果如《德意志意识形态》，引起了国际学界广泛的关注与讨论。①在法国，"回到马克思"再度成为左翼学术界的新动向，②马克思主义与哲学的关系、《资本论》与"价值形式分析"、《资本论》中的经济规律与阶级斗争关系等西方马克思主义经典问题得到了更充分的研究，西方马克思主义代表人物卢卡奇、葛兰西和阿尔都塞的思想遗产也被继续挖掘。在英国，马克思主义政治经济学研究是其主要亮点。英国马克思主义者广泛研究并推进了马克思的政治经济学批判，深入探究了当代资本主义危机产生的根源，出版了大量研究著作，英国著名的《历史唯物主义》杂志也时常发表大量相关研究文章，文化马克思主义、女性主义的马克思主义和生态学马克思主义领域著作也出版不断。③欧洲其他国家如意大利和西班牙等国的马克思主义发展与其共产主义运动的兴衰紧密相关，其发展更多侧重于实践方面。例如，由于意大利三个主要共产主义政党，即"重建共产党"（Partito della Rifondazione Comunista）、"意大利共产党"（Partito Comunista Italiano，这是2016年建立的新意共，区别于苏东剧变后瓦解的意共）和"共产党（意大利）"（Partito Comunista），"所获选票处于苏联解体、东欧剧变后历史最低水平，意大利的马克思主义研究随即处于发展低潮中艰难前进"。相较于意大利的马克思主义发展，西班牙的马克思主义在联合左翼力量的壮大前提下取得了一些重要成果，马克思主义本土化不断推进，以各种学术平台为主阵地的马克思主义时代化不断深入，以宣传教育为主旨的马克思主义大众化不断拓展。

西方马克思主义在拉美地区也具有重要的影响力，得到了持续的关注

---

① 王凤才等：《多重视角中的马克思：21世纪世界马克思主义发展趋向》，中国社会科学出版社，2021年，第53~60页。

② 王凤才等：《多重视角中的马克思：21世纪世界马克思主义发展趋向》，中国社会科学出版社，2021年，第79~86页。

③ 王凤才等：《多重视角中的马克思：21世纪世界马克思主义发展趋向》，中国社会科学出版社，2021年，第193~202页。

与研究。一些重要学术论坛和学术研讨会通常以西方马克思主义为主题或重要议题,例如阿根廷布宜诺斯艾利斯大学于2003年开始连续主办多届"批判理论与西方马克思主义"国际论坛。该论坛已经成为阿根廷乃至拉美马克思主义研究的重要学术平台。拉美马克思主义研究的另一个重要学术平台"马克思恩格斯国际论坛"每届也均设立西方马克思主义的专场讨论和多场圆桌会议,还有哥伦比亚大学的"葛兰西国际学术研讨会"等重要学术平台。阿根廷的《工具杂志》和巴西的《马克思主义批评》杂志几乎每期都刊载西方马克思主义的研究成果。大量的研究论著也相继问世,例如《葛兰西评价》《马克思主义与政治》《21世纪马克思主义》等书。①此外,在拉美马克思主义本土化过程中,拉美地区的托洛茨基思想理论研究、马克思主义与拉美的解放神学关系研究、马克思主义与非殖民化研究是其重要的组成部分。在实践探索方面,21世纪社会主义是拉美马克思主义发展中的一道亮丽风景线,委内瑞拉、玻利维亚、厄瓜多尔等国家对21世纪社会主义实践的探索,引起了诸多马克思主义者的热烈讨论,其中有影响力的学者有M.哈内克、H.迪特里希、A.加西亚、S.洛佩希等人。

与欧洲和拉美地区偏重于西方马克思主义、马克思学阐释路径不同,原苏东国家马克思主义、非洲马克思主义和亚洲马克思主义偏重于正统马克思主义阐释路径和东欧新马克思主义阐释路径。例如,俄罗斯的马克思主义发展深受苏联时期正统马克思主义的影响,马克思主义类出版物的主力主要由第二国际理论家著作、苏联时期马克思主义的研究著作,以及马克思、恩格斯等经典作家著作构成。在理论主题的研究上,政治经济学批判是其探讨的重点领域,对苏联模式社会主义的批判性反思是其创新的动力,这方面的研究"锻造了俄罗斯马克思主义独特的研究路径:拒斥后现代主义消解历史宏大叙事的悲观态度和新自由主义的市场极权主义倾向……"②在反思性批判的基础上,俄罗斯马克思主义者积极推动"21世纪社会主义复兴运

---

① 王凤才等:《多重视角中的马克思:21世纪世界马克思主义发展趋向》,中国社会科学出版社,2021年,第433~458页。

② 王凤才等:《多重视角中的马克思:21世纪世界马克思主义发展趋向》,中国社会科学出版社,2021年,第338页。

动",认为新社会主义是代替当今自由资本主义的唯一选择。在"回归与复兴"马克思主义的道路中,中东欧的马克思主义也是不可忽视的重要组成部分。与俄罗斯相似,他们一方面是通过反思中东欧社会主义历史,批判转型后的新自由主义,重新引入并更新马克思主义的话语体系,同时在积极探索新社会主义运动的过程中,试图创造性地转化马克思主义。

(二)21世纪世界马克思主义的三大研究对象

总的来说,将上述五条阐释路径作为框架,可以为全面理解21世纪世界马克思主义的发展格局提供有力的支撑,可以为研究者绘制一幅清晰的理论图谱。这五条路径不仅有助于我们洞察马克思主义在全球范围内的演变趋势,更为我们深化对其时代价值与实践意义的探索提供了指导。基于这五条阐释路径所涵盖的研究范围,我们可以进一步确立21世纪世界马克思主义的主要研究对象。首要的研究对象是对马克思、恩格斯文本文献的深入研究,这不仅是对经典理论的再挖掘,更是对马克思主义在当代世界发展变化的理论响应;其次是对21世纪世界各国涌现的马克思主义思潮的探讨;最后是对世界各国社会主义实践的多样化研究,它不仅涉及了对各种社会主义模式的比较分析,也涵盖了对社会主义实践中的经验教训的总结与反思。这些研究对象的确定,不仅有助于我们更加全面、深入地理解21世纪世界马克思主义的发展脉络,也为未来的研究提供了明确的方向。下面简要介绍我国学界围绕这三大研究对象所展开的具体研究。

第一,对于第一个研究对象,目前的研究主要侧重对MEGA2的翻译与探究,具有创新性的成果多数来源于对这一文献群的研究。①大致来看,国内学界主要从三个方面进行了细致的研究。一是从编辑原则与文本重构方面的深入研究,例如赵玉兰、侯才近十年围绕《德意志意识形态》文本的考证历史渊源、文本定性、编辑情况等展开的深入研究,并针对MEGA2《德意志意识形态》编辑原则和方法展开了的批判,强调MEGA2在编辑中所强调的"学

---

① 更为详细的分析,参见廖优:《21世纪以来中国MEGA2研究新趋向》,《太原学院学报》,2023年第6期。

术性"与"去政治化"事实上与西方马克思学的初衷一脉相承。近年来国内对MEGA2第二部分(《资本论》及其手稿)的研究热度也明显提高,相关主题涉及马克思和恩格斯的学术合作关系、《资本论》与同时期对应笔记和手稿的关系、《资本论》第二卷的编辑原则考证、《马克思恩格斯全集》中文第二版处理MEGA2第二部分情况分析等。二是核心概念的理解与挖掘,国内学界近些年关注和研究的核心概念有"交往异化""价值形式""抽象劳动""时间"等,围绕这些概念,马克思的社会批判思想得到了与时俱进的讨论;三是文本的新发现与价值挖掘,在MEGA2的研究中,国内学者还发现了许多新的文献和资料,马克思遗留的大量笔记如《伦敦笔记》等得到了初步的研究,其价值也得到了一定程度的挖掘,例如《伦敦笔记》对世界范围内资本关系的发展和前资本主义结构从属于资本等问题提供的新见解。这些新发现为理解马克思、恩格斯的思想及其当代价值提供了新的材料支持。为了更为充分地挖掘马克思遗留的大量笔记中所包含的思想理论价值,南京大学马克思主义社会理论研究中心做了大量的研究工作,专门成立了以MEGA2第四部分核心笔记为研究目标的"MEGA2研究小组",研究小组近些年在此方面发表了大量研究成果。[1]

第二,在第二个研究对象方面,我国学界目前偏重于理论上的资本主义批判研究。国内学界的研究一方面延续了国外马克思主义研究中的主流研究方式,即围绕当代资本主义经济、社会、政治和生态中的某个方面展开研究。在经济方面,金融资本主义和数字资本主义陆续成为近年来研究的主要对象,国外著名的理论家如法国马克思主义经济学家托马斯·皮凯蒂的《21世纪资本论》得到了广泛的关注与探讨,对其新著《资本主义与意识形态》也有及时地跟进讨论。[2]数字资本主义新形态的本质及如何从马克思主义政治经济学批判的角度深入理解数字劳动、数字平台、流量和数字剥削等

---

[1] 如张一兵、孔伟宇:《MEGA2研究前沿与马克思思想史研究》,《国外理论动态》,2022年第3期。

[2] 张有奎、林静夏:《"参与式社会主义"及其批判——基于皮凯蒂〈资本与意识形态〉的分析》,《天津社会科学》,2024年第1期。

也是关注的热点。①在社会方面,资本主义社会中的新异化现象是近年来关注的焦点,韩炳哲、罗萨等人的思想得到大量的关注与研究,而围绕文化霸权与意识形态控制,也有持续地深入研究。在政治方面,生命政治、身份政治和生态政治仍然是研究的重要对象,而近年来围绕新技术所塑造的新社会交往方式后来居上,成为研究的焦点,例如蓝江对技术封建主义的研究在国内产生了广泛的影响。在生态方面,不仅持续有对西方生态马克思主义的大量讨论,而且也有从中国的生态保护实践出发批判性反思西方的生态理论与实践,中国社会主义生态文明研究小组在此方面做出了重要的贡献。②

除了传统的这类按领域划分的具体研究外,近年来随着全球系统性危机的出现,国外一些主张需要从总体性视角审视资本主义系统危机的理论家得到了越来越多的关注。例如弗雷泽关于扩展了的"资本主义"概念得到了学界的充分探讨。在弗雷泽看来,资本主义"经济的即'前庭'的特征,依赖于非经济的'后院'的条件。一个由私有财产权、自我扩张价值的积累、自由劳动市场、其他商品生产的投入以及社会剩余的市场配置所构成的经济体系,只有依赖三个关键的背景条件才能成为可能,它们分别是社会再生产、地球的生态和政治权力。因而,要理解资本主义,我们需要把'前庭'故事与它们的三个'后院'故事关联起来"③。汪行福高度评价了弗雷泽看待资本主义的方式,认为对于今天的左翼批判理论有着不可否认的意义,其理论框架有着较强的解释潜能。就其解释框架的问题,他指出,资本主义所依赖的非资本主义条件不仅仅局限于三个方面,"在知识资本主义、加速资本主义、认知资本主义、游戏资本主义中,有更多的非资本主义领域被吸纳到资

① 蓝江:《数据—流量、平台与数字生态——当代平台资本主义的政治经济学批判》,《国外理论动态》,2022年第1期;孙亮:《政治经济学批判视域下"数字资本主义"重勘》,《理论与改革》,2022年第5期。

② 郇庆治、王聪聪编:《社会主义生态文明:理论与实践》,中国林业出版社,2022年。

③ Nancy Fraser, Behind Marx's Hidden Abode: For an Expanded Conception of Capitalism, in Penelope Deutscher and Cristina Lafont eds., *Critical Theory in Critical Times: Transforming the Global Political and Economic Order*, pp.151-152.转引自汪行福:《"前庭"与"后院"——如何讲述一个完整的资本主义故事》,《马克思主义与现实》,2023年第2期。

本主义领域中,资本主义系统同时既依赖又破坏的不仅是人的再生产和社会化条件、自然和政治权力,也包括人的智力、语言、交往甚至个性和审美需求等。在此意义上,资本与'他者'的故事是一个开放的领域,资本主义批判是一个未完成的故事"①。也有学者结合中国式现代化指出,中国式现代化的独特优势恰恰在于坚持了兼顾"前庭"与"后院"的总体性原则。②

第三,在社会主义实践方面,我国学界对世界各国社会主义运动的多样化研究主要由以下方面构成:研究世界各国社会主义运动的历史与现状,分析其发展趋势和面临的挑战;比较不同国家社会主义模式的异同,探讨各种模式的优缺点;总结世界各国社会主义实践中的经验教训。③相较于第二大研究对象,近年来我国理论界在此方面的研究显得不够充分,目前具有影响力的代表性成果是北京师范大学出版社出版的"世界社会主义史丛书"。这套丛书以社会主义历史发展为主题,在内容上,以五百多年来社会主义发展历程中的重要事件、重要人物、重要思想为核心内容,突出道路与抉择过程。丛书第一部《社会主义思想:从空想到科学(1516—1847)》着重展现空想社会主义的产生和发展,以莫尔、康帕内拉、圣西门、傅立叶、欧文等空想社会主义者的变动为线索,梳理社会主义空想阶段的发展特色。第二部《社会主义运动:从理论到实践(1849—1917)》集中展现马克思、恩格斯如何将社会主义从空想变为科学,从理论到实践,开启拓荒之路。第三部《社会主义制度:从一国到多国(1917—1991)》以宏观视角展现社会主义发展由一国到多国的情状与特点,重点讨论了苏联和其他社会主义国家在这一时期的社会、政治和经济制度的发展和变革。第四部《社会主义革新:从地区到全球(1991—2013)》,以新时代社会主义发展的新局面为根基,展现社会主义发展变化的全新面貌。虽然丛书涵盖范围广,可以使人全面了解社会主义五百多年的发展史,但是对于社会主义运动之所以能兴起,以及为何在20世纪

---

① 转引自汪行福:《"前庭"与"后院"——如何讲述一个完整的资本主义故事》,《马克思主义与现实》,2023年第2期。

② 王静:《中国式现代化的总体性及其超越意义》,《马克思主义研究》,2024年第1期。

③ 陈之骅:《苏联兴亡史纲》,中国社会科学出版社,2016年;[美]大卫·M.科兹、[美]弗雷德·威尔:《从戈尔巴乔夫到普京的俄罗斯道路:苏联体制的终结和新俄罗斯》,曹荣湘等译,中国人民大学出版社,2016年。

80年代末陷入困境,为何在当代资本主义国家不温不火,甚至长期被边缘化的探究不够深入。在此方面,国内学界也在尝试取得突破,有从欧洲极右翼势力兴起的背景下分析左翼政党的发展现状及其困境,①也有探讨左翼政党如何更为合理地制定反抗资本主义的策略。②

四、21世纪世界马克思主义研究的主要问题

由于真正意义上的21世纪世界马克思主义研究在我国尚处于起步阶段,目前学界尚未就具体的研究主题形成普遍的统一意见,对主要问题的思考主要延续了我国国外马克思主义研究中对各种理论思潮的选择。尽管我国的国外马克思主义研究"从整体上看显得较为凌乱"③,主要表现在"依然停留在平面化地引进、评价国外马克思主义新思潮、新流派、新人物的理论观点的水平上",但不少学者已经意识到了这样的问题,并着手从方法论角度自觉反思如何凝练研究主题,如何真实地提出所谓我们的问题,进而具体展开相关的研究。王雨辰、韩秋红、张亮等学者均在此方面进行了深入的反思探讨。在反思21世纪国外马克思主义哲学研究方面,近年来的代表性成果有张亮、孙乐强等著的《21世纪国外马克思主义哲学若干重大问题研究》④。该书是国内首部系统梳理21世纪国外马克思主义哲学的专著,梳理了21世纪国外马克思主义的资本主义生产方式批判、经济危机、阶级、国家批判、民主批判、意识形态、生态问题、空间批判、女权主义、身份政治学及对中国道路的研究等重大问题。此外,还有孔明安概括出的当代国外马克思主义研究的十大前沿问题。他认为国外马克思主义的最新发展动态主要包括但不限于如下十个方面:当代意识形态理论及其"新"特征、数字资本主义与新帝国主义研究、消费社会与劳动价值论问题的新探讨、公平与正义问题

---

① 杨云珍:《极右翼阴影下的欧洲左翼政党》,社会科学文献出版社,2022年。

② 段忠桥:《侵蚀资本主义——赖特论21世纪反对资本主义的新战略》,《国外理论动态》,2022年第2期。

③ 王雨辰:《国外马克思主义研究方法论的自觉与方法论转换——从国外马克思主义流派评价到国外马克思主义理论问题研究》,《贵州大学学报》,2021年第1期。

④ 张亮、孙乐强等:《21世纪国外马克思主义哲学若干重大问题研究》,人民出版社,2020年。

的政治哲学研究、生态马克思主义、当代民粹主义及其"新"特征、法兰克福学派的社会批判理论及其新发展、生命哲学研究的兴起、后现代主义与后马克思主义思潮、空间批判与城市马克思主义研究。①

(一)聚焦三方面问题

在对国外马克思主义重大问题和最新动态的选取上,上述研究反映了我国21世纪世界马克思主义研究已经开始呈现出鲜明的反思特征,不再以"来者不拒"的猎奇心理揽收所有主题,而是有意识地开始在三个方面的问题上发力:如何整合世界马克思主义研究中庞杂的主题和纷繁的话语体系;如何以时代问题为导向,把握世界马克思主义的实践旨趣;如何自觉运用马克思主义的方法论,尤其是运用社会存在与社会意识的辩证关系来分析国外马克思主义理论范式的演变并评价其得失。

首先,在如何整合庞杂主题和纷繁话语体系方面,具体而言目前主要包括:第一,理论体系的梳理,将分散在不同学派、不同国家和地区的马克思主义理论按主体进行系统梳理,构建出一个整体性的理论框架。例如,有将西方马克思主义、东欧新马克思主义、中国化马克思主义等不同路径进行对比研究,找出其共同点和差异点,从而揭示马克思主义在全球范围内的发展规律,也有按马克思主义哲学、政治经济学批判与科学社会主义划分国外马克思主义的研究问题。第二,话语体系的整合,针对不同国家和地区的马克思主义话语体系进行整合,试图将其融入一个统一的理论话语中。第三,研究方法的整合,结合国外马克思主义研究中的不同方法,强调研究方法的自觉,进而试图形成具有中国特色的马克思主义研究方法论。

其次,如何以时代问题为导向,把握世界马克思主义的实践旨趣。在全球化、信息化和资本主义不断出现新变化的背景下,多数学者已经清醒意识到,马克思主义研究必须紧密结合时代问题,才能发挥其应有的理论指导作用。在如何以时代问题为导向方面,我国研究界目前主要从这三个方面入手:第一,密切关注当代资本主义的变化和21世纪的资本主义呈现出的新的

---

① 孔明安:《当代国外马克思主义研究的前沿问题述评》,《国外理论动态》,2023年第1期。

特征,如金融资本主义、数字资本主义的崛起,这些新特征对传统马克思主义理论提出了哪些新的挑战。我国学者在研究中充分关注这些变化,试图通过理论创新来回应这些新挑战。例如,针对数字资本主义的研究,学者们探讨了数字劳动、数字平台、流量经济和数字剥削等问题,试图揭示数字资本主义的本质及其对社会的影响。第二,探讨替代资本主义的另一种可能性。在对当代资本主义变化进行诊断的基础上,学者们更加注重探讨另一种可能性,即如何实现一种不同于资本主义的社会形态。这种实践导向的理论分析不仅深化了对马克思主义的理解,也为社会主义实践提供了新的思路。例如,在研究马克思主义与生态社会主义、生命政治学、身份政治等方面的结合时,学者们不仅关注理论层面的探讨,更注重这些理论在实践中的应用与创新。第三,我国21世纪世界马克思主义研究开始积极加强与国外马克思主义学者的沟通与交流,通过国际学术会议、合作研究等方式,推动全球马克思主义研究的共同发展,这种跨国合作跨学科的研究方式,有助于推动研究方法的多样化,从而能够更加全面地认知当代世界。

最后,如何自觉运用马克思主义方法论分析国外马克思主义理论范式的演变并预判其前景。我国学界目前主要从两个方面展开了探索:一方面是积极运用马克思的社会存在与社会意识之间的辩证法,阐述国外马克思主义的理论发展逻辑。一些学者注意到国外马克思主义的发展是不断解决各国社会历史问题的产物,"如果我们在引介这些国外马克思主义的时候,忽略了其特定的历史背景,仅从文本到文本做字面上的解析,那可能只是一种买椟还珠式的行为"[①]。在梳理勾勒20世纪与21世纪研究主题的基础上,夏莹指出21世纪西方马克思主义已经从分析"需要体系"基础上劳动与资本的对抗,转向了由"欲望体系"所构筑的主体生成性批判,而理解这一转向的重要视角是资本主义社会存在本身发生的巨大变化。[②]另一方面是注重结合中国的实践经验,探索中国特色的马克思主义理论创新。例如,通过研究中国式现代化的理念、制度和实践,指出中国式现代化的理论创新不仅有助

---

① 蓝江:《创新国外马克思主义研究范式》,《中国社会科学报》,2023年9月2日。
② 夏莹:《当代西方马克思主义思潮的嬗变及其核心问题意识》,《浙江社会科学》,2024年第1期。

于解决中国的实际问题，更为全球马克思主义研究提供了新的视角和方法。

（二）呈现两个视角

综合这三个方面，可以看出我国21世纪世界马克思主义研究总是伴随着两个视角：一种是客观审视的视角，此视角主要关注的是对资本主义新变化的诊断以及对如何走向"另一种可能性"的讨论；另一种是作为参与者的主观视角，此视角主要关注如何转化世界其他国家的马克思主义思想资源来为我所用。尽管有视角的差异，但是其共同的特征都具有明显的实践导向，这种实践导向的理论分析反过来又会影响人们对马克思主义的理解以及对我国社会主义建设中面临的问题的新理解。

例如，当资本主义社会的实践被置于研究的中心后，人们更倾向于把马克思主义理解为实践唯物主义，而且强调一种广义上的"实践"概念，这种广义上的"实践"概念包括道德伦理实践及受社会规范引导的社会经济交往等实践，因而"当代马克思主义要有效地介入现实并展现其理论价值，就必须在两个方面继承和发展马克思主义：一是把经典马克思主义的资本主义批判加以扩展，不仅要考虑资本主义社会中生产力、生产关系和政治权力等核心因素的作用，而且考虑现代性中生态关系、性别模式、族性模式、文化系统等其他因素的作用；二是不仅要看到经典马克思主义所强调的劳动和生产解放的核心意义，而且意识到性别平等、自然解放、社会团结、价值认同和个体独特性等新的社会要求的合理性"①。换言之，从思考替代资本主义的"另一种可能性"的方面来看，这种实践唯物主义会走向强调21世纪的革命实践不能再仅仅依赖传统的工人阶级斗争，而应联合更加多样化的社会运动，包括环保运动、女权运动和反资本主义主导的全球化运动等，这些运动在不同层面上挑战了资本主义的统治，试图通过建立新的社会关系和新的生活方式，推动社会变革。

在对时代问题的探究上，这种以实践为导向的新理解会开展出对马克思主义的新理解。例如，马克思的市民社会理论在这种导向中会变得越来

---

① 汪行福：《国外马克思主义历史与现状的思考》，《哲学动态》，2018年第10期。

越重要,近年国内学界确实在此方面产出了重要的研究成果。例如,张双利通过细致阐述黑格尔和马克思如何认识与解决市民社会的非伦理性问题(她称之为"黑格尔-马克思问题")指出:"'黑格尔-马克思问题'并不仅仅是属于黑格尔和马克思他们那个时代的问题,它是直至今天依然还在困扰着我们的根本难题。"借助于"黑格尔-马克思问题",她还初步勾勒了马克思之后的历史发展脉络,认为"这之后170多年的历史都是对这个难题的不断回应"。一方面,资本主义的三次重要转型均可以视为对这一问题的不成功的解决方式;另一方面,中国的社会主义改革,也可以被视为重新探索解答"黑格尔-马克思问题"的现实道路。①以这个问题为线索也能勾勒国外马克思主义的发展逻辑,这种发展可以被视为徘徊于承认或否定"黑格尔-马克思问题"两极之间。承认这一问题意味着赞同当代的时代问题是如何处理市场对社会共同体、对全球共同体、对自然的破坏性瓦解,否定这一点意味着市场的存在并非时代的问题,市场发展不充分才是问题的根源。承认"黑格尔-马克思问题"的有早期批判理论、生态社会主义、当代激进左翼,如大卫·哈维、南希·弗雷泽等人;否认"黑格尔-马克思问题"的有当代新自由主义思潮,马克思主义阵营内部的有分析马克思主义,代表人物如约翰·罗默等强调通过精细的经济分析和理性选择理论,探讨如何在资本主义框架内实现更公平的分配和更高的效率。总之,对时代问题的探究是21世纪世界马克思主义研究的重要组成部分。通过承认或否认"黑格尔-马克思问题",不同学派对当代资本主义的发展和革命实践的可能性提出了不同的理解和回应。中国学者在这一领域的研究不仅丰富了马克思主义理论的发展,也为世界马克思主义研究提供了新的视角和经验。

五、结语

我国21世纪世界马克思主义研究整体上已经摆脱了"唯我独马"的研究立场,能在世界历史的普遍视角中,做到中外马克思主义的互通互鉴,从而

---

① 张双利:《重思马克思的市民社会理论》,《学术月刊》,2020年第9期。

主张马克思主义是"复数"而非"单数"。研究立场上的变化,使得21世纪世界马克思主义的研究更注重问题导向,更注重如何直面当代世界的新变化,更积极汲取国外马克思主义思潮在此方面的研究成果,例如国外马克思主义者的新自由主义批判、数字资本主义批判、日常生活批判、市场社会主义理念等。这些研究成果有助于我们更深刻地认识资本主义,更积极地探索取代资本主义社会的"另一种可能性"。尽管取得一些重要的成就,我国21世纪世界马克思主义仍然存在一些亟待解决的难点和挑战:首先,受限于研究队伍数量,我国21世纪世界马克思主义研究不可能真正在地理意义上做到"全覆盖",那么进行取舍的标准是什么?是沿袭传统西方马克思主义的老路,主要关注发达资本主义国家的马克思主义,还是另辟新路主要关注第三世界的马克思主义?其次,受语言的影响,目前对于少数语种国家的马克思主义缺乏深入的研究,相关译介也屈指可数。最后,重理论轻实践,绝大多数研究仍然倾向于探究理论问题,对于资本主义批判的现实策略、社会主义政党在各国发展的策略,以及我国马克思主义者如何与各国马克思主义者共同推动社会主义事业的发展策略,也都缺乏相应的实证研究。总之,我国21世纪世界马克思主义研究在研究原则与方法、研究对象及主要问题上基本达成了共识,但是仍需进一步推动研究走深、走实。

分报告四
对西方马克思主义史学的研究

尽管马克思主义在西方资本主义国家受到敌视,但其仍是西方世界进行史学研究的重要理论资源,这充分展示了马克思主义作为科学的世界观和方法论在历史研究中的重大理论张力与生命活力。西方马克思主义史学作为继马克思主义经典作家而起的史学劲旅,是西方各国马克思主义史学学派的总称。尽管区域性史学流派在发展规模、研究领域、学术水平和史学家素质等方面不尽相同,甚至迥异,但这并不妨碍国内史学家群体把它们作为一个集合进行考察,并梳理出其具体发展势态。就学术史而言,中国学者较翔实地介绍了西方马克思主义史学派主要的研究领域和学术成就。总的来看,中国史学界研究西方马克思主义史学取得了一些可喜成绩,涌现了一批优秀研究人才以及学术成果,《八十年代的西方史学》(1990)、《西方史学史》(1993)、《当代西方史学理论》(1996)、《现代西方史学》(1996)、《当代西方史学流派》(1996)、《现代西方史学思潮评析》(2006)、《西方史学史》(2000)、《二战后欧美史学的新发展》(2005)、《史学之魂——当代西方马克思主义史学研究》(2011)、《西方史学史研究导引》(2011)、《马克思主义史学思想史》(2015)等著作代表了西方马克思主义史学研究的总体水平。有的着重分析了西方马克思主义史学的转型和影响,有的重点分析了其他史学流派的传入及其对中国马克思主义史学的价值。此外,分散在学术期刊上的文章从不同专题回顾了西方马克思主义史学的演变和未来走向,大致可以分为以下专题:"马克思主义史学与西方史学的渊源""马克思主义史学遗产的继承发扬""西方马克思主义史学的具体流派""西方马克思主义史学研究范式的批判反思""中西方马克思主义史学同质性与异质性的比较分析""西方马克思主义史学的全球化发展趋势"。

一、对经典马克思主义史学与西方史学"谱系"的溯源

一些知名学者(如张广智等)①从"史学关联"的视角,阐述了马克思主义史学奠基人与西方史学的渊源。在他们看来,马克思主义史学发展史在某种程度上即马克思主义史学与西方史学的关系史;反之,现当代西方史学(现当代西方资产阶级史学)的发生与发展、成就与特点、方法与问题,也离不开与马克思主义史学史的相互牵缠与交互。按照列宁的说法,马克思主义是"吸收和改造了两千多年来人类思想和文化发展中一切有价值的东西"②的结果,那么马克思主义史学也是如此,是在批判继承西方史学(尤其是近代西方资产阶级史学)的基础上不断革新而来的。要讨论马克思主义史学与西方史学的关系,有必要对其创始人(马克思和恩格斯)与西方资产阶级史学的关系有所了解。马克思和恩格斯受过良好史学教育,谙熟西方史学著作,他们曾对包括西方古典史家(历史哲学家)直至他们同时代的许多一流史家及其作品有过评论,德国古典哲学家、法国启蒙思想家、空想社会主义者、英国经验主义学者的诸多史观与史著都是马克思和恩格斯汲取有益思想精华的源头。譬如,法国王朝复辟时期的资产阶级历史学家关于阶级斗争的学说,就是马克思唯物史观的重要思想源泉之一。正如马克思自己所说:"无论是发现现代社会中有阶级存在或发现各阶级间的斗争,都不是我的功劳。在我以前很久,资产阶级历史编纂学家就已经叙述过阶级斗争的历史发展……"③

关于马克思主义史学创始人与西方史学之间的关联,仍旧大有文章可做。这就启示我们,马克思主义史学是在批判继承前人思想遗产和与其他各种理论学说的互补创新的基础上发展起来的。在被历史学家称为"历史学世纪"的欧洲19世纪,不仅有丰赡的西方资产阶级史学(以兰克为代表),也有幽深的马克思主义史学(以马克思为代表)。二者在对立与交互、较量

---

① 张广智:《马克思主义史学与西方史学》,《历史教学问题》,2006年第4期。
② 《列宁选集》(第四卷),人民出版社,2012年,第299页。
③ 《马克思恩格斯文集》(第一卷),人民出版社,2009年,第106页。

与交流中构成了20世纪国际史学的两大潮流。具体来看,自19世纪40年代经典马克思主义史学诞生以后,它与西方史学大致经历了从"对峙"到"接近"最后到"对话"的历史过程,二战后世界史学的发展事实有力呈现了二者之间既矛盾而又融通的关系,也体现了马克思主义史学从幼稚不断走向成熟。

首先,马克思主义史学与西方史学的对峙。19世纪40年代到1917年俄国十月革命期间,马克思主义史学与西方资产阶级史学基本处于相互冲突对峙的阶段,尤其是后者对前者的敌对。马克思主义史学在其诞生后的一段时间内,几乎没有姓名,这遭到了西方资产阶级史学家的质疑、歪曲与排斥。究其根本原因,是由于1848年以来整个欧洲大陆(包括沙皇俄国)对马克思主义和共产主义的仇恨态度,高等学校的历史研究和教学中完全没有马克思主义史学的影子,加之人数就不占优势的马克思主义史学家(尤其是梅林)遭到了严厉的打压,马克思主义在萌芽之后一段时间都被"当成流行的崇拜实证主义的变态形式,是一种特别有害的形式"①。

其次,马克思主义史学向西方史学的接近。随俄国十月革命的胜利,社会主义制度在俄国建立起来,马克思主义的学术地位、政治地位得到显著提高,西方史学对马克思主义、共产主义思潮的态度逐渐缓和,二者之间出现了对话的萌芽。而早在俄国十月革命之前,美国两位史学家塞利格曼和鲁滨孙就在其著作中提及了马克思史学思想的影响。塞利格曼在1902年出版的《历史的经济解释》一书中特别讨论了唯物史观对学者思想和扩展历史学与经济学概念方面的有益影响。②作为美国新史学学派代表人物的鲁滨孙指出,对科学的历史学做出巨大贡献的是一个非职业的历史学家,而是一位哲学家、经济学家和社会改革家。③这两位历史学者对马克思或唯物史观的评价,虽然也还不够科学和全面,但已经表明西方史学界对马克思主义史学的敌对态度出现了松动。而到俄国十月革命尤其是1929年经济大危机爆发

---

① [英]杰弗里·巴勒克拉夫:《当代史学家主要趋势》,杨豫译,上海译文出版社,1987年,第31页。

② 转引自庞卓恒:《唯物史观与西方史学的危机与变迁》,《世界历史》,1984年第4期。

③ [美]詹姆斯·哈威·鲁滨逊:《新史学》,齐思和等译,商务印书馆,1964年,第vii-viii页。

后,西方世界愈发认识到马克思对资本主义所作的正确历史判断和马克思主义巨大的时代影响力,其对马克思主义史学的态度有了更进一步的改善。

最后,马克思主义史学与西方史学的对话。二战后,随着马克思主义史学的蓬勃兴起,它已经成为西方世界,尤其是欧洲社会中一支强劲的史学思潮,与西方各史学思潮的融通、对话逐渐成为主流。这一时期,马克思主义史学思潮的"谱系"广泛得到延展,与西方史学思潮的融合发展愈发明显,其中与法国年鉴学派的相互交织最具代表性。年鉴学派的创始人之一费弗尔就说:"任何一个历史学家,即使他从来没有读过一行马克思的著作……也不可避免地要用马克思主义的方法来思考和了解事实和例证……"①第二代、第三代代表人物布罗代尔、勒高夫则直接深入研读马克思的著作,认为马克思是新史学的大师之一,他的相关史学思想使得年鉴学派逐渐转向阶级史、政治史、人物史的研究。自此以后,马克思主义史学的发展势头日益强盛,形成了独具特色的四大脉络:第一脉是以梅林、拉法格等为代表的经典马克思主义史学遗产,第二脉是苏联范式的马克思主义史学,第三脉是西方马克思主义史学,第四脉是中国化马克思主义史学。

二、对继马克思、恩格斯而起的西方马克思主义史学的系统性概述

西方马克思主义史学是当代西方最具影响力的史学流派之一,它是战后世界形势变化在学术领域的自然反映,也是西方史学界摆脱传统史学危机的重新定向,更是对苏联僵化了的、教条化的马克思主义史学批判的产物。西方马克思主义史学尽管是对时代品格的个性彰显,流派众多,观点迥异,无固定的学术研究团体,但也有着一些共同点。中国多数学者都同意"西马亦马",认为西方马克思主义史学是对经典马克思主义史学的脉络承接,自《德意志意识形态》而起的唯物史观成为西方马克思主义史学家批判

---

① 〔法〕吕西安·费弗尔:《技术、科学和马克思主义》,转引自〔苏〕阿法纳西耶夫:《"年鉴"学派基本理论的演变》,李君谨摘译,《国外社会科学》,1982年第5期。

苏联教条化马克思主义时所遵循的主要原则,唯物史观作为其历史研究的起点,从精神和文化领域触及了马克思主义史学未曾关注的研究领域。二战之后,这股史学思潮立即成为与法国年鉴学派、美国社会科学新史学派并列的三大新史学流派,其影响力从欧洲辐射至北美,最终形成了一支以英国马克思主义史学流派为代表的西方史学思潮。

首先,对西方马克思主义史学基本情况展开探索。就形成时间而言,张广智等人一致认为,西方马克思主义史学最早可以追溯至20世纪20年代,尤其是1923年卢卡奇的《历史与阶级意识》的发表直接开启了西方马克思主义史学研究。就形成条件而言:一是时代变革,尤其是二战后世界政治与经济的变迁,两大国际对立阵营的对峙;二是马克思主义变革,20世纪50年代国际共产主义动荡,斯大林式马克思主义招致严重挑战;三是西方史学变革,西方新史学思潮与同时代的西方的社会实践相关联,在一定程度上,西方马克思主义史学与西方新史学同属一个范畴。加拿大新马克思主义史学的集大成者布莱恩·帕尔默认为:"西方马克思主义在(20世纪)60和70年代产生影响的原因是复杂的,有多种。从基本上说,这是一个社会历史动员和社会对抗运动的时期,是一个历史变迁的时期,而这些在历史学中得到反映。历史学通过社会史学家向马克思主义敞开大门。这些社会史学家研究普通人民和为了配合当前的社会动荡而强调研究历史上的斗争和反抗。"[①]西方马克思主义的这种研究取向既与经典马克思主义史学接轨,又与二战后出现的新史学潮流不谋而合。就概念界定而言,一是从世界观与方法论出发,认为马克思主义史学在西方并非居于官方的、指导性的意识形态地位,只是作为一种非世界观的方法论而存在的;二是从如何分析和解释各层次的历史现象对历史事件或历史过程所起的作用和影响出发,认为西方马克思主义理应既符合西方的政治立场和意识形态,又考察其在学术上是否坚持马克思主义的基本原理;三是从内涵与外延出发,认为西方马克思主义史学的范畴既要包括共产党员、社会党员,也要包括左派和激进力量,还要进一步拓宽视野,除了那些根本反对或攻击将马克思主义用于历史研究的

---

① 陈启能:《马克思主义史学新探》,社会科学文献出版社,1999年,第277页。

之外,凡是采取赞成的、讨论的、商榷的态度把马克思主义用于历史研究的,都应包括在西方马克思主义史学范围之内。总之,国内学界一致认为主要用经典马克思主义理论、方法研究具体历史问题,也有着丰富理论创见的西方史学思潮都应该被纳入西方马克思主义史学流派的具体史学范畴。①

其次,从西方马克思主义史学"普遍发展态势"视角展开对主要特征的讨论。国内学界归纳总结了西方马克思史学的三条共性:一是态度经由教条式马克思主义转向批判反思,这条共性与上文有重合部分,故此不再赘述。二是研究视角和研究方法经由狭窄、单一转向多领域、跨学科。一方面,当代西方马克思主义史学家普遍主张采用跨学科与多学科的研究方法将西方马克思主义基本原理与社会学、政治学、经济学、人类学、传播学、心理学、文化学、民俗学、精神学等学科都建立联系,这一点也与其他"新史学"倡导的研究方法相一致。但西方马克思主义史学与那种见"物"(规律、局势、曲线、制度、结构、活动)不见"人"的"新史学"形成了鲜明的对照。另一方面,西方马克思主义史学把宏观分析与微观考察有机结合。他们认为社会是一个复杂有机的整体,因此,以逝去的社会为研究对象的史学家必须树立总体史观,开展宽领域、多层次、全方位研究,尽力展现社会历史的全貌。三是史学取向经由"自上而下"转向"自下而上"。受到英国马克思主义史学家"从底层向上看"理论方法的影响,西方马克思主义阶级历史学家普遍采用"自下而上"的历史研究方法,致力于构建普通大众或下层阶级的历史。这种以广大下层人民群众为主体反映人类社会发展动力的历史被称为"自下而上的历史"(on history from below),也有学者称其为"从下往上看"的历史学。②"自下而上"的历史概念包括两个层面的含义:第一方面指以"自下而上"的历史观念为指导的历史研究方法或学术研究视角,第二方面指一个新的历史研究领域或对下层阶级的行为、价值观和思想体系的反思。

这种低层次的历史研究的基本前提是,抛弃以美化统治权威或实用主义为目的的传统史学编纂动机,弱化以直接创造历史的所谓杰出人物为重

---

① 张广智:《史学之魂》,复旦大学出版社,2011年,第6~7页。
② 梁民愫:《英国新社会史思潮的兴起及其整体社会史研究的国际反响》,《史学月刊》,2006年第2期。

点的精英史或重大历史变迁的历史描述,真正关注人民群众的生活经历和思想意识,并运用"自下而上"的技术研究手法,书写大众的历史面相。①实际上,从法国大革命爆发到20世纪50年代初,传统史学从来没有真正意义上注意人民群众的历史,更不用说去详细考察底层民众的思想意识了。20世纪50年代至70年代激进社会运动掀起的新社会思潮不断冲击着史学界,时代的巨大变化在不同派别的历史学家心中激起了同样的回响。"关注平民的意识形态和社会底层的话语"②是西方马克思主义史学最明显的特点之一,且得到了真正的发展。历史从法国向欧洲其他国家的传播,特别是关注底层工人运动史研究与写作的马克思主义史家,突破了研究工人运动本身的狭隘视角,全面推动了底层史学的发展。对此,英国著名历史学家霍布斯鲍姆比喻说:"许多下层公共历史就像古代耕地的遗迹。它似乎和许多世纪前耕种土地的人们一起消失得无影无踪。然而,每个航空摄影师都知道,在某种光线下,从某种角度来看,这个被遗忘已久的脊背和犁沟是可以辨认出来的。"③简言之,西方马克思主义史学家群体基于"自下而上"历史视角的底层史学研究,试图唤醒较低层次群体被忽视的记忆。通过关注公众或人民的生活、经历和活动,将注意力从精英或统治阶级转移到普通人身上,重新认识人民群体的历史地位。按照这种说法,阶级分析方法与底层研究之间逻辑缜密并互为关联。

就以上情况而论,国内学界对西方马克思主义史学缺乏总体研究与比较研究。在有关西方马克思主义史学的系统研究中,张广智的《史学之魂》一书论述了20世纪50年代以来英国、法国、德国、美国、加拿大等范围内西方马克思主义史学的历史理论、史学观念及其他相关内容,是第一部研究当代西方马克思主义史学全貌的集成之作,将西方马克思主义史学精细化研究向前推进了一大步。这本书力在敦促中西方的马克思主义史学研究需要

---

① E.J.Hobsawm, History from Below, in Frederick Krantz, ed, *History from Below*, *Studies in Popular Protest and Popular Ideology*, Oxford:Basil Blackwell, 1988, pp.201−216.

② Harvey J.Kaye, *The British Marxist Historians*, *An Introductory Analysis*, Cambridge:Polity Press, 1984, p.129.

③ E.J.Hobsawm, History from Below, in *On History*, New York:The New Press, 1997, pp.202−209.

摒弃相对独立的研究范式，将其作为一个整体加以研讨。尽管这种"贯通"研究困难重重，但中国学者仍然秉承中国史学研究的优良传统，致力于马克思主义史学思想的整体性研究与通史性编纂。《马克思主义史学思想史》就是这样一部贯通性的史学成果。该书共六卷、二百多万字，历时近十年而成，在马克思主义史学发展史上具有填补空白的学术地位，是国际史学界的里程碑式巨著。其中第五、六卷则分国别论列了英国、法国、意大利、德国、美国、加拿大、苏联、东欧、日本等西方马克思主义史学思想的起源与繁衍、传播与嬗变、危机与前景，真实展现了唯物史观与各国历史研究实际相结合的程度及其在各国所处的境地。[1]这两部对西方马克思主义史学整体性的"初探"，为后继者进行系统而又缜密的研究提供了重要的二手参考文献。

三、对学院派和国别派马克思主义史学的入境式讨论

二战以后，马克思主义史学在英国、法国、美国、德国、意大利等国展现出强大的生命力，涌现了一批优秀的史学家团体和史学著作。其中，英国马克思主义史学成就最为抢眼，它以理论见解独到、学术成果卓著和不忽视历史学现实关怀而成为国内史学界重点关注的对象。以乔瑞金为代表的山西大学英国马克思主义研究团队的学术成果最为喜人，其研究范围最广，研究层次最为深入，接连贡献了一大批深潜之作。[2]对英国马克思主义史学的研究在一定程度上也说明国内西方马克思主义史学研究的现状。在这些研究者看来，英国马克思主义史学家群体的共同理论传统大体展现了西方马克思主义史学的整体理论取向和价值旨归。具体来看，国内学界对英国马克思主义史学研究的重点包括以下四个方面：

一是认为英国马克思主义史学突破了传统"经济-上层建筑"的机械物

---

[1] 曹小文：《马克思主义史学全球化的中国探索——评〈马克思主义史学思想史〉》，《中国史研究》，2018第3期。

[2] 该团队研究成果丰硕，仅列举近几年较有参考性的成果：《21世纪英国马克思主义的资本主义政治批判管窥》(2022)、《英国文化马克思主义社会变革思想的方法论意义探析》(2022)、《英国新马克思主义文化意识形态思想探析》(2019)。

质决定论,主张文化等因素对于社会历史的影响。以爱德华·汤普森为主要代表的英国马克思主义史学家群体,强调在整体社会史的视域中重新追溯工人阶级的形成历史。其中《英国工人阶级的形成》一书直接奠定了汤普森在西方史坛,尤其是英国马克思主义史学界的地位,由此直接开启了新史学社会文化转向的先河,成为文化马克思主义的重要创始人。汤普森最富有贡献性的思想当属从文化视角研究社会历史。在对英国工人积极的阶级意识和阶级塑造过程的溯源中,汤普森认为工人阶级的形成并非经济、技术等物质因素变革的自然反应,而是工人阶级本身所内含的思想文化传统、宗教信仰、风俗习惯塑造了工人阶级;同时汤普森也从底层史学的视角出发,论述了工人的文化传统以及其主观能动性(行为文化)对资本主义的"市场经济"、组织制度、机器剥削、精英统治等发起的攻击,进一步彰显了文化意识在历史发展的重要性。这里,汤普森通过"共同的经历"修正了马克思关于阶级形成的经济表述,在马克思看来,经济和技术的变化导致了生产方式的变革,不同的阶级意识随之而起。简言之,阶级意识就是阶级经验的内化形式,即是由人们出生时就进入的生产关系所决定的。但汤普森认为阶级意识实际是用文化方式加以处理之后的阶级经验,因此阶级意识的形成并不直接源自生产关系的变革,而是根植于工人阶级共同的、深厚的思想文化传统。但这并不意味着汤普森忽视经济因素对阶级形成的影响,他只是在传统的"经济-上层建筑"中更加强调文化因素罢了。正如凯·哈维对汤普森的中肯评价所言:"阶级归根结底是男男女女生活在他们的生产关系之中,他们在'社会关系的整体'中,带着自己的文化传承和期待,经历了一些决定性的事件,他们又以文化方式把握这些经历。"[①]这一论述极好地说明了汤普森对于"经济-上层建筑"相互辩证关系的强调。

二是认为英国马克思主义史学家团体从"由上至下"的上层史学观念转向了"由下至上"的底层史学观念。19世纪末至20世纪初,传统的非马克思主义"底层史"或"人民史"构成了英国马克思主义史学观念的重要思想渊

---

① Harvey J. Kaye, The British Marxist Historian, *An Introductory Analysis*, Polity Press, 1984, p.201.

源。这一时期，英国诸多历史学家开辟了对人民群众历史重点着墨的书写传统，最具代表性的当属约翰·格林、莫尔顿、哈维·凯、萨缪尔等人从不同视角特别提及"人民的历史"这样的词。毋庸讳言，从莫尔顿到当代英国马克思主义史学家群体，不可避免受到这种底层史学理论的影响，汤普森、希尔、希尔顿、霍布斯鲍姆等老一代马克思主义者就是沿着这条思想路径从事并延展"自下向上看历史"的社会整体史研究，其中文化史观、阶级斗争史观、日常生活史观成为他们书写"人民史"的重要向度。譬如，希尔注重从文化精神领域探究英国革命与社会变迁的关系。希尔顿集中于通过马克思主义经济史的分析路线，深入讨论中世纪底层民众阶级状况。霍布斯鲍姆擅长运用阶级斗争分析的方法，探讨劳工运动与资本主义发展的关系。爱德华·汤普森从社会文化角度考察工人阶级的阶级意识和阶级形成的历史，不仅开启了底层史学研究的新维度，而且也推动了新社会史和新劳工史转向文化史研究的新范式。相较于老派史学家群体，新派马克思主义史学家群体，又称"新左派"（威廉斯、霍尔、安德森、伊格尔顿等）在资本主义民主制度和苏联社会主义双重失败的社会浪潮面前，从文化实践与政治实践退居思想象牙塔，从事纯粹的史学研究。其中，威廉斯作为文化唯物主义的集大成者，最早从英国文学研究对利维斯等精英文化观发起挑战，探究了作为知识和艺术一般意义的"文化"概念及文化的实践意义，是一种具有人类学意义的整体生活方式，这对于彰显普通民众在历史创造中有重要意义。霍尔主张对占支配地位的文化范式进行政治挑战，并对霸权政治进行文化挑战，从而催生了"文化研究"这一新的研究领域。安德森主张在具体的文化传统、意识形态情境及文化霸权范式中考察社会群体（工人阶级、农民阶级）对社会历史发展的影响，进而对英国社会主义领导力量的过去、现在和未来进行澄明和分析。伊格尔顿站在语言分析的视角批判了附着在文化文本的意识形态本质，强调普罗大众的崛起和政治抵抗的可能性以为寻求人类的革命进程与人类的自由解放提供路径启发。总之，英国新旧两派马克思主义史学家群体尽管研究领域各有迥异，但始终遵循着"自下而上"的历史观念或撰史原则，为历史上长期被边缘化的人民群众争得了一席之地。

三是认为英国马克思主义史学家团体继承和发展了阶级关系和阶级斗

争理论。尽管英国马克思主义史学没有固定的研究机构、研究方法和研究领域,但他们都遵循着整体社会史的研究取向,对马克思主义作出了独具特色的全新解读。需要注意的是,各具体学派虽没有统一的研究范畴,但关于阶级理论、阶级斗争和阶级分析始终都是各派史学家难以忽视的重要问题域。老派马克思主义史学家开创性地以"自下而上"与"自上而下"的二元视角考察社会历史,特别是从社会文化的维度对底层工人阶级、农民阶级整体生活经历的详尽论述,正是对马克思主义阶级分析理论的创新性发展与创造性转化。汤普森对工人阶级形成的文化学阐述,霍布斯鲍姆对阶级分析理论的经济学解释,希尔对17世纪英国革命中阶级对抗、阶级冲突和阶级斗争的关注,希尔顿则主要讨论英国封建社会农民的阶级地位、经济状况及封建主义危机、封建主义向资本主义过渡等问题。这些史学家力图打破以往传统的历史研究方法,提倡从不同的视角解读马克思主义的史学观点,对后世马克思主义史学家产生重要影响。当前,在资本主义危机的背景下,英国新派马克思主义史学家或左翼学者寄希望于新社会运动,由此他们极其关注工人阶级的问题。一方面,他们认为工人阶级的反抗意识是缓解资本主义危机的有效途径,全局性的阶级斗争也许会为新社会变革与人类解放贡献有效方案;另一方面,他们也认识到现有工人阶级本身所面临的内在困境与现实挑战,实际上是难以支撑起社会革命所需要的各关键要素的,因此主张回到马克思,重新理解马克思,找到真正影响社会主义新社会建构的本质根源。

四是认为英国马克思主义史学研究范畴逐渐扩展到新社会史领域。英国马克思主义新社会史的兴起一方面源自与法国新社会史学(年鉴学派)的长期互动,比如霍布斯鲍姆就深受年鉴派结构主义社会史本体论、认识论和方法论的影响,爱德华·汤普森等人的新社会史学——"自下而上"底层史学观念与提倡从大众日常生活着眼的年鉴学派社会史学就是相互交叉的关系。在此影响下,英国马克思主义者尤为关注文化研究与文化批判,伯明翰当代文化中心的霍加特、汤普森、霍尔、威廉斯等人被称为文化马克思主义者。具体来看,他们将文化史研究置于总体史或整体史观的框架中进行,把文化研究放在"经济–社会–思想"变化的总格局中进行考察,直接开启了英国新社会史与新劳工史(工人阶级史)的新阶段,形成了社会史研究的新文化语境,为世界史学思潮的发展提供了独具特色的研究视角。具体来看,汤普森·爱德华借助文化的"广义"概念,对包括物质文化、制度文化、观念文化和行为文化在内的文化范畴进行研究,将其还原到普通民众的层面,实现了大众生活文化的复归,从而拓宽了社会史的研究领域。霍布斯鲍姆则立足整体社会史方法,聚焦劳工运动领域、下层民众的社会反抗、社会革命运动、社会文化现象及世界社会历史运动过程,系统地丰富了社会整体史观的研究内容。威廉斯的文化史从文化分析的视角出发,通过对英国特定历史时期的文化内涵的反思,主张建立"共同文化"(指创造一种集文化经济学、文化政治学、文化教育学等为一体的文化史书写范式)以作为构建人类社会历史的基本文化因素和文化变迁途径,这从某一侧面延展了新社会史的新范畴。体察英国马克思主义史学家关键人物关于文化史的重要论述,更清晰地看到他们的文化叙述对社会历史存在的自由表达,似乎可以为全面展示英国马克思主义史学的整体史学样貌提供一些帮助。

　　总而言之,就目前我国对英国马克思主义史学研究的成果来看,主要呈现两个特征:其一,关于英国马克思主义史学主要代表人物汤普森、霍布斯鲍姆、希尔和希尔顿等人的评述性和个案性的成果多,但缺乏较系统的比较研究成果。其二,研究对象的时间跨度多集中于20世纪50年代至70年代的理论发轫期,较少涉及80年代以来特别是90年代以后的新史学思潮。由对英国马克思主义史学的研究趋势可以反观西方马克思主义史学的研究样貌:一是关注西方马克思主义史学的历史理论渊源和形成条件,二是关注西方马克思主义史学流派的具体界定标准,三是关注西方马克思主义史学的研究方法,四是关注西方马克思主义史学与非马克思主义史学思潮的关系。

　　除此之外,法国、美国、德国、意大利和加拿大等国的马克思主义史学也逐渐进入国内学界视野。尽管国内对西方马克思主义史学的研究较80年代而言已极大丰富,但研究成果或侧重于史学家介绍和著作引荐翻译,或着重系统梳理思想发展脉络、整体面貌等较为宏观的部分,入境之作、比较研究仍较为稀见,比如西方各国间马克思主义史学家代表的史学思想比较研究,或一国内部马克思主义史学家史学思想的实践方面的比较研究,等等。此外，西方马克思主义史学与非马克思主义史学派别间有关研究方法、基本观点和发展趋势诸方面的比较分析也显得不足。

四、对西方马克思主义史学研究范式的批判反思

反思和建构人类优秀思想文化谱系的重大课题，无疑需要从中国视野出发，比较研究二战后全球马克思主义史学理论及史学史的基本文献。"从长时段、跨地域和多学科的要求看，关键是系统探讨有关二战后全球马克思主义史学理论体系与范式转换的整体性研究和深入性成果。具体而言，国内史学研究要从整体和个体、国别与区域、世界与中国的观照角度，以撰写全球马克思主义史学群体与史学流派、史家个体与史学思想、史学理论与史学实践等为重点内容的综合性著作。在实际具体的研究过程中，研究者自然需要充分考虑域外马克思主义史学与中国马克思主义史学的各自特征，尽可能地把域外历史理论及史学理论的基础研究与我国马克思主义史学发展实践紧密地结合在一起，进一步为中国马克思主义史学的发展提供可资借鉴的史学类型和思想资源。"①西方马克思主义史学是当今国外史学思潮中的重要一环，其发展本身就是历史学发展的重要环节。随着社会变革，西方马克思主义史学必然出现新的趋势，历史学家也会不断更新他们的理论思潮。那么，将眼光投射到西方新马克思主义史学家群体身上，也必然推动中国马克思主义史学呈现出更加多元、全新的景象。因此，就应该在多角度、多层次、全方位的指导思想下，发掘新史料，运用新方法，努力探究西方马克思主义史学的新理论成果。

首先，应该注意西方马克思主义史学主题在历史认识过程中是如何应用一定思维方式和历史理论去解构把握历史客体的过程。马克思主义的经典作家对历史的过程性作过精确的表述。马克思指出，现代资本主义社会"不是坚实的结晶体，而是一个能够变化并且经常处于变化过程中的有机

---

① 梁民愫：《全球思想史与史学史视域下的第二次世界大战后马克思主义史学路向》，《史林》，2022年第4期。

体"①。恩格斯则指出,"世界不是既成事物的集合体,而是过程的集合体"②。问题的关键在于如何把握历史过程的本质。而关于马克思主义经典作家对历史过程本质的认识,马克思主义的后继者主要有两种看法:一种观点认为,人的自我实现、自我认同和自我最终到达全面而自由的发展的总过程构成了马克思历史过程论的本质;另一种观点主张社会历史的发展变化是马克思历史过程论的本质。西方马克思主义者比较推崇前一种观点,尤其是人道主义倾向的历史过程观成为他们的重要着墨领域。例如,第一批代表人物之一的布洛赫就提出"寒流"(冷静的、客观的政治经济学分析)与"暖流"(道德的、精神的人文主义分析)学说以说明马克思的历史倾向。在他看来,马克思更倾向于"暖流",因此他的历史观更多是对"历史人"的追寻。受到这种思想的影响,法兰克福学派的施密特更加重视主体在历史发展中的能动性,在他看来人的意志的活动或社会关系对于研究历史运动规律有重要价值。③萨特则强调了其辩证理性存在于历史自身中,人是历史辩证法的基础;辩证理性把个人与个人、个人与集体、个人与社会之间的交互作用看作一个辩证过程,以此理解人的行为和历史。④爱德华·汤普森更是明确指出马克思的历史学不可能是某种科学意义上学说,如果将历史学看作"科学"的话,则有陷入于事无补和含糊其词的境地,而马克思本人也明确知道历史是缪斯女神,也知道构成历史知识的是人文科学。⑤由此可知,西方马克思主义者更多是坚持人道主义的历史观的,他们肯定的历史是有目的的人的活动、是个性的自由全面发展的历史过程。但需要言明的是,西方马克思主义者中也有坚持马克思的科学结构历史观点的,他们反对将马克思主义理解为哲学的人道主义,主张结构主义的马克思主义,比如阿尔都塞、沃尔佩等人普遍认为上层建筑、意识形态等对历史发展的作用相对较小,因为

---

① 《马克思恩格斯文集》(第五卷),人民出版社,2009年,第10~13页。

② 《马克思恩格斯文集》(第四卷),人民出版社,2009年,第298页。

③ [联邦德国]施密特:《马克思的自然概念》,欧力同等译,商务印书馆,1988年。

④ [法]萨特:《辩证理性批判》,徐懋庸译,商务印书馆,1964年。

⑤ Edward Palmer Thompson, *The Poverty of Theory & Other Essays*, London: Merlin Press, 1978, p.231.

历史是一个无主体的过程。①根据以上论述，可以说，马克思主义的历史理论的首要问题是关于历史过程的本质认识问题。

其次，应该注意西方马克思主义史学家又是怎样将主体思维的认识成果运用于恰当的历史编纂和历史的叙述范式构造史学思想的过程。西方马克思主义创始人卢卡奇最早对"基础决定上层建筑"的规律叙事开展批判，在他看来这个规律仅适合资本主义社会，这意味着个人完全被客观的经济规律支配。他论述道："人在资本主义社会中面对着自己（作为一个阶级）所'创造出来'的实在，而这种实在对于他似乎是异于他自己的一种自然现象；他完全处于在它的'规律'的掌握中，他的活动限制在为了自己的（唯我主义）的利益而利用某些单个规律的无情的体现中。但是，甚至在他有所'作为'时，他仍然是事件的客体而不是主体。"②简言之，这些规律实际上是一切关系的"物化"，在这种"物化"中人与其创造出来的历史现实必然相对立。那么，要撰写包括资本主义社会历史在内的全部历史必然要超越资本主义的经济历史观，用不可以作经济解释的社会生活的其他诸多片段来书写历史。这种否定"基础-上层建筑"的普遍有效性和否定"纯粹的经济关系"，提倡"文化的、哲学的"历史研究范式直接引领了法兰克福学派、存在主义马克思主义和文化唯物主义等流派的思想走向。如施密特、哈贝马斯、萨特、梅洛-庞蒂、安德森等人都同意"经济的决定性"是适合于资本主义社会，其普遍价值不一定适用于所有人类社会形态，因此，上层建筑不仅仅是被基础决定的因素，而且更是基础的一部分。又如二战后，一些新劳工史学家、社会史学家、文化史学家关于工人阶级整体史的史学观念，极大地受到这种历史思想的重要影响。一方面，他们在历史唯物主义的历史研究视角中，把劳工史、地方史、社区史、工会史、家庭史、移民史、种族史、性别史等新社会史和新文化史与经济史、政治史的内容结合起来，从而使得非"基础"或"主流"史进入历史研究的中心地带，这就更完整、更准确地阐释了马克思历史唯物主义观点的多元性。因此，一种以历史唯物主义为主要原则的多元史学书写

---

① ［法］阿尔都塞：《保卫马克思》，顾良译，商务印书馆，1984年。
② ［匈］卢卡奇：《历史与阶级意识》，杜章智译，商务印书馆，1992年，第135页。

范式或历史研究范式日益普及开来了。

最后,应该注意他们还广泛运用跨学科的研究方法为历史解释、为现实问题寻找答案,比如经济学、社会学、人类学、文化学、宗教学、语言学等社会科学的理论方法和元素在他们的学术作品中随处可见。就史学主题或史学视角而言,西方马克思主义的史学观念首先体现在他们对经典马克思主义创始人的史学思想的批评反思,以及他们对其他马克思主义者或非/反马克思主义者批评马克思主义所作的反批判之中。其中关于经济决定论、经济基础与上层建筑、阶级与阶级斗争、历史规律与历史必然性是他们史学批判或反批判的重要领域。在此基础上,西方马克思主义家群体的开拓性贡献在于,补进了文化哲学的视角以延展被马克思所忽视(如伏维尔的研究)或边缘化的文化领域,其中历史学家的文化马克思主义研究成果不可小觑,尤其是以爱德华·汤普森、雷蒙德·威廉斯为代表的文化唯物主义思想,为历史学家在以经济因素解释社会发展的历程之外,进一步证明了文化因素、历史因素的价值,以及它与社会经济因素之间可以交融互鉴,这对于反对庸俗化的马克思主义,进而反对非马克思主义者将马克思主义定义为“经济决定论”有着颠覆性的意义。①就研究方法而言,尽管西方马克思主义史学家的理论旨归是探寻历史发展的普遍规律,进而推进历史学研究的发展,但并不意味着他们的视角仅局限于历史学领域,经济学、政治学、文化学、社会学、人类学、地理学、语言学、心理学等都遍布了他们的笔触,比如关于劳工史、工会史、革命史、妇女史、精神史等,无一不是对跨学科研究方法的拓展。在重要马克思主义史学家霍布斯鲍姆看来,马克思呈现了一种包含不同层次、不同层次之间相互作用的社会历史模式。因此,这些史学主题、研究视角、研究方法的创新与拓展无疑不在启发着西方马克思主义史学的时代关怀与理论延展,同时也彰显了马克思本人思想对历史编纂的巨大贡献。

---

① 陈新:《20世纪西方马克思主义史学家的历史观念——以英国马克思主义史学家为讨论中心》,《史学批评与史学文化研究》,2009年第10期。

五、对中西方马克思主义史学同质性和异质性的比较分析

世界马克思主义史学理论的繁荣发展,离不开中西方马克思主义史学家群体的不懈探索,他们的治史原则与史学取向和实践关怀对于世界史学的增益完善意义重大。中国化马克思主义史学绝不只是由中国语境生发的历史现象,而是世界马克思主义史学宏观演进历程中的微观有机要素。理应在此前提下讨论西方马克思主义史学与中国马克思主义史学的关系。考虑到国内学界关于中西方马克思主义史学的比较研究成果丰硕,这里重点关注21世纪以来西方马克思主义史学思潮与史学方法展现出的新形态与当前中国马克思主义史学界的同质性和异质性。

首先,从关注焦点来看,深受马克思主义影响的英国史学家群体成为研究热点,中国学者认为长期支配英国史学研究的后现代主义思潮和碎片化倾向已逐渐被消磨,一种宏大叙事和总体叙事的研究路径正在复归。在这种叙事导向之下,R.H.托尼关于英国农业历史的分析、佩里·安德森关于史学传统分析理路的革新、罗德尼·希尔顿关于底层史学的强调再次被纳入英国学界的研究范畴,并被赋予了新的内涵。在他们看来,这些史学家能够再次登上史学研究舞台,得益于他们在创造性地运用马克思的历史过程论、历史唯物主义思想、人民史观的同时,主动汲取非马克思主义学说的有益成分,推动了英国史学研究的新发展。加之《过去与现在》这一史学期刊的传播辐射,马克思主义史学与非马克思主义史学之间的交集日益密切,从而使得马克思主义史学家融入世界史坛,成为国际史林中最具影响力的史学流派之一。回望中华文明的千年发展历程,自上而下以"和合"为核心的历史文化信仰一直起着社会稳定器的作用。因而,国内学界一致同意:中国化马克思主义的史学观念是西方史学思潮与中国史学思潮"解域化""自我""再域化""他者",最终"合域化"的"结晶"。因此,英国马克思主义在21世纪重新回归旧史学研究,为中国马克思主义史学界寻找新的出发点提供了理论启迪,越来越多史学研究者在重视新史学理论探索的同时,也逐渐意识到过

去史学或传统史学的转承流替对当代史学研究仍具有重要价值,倘若频繁追问学术热点,边缘化传统史学,将有如无根之木、无水之舟。

其次,从研究方法来看,西方马克思主义史学的宏观整体研究法与中国传统史学中的整体系统观既有共鸣又有分野。中西方马克思主义史学研究在很大程度上都受到了法国年鉴学派的影响。比如20世纪八九十年代,英国马克思主义史学家的整体社会史研究从20世纪六七十年代以劳工社会经济史和农民与社会盗匪等社会运动问题为研究重心逐渐转向世界历史的宏观描述和世界历史体系的重构,其研究时段跨度从17世纪延展到现代。毋庸讳言,在霍布斯鲍姆、希尔等人关于世界体系、整体社会史和跨学科的研究中,年鉴学派长时段分析的影子是明显的。在此基础上,北美马克思主义史学家群体也深深地打上了总体史观的烙印,例如美国的沃勒斯坦,作为世界体系理论的主要代表人物,主张社会科学的一体化研究。在世界体系理论中他不是将个别国家作为研究单位,而是把资本主义作为一个世界体系,尤其是将发展中国家的发展也纳入世界整体进行研究。又如加拿大新马克思主义史学的集大成者布莱恩·帕尔默从研究历史的整体性出发,历时性地考察了工人阶级的整体经历,即超越劳工组织和劳工政治去考察工人阶级的生活。总之,英美马克思主义史学流派深受法国年鉴学派的影响,将社会历史视作一个整体进行综合考察,注重研究社会历史各种因素之间的关系,从而发现一些的历史发展规律。因此,把政治学、经济学、文化学、社会学、历史学、人类学等学科的理论和方法融为一体,从整体上揭示了资本主义社会中各具体要素的发生、发展的脉络和历程。

这种"总体史观"也成为中国学界开展史学研究的重要方法。具体来看,世界历史的全球化进程为中国马克思主义史学理论与实践在世界历史中的飞升提供了平台,并且人类命运共同体的提出有效地推进了中国融入世界现代化的进程中。这种变化使得历史学家得以不断思考新的问题。与此同时,新的研究领域在不断涌现,从而极大地促进了史学研究的繁荣。一方面,要不断超越传统史学研究的知识结构,突破近代以来的文史哲学科分类;另一方面,要不断超越地域式、专题式的史书书写模式,转向跨国家研究、跨文化研究和全球史研究。比如国际环境史、国际军事史、国际劳工运动史日益进入中国学界的视野。除此之外,中国史学家也关注历史整体的"本体论"、历史规律、历史性质、历史意识、历史与现实之间的关系等新的历史哲学问题。①因此,立足中国、将视线投射到西方及人类所有地区与时代,将历史部分、历史片段和历史细节与整体历史、宏大叙事结合,是中国当代马克思主义史学界的共同声音,也是因应时代课题,揭示历史的重大走向,构建"经典马克思主义–西方马克思主义–中国马克思主义–世界马克思主义"史学格局的关键一步。

六、对全球史学视域下西方马克思主义史学的未来展望

随着21世纪的到来,马克思主义史学迎来了又一次深刻的史学变革——跨国转向,即一种"全球史"概念的生发。目前全球史似乎无处不在,并被誉为"自20世纪70年代社会历史革命以来历史学科中最重要的发展之一"②。全球化时代,传统的国界划分(民族国家)虽然并不会完全消失,但某些特定领域内的问题可能会超越国界。正如拉丁美洲历史学家约翰·弗兰奇所概述的那样,跨国主义将"超国家进程"(例如帝国主义、资本主义和工业化)和"超国家联系"(跨越国界的人、思想和制度的相遇、联系、交流和影响)联系起来。③当前在全球化的背景下,西方马克思主义也不可避免地附着了全球化、世界性的色彩。全球史学或世界史学的兴起为西方马克思主义史学的发展提供了新的研究方向。

一方面,要讨论西方马克思主义史学在史学发展史上的地位及其未来走向,有必要将马克思主义史学置于世界史学的视域中,即要从比较学的视角来考察。闻名汉学界且积极倡导比较史学研究的杜维运曾指出:"优秀的

---

① 吴浩、施基邱艳:《机遇与挑战:新世纪以来的中西方史学研究——第19届全国史学理论研讨会综述》,《史学理论研究》,2017年第1期。

② Sven Beckert and Dominic Sachsenmaier, eds., *Global History Globally*, London/New York: Bloomsbury Academic, 2018, p.1.

③ John D. French, *The Laboring and Middle-Class Peoples of Latin America and the Caribbean: Historical Trajectories and New Research Directions*, https://dukespace.lib.duke.edu/server/api/core/bitstreams/5a34ca7d-dfc6-4262-859a-1c6201d0a08a/content.

世界史学,以比较史学为起点。将世界出现过的史学,放在一起作比较,优越的世界史学,始能出现。"①二战后兴起的西方马克思主义史学既彰显了马克思主义史学的生命力,也凸显了其在世界史学发展史的历史长编中所扮演的关键角色。因此,从比较视角来研究西方马克思主义史学与其他地区和时代的史学思潮的异同,具体从史学观念、研究范围和内容、研究方法等方面来讨论以阐明西方马克思主义史学的时代性与全球性特征。就史学观念而言,西方马克思主义史学笔墨所及的是"一定社会中的普通人",这种"自下而上"的史学取向始终是当代全球史学发展不可忽视的重要支流。就研究范围而言,当代西方马克思主义史学正随着全球历史观的演变,其研究范围和内容也随之拓展与深化,新劳工史、新资本主义史、性别史、种族史、妇女史、儿童史等领域得到广泛关注。就史学研究方法而言,当代西方马克思主义史学既主张"自上而下"又倡导"自下而上",既看重跨学科又强调多学科性,既重视整体史观(宏观研究)又不忽视历史建构中的细微之处(微观研究)。以上所述,并非能全面展示西方马克思主义史学的理论建树与实践关怀全貌,但依然能管窥其思想的宏富丰赡、时代特色与非凡贡献。

另一方面,西方马克思主义史学作为当代世界史学令人关注的一脉史学新趋势,势必会随着当代世界发展着、变化着。因此。理应在一种动态的思维中考察其未来进程。首先资本的全球性流动、资源的全球性配置在提高经济运行规律的同时,也给一些地区人民带来了危机与挑战,比如,社会秩序、粮食、能源、医疗等安全问题日益影响着世界和平发展。如何从历史学的维度探讨经济引发的一系列次生难题,避免全球化时代世界发展格局陷入"冷兵器状态",也是21世纪西方马克思主义史学亟待攻克的关键环节。如何破解资本主义新形态变化导致的经济、政治、社会、文化、生态、安全等时代难题,为解决人类生存性风险提出因应之道;又如何更加科学地认识和解释社会本质,客观看待和回应社会矛盾运动,正确反映和指导社会实践,也亟须21世纪西方马克思主义提供应对方案。其次,受到大数据与人工智能的深刻影响,如何在信息化时代中思考科技史的发展变更对世界历史的

---

① 杜维运:《变动世界中的史学》,北京大学出版社,2006年,第51页。

脉络和走向的影响,也成为21世纪西方马克思主义史学新的关注点和需要真正搞懂面临的时代课题。此外,21世纪全球化的史学发展趋势要求西方马克思主义史学破除西方中心主义思维定式,超越欧美,将视线投射至东方世界及其他欠发达地区。比如,英国、法国、美国等国家的马克思主义史学家群体中逐渐囊括了一些非本国元素,开始探讨非洲世界的种族问题、世界移民问题、中国的社会主义建设问题,等等。

需要特别指出的是,西方学者对中国马克思主义史学的关注并非近些时期才开始的,中国马克思主义史学进入他们的视野最早可以追溯到中华人民共和国成立之初,对中国马克思主义史学研究比较早的一次是1957年翦伯赞主编的《中国近代史研究资料》发表之后,如费正清、刘广京、芮玛丽等一大批美国中国问题专家对中国马克思主义史学发表了基本看法。而在1963年英国《中国季刊》组织专题研讨会,对中国马克思主义史学的特点和毛泽东思想在中国马克思主义史学中的作用问题作了深入讨论,具体主题包括马克思主义史学与传统史学、古代社会、近代社会、佛学、历史学的关系研究等。至此,中国马克思主义史学逐渐受到海外学界的关注。其中最具影响力的当数美国学者对中国马克思主义史学的观察、跟踪与研究。费维恺(Alburt Feuerwerker)是当时研究中国马克思主义史学的佼佼者,先后编撰了《中国马克思主义史学》等三本相关著作,由此启发了一批研究著作的相继出版,如詹姆斯·哈里森的《中国共产党和农民战争》和阿尔夫·德里克的《革命和历史:中国马克思主义史学起源(1919—1937)》是美国学界研究中国马克思主义史学的代表性专著。除此之外,苏联、英国、德国、加拿大、日本和韩国对中国马克思主义史学中的一些理论争鸣问题颇感兴趣,相继出版了《中华人民共和国的历史科学》(维特金)、《当代史学主要趋势》(巴勒克拉夫)、《政治与科学之间的历史编纂——30和40年代中国马克思主义历史学的形成》(罗梅君)、《亚细亚生产方式在中国》(卜正民)、《中国历史学界"资本主义萌芽"的研究》(田中正俊)、《1980年代初历史动力论争》(闵斗基)等一大批具有代表性的研究成果,尤其关注马克思主义史学与中国历史和社会发展情况的交织,其史学理论和重大历史观点对意识形态的影响、在改革开放后的发展走向等。而进入21世纪之后,中国经济的重新崛起,西方中心主义思潮再次受到冲击，海外学者主动提出重新认识中国马克思主义历史，以理解中国新发展、新变化，特别是一些马克思主义史学家或左翼历史研究团体再次将中国或东方文化（传统史学）纳入研究范畴，比如加拿大新马克思主义史学家布莱恩·帕尔默就在其新近的理论成果中澄明了研究东方世界（中国）的重要性。

在全球史或比较史的视域内梳理西方马克思主义史学的未来走向的同时，也关注海外学界对中国化马克思主义史学的研究，两条脉络同时推进既有助于展现马克思主义史学家群体的理论共鸣，也进一步显示出马克思主义史学的时代生命力与理论合力。这种二元交织、双轨并行的研究格局为推进21世纪世界马克思主义史学，甚至全球史学纵深式研究提供了经验启发。总而言之，全球化时代，任何思想思潮的研究必然不可能是闭门造车的孤舟式研究，多元并存、多栖发展将成为思想研究的主要方向。因此，马克思主义史学的研究不是非此即彼、互不交融的态势，而是"我中有你，你中有我"的对话交往走向。

七、结语

20世纪80年代以来，西方马克思主义史学在国内外均处于显学位置，著述多、关注度高且频出学术热点，然而闹市之下深潜之作终究不多，形成体系范式者更是寥寥，这只要对比一下西方其他学派的研究便可一目了然。地区性的马克思主义史学在学术界的境遇并没有随着时间的推移和研究的积累而变得丰富起来：专著、文章稀见，现有学术成果不外乎照本宣科、转述解读甚或情感宣泄，鲜有深入和创新的成果。原因诚然是多方面的，但狭隘的地域偏见无疑是一个不可忽视的原因。因此，马克思主义史学思潮的支线延展，以及全球史学史的未来走向迫切需要多个地域性史学派的介入。

综观当前国内研究动态趋势，关于区域马克思主义史学流派的学术作品，无论成果数量还是广度深度，都还有诸多进步空间。国外学者对新派马克思主义史学群体学术思想的梳理提供了一个重要及时的接触，为新学者有机会调查他们提出的研究立场，并考虑接受他们的史学启蒙。国内研究者受语言的限制和思想上的重视不够，对西方各个国家马克思主义史学领域的研究还十分薄弱，现有的研究成果还不能反映其史学全貌，该领域仍然有广阔的挖掘空间。西方马克思主义历史学家在新的历史条件下，对马克思主义作了新的审视和反思，对当代世界出现的许多新情况也作出了新的思考与诠释。如何借助西方经验来解释东方情况？站在马克思、恩格斯及后继者的肩上，如何才能看得更高，走得更远？亟待新一代学者们增益完善。

而处于世界百年未有之大变局中的中国马克思主义史学建设，如何在新的机遇时期处理好各种史学研究思潮和其社会功能之间的关系？如何建构更具民族特点、民族风格、民族气派的马克思主义史学体系、学术体系、话语体系？如何在宏大的世界史学范式中同域外史学思潮融合与通约？如何在中国时空维度讨论西方马克思主义史学助推马克思主义史学中国化、时代化？这些横亘在21世纪中国马克思主义史学发展前路上的重要现实难题，仍然需要后继学者的补白与超越。

分报告五
对西方马克思主义文学、美学理论的研究

论及国内学界对西方马克思主义文学、美学理论的研究,有两个难点颇为难以界定。首先是对西方马克思主义理论的界定。进入21世纪以来,西方马克思主义理论在学界非常火热,但代价便是它变成了一个边界模糊的概念,似乎在西方只要有以马克思主义作为理论资源的研究者,他们都可以被涵括进这个范畴之内。其次是文学和美学的概念也变得模糊。以往文学和美学被绑定在一起,是因为童庆炳、王元骧等学者提出的"审美意识形态"学说,他们借助于对认知层面的审美超越性的提倡,将文学理论构建成了以文学教育为核心的理论体系。但这套文学体系在"后现代"理论的冲击下已经衰落,国内的研究者目前已经很少再去尝试建构问题体系的工作了。

面对这些新的问题,本报告拟采取以横轴和纵轴交叉定位的方式,来选取西方马克思主义文学、美学理论评述的对象。所谓纵轴,即文学研究界对历史中西方马克思主义经典理论家的确定,比如卢卡奇、本雅明、德国法兰克福学派、英国伯明翰学派、伊格尔顿、詹姆逊等。这些理论家的研究领域都涵盖了文学和美学,因此他们也是国内文学研究界较早注意到并确定为西方马克思主义代表理论家的群体。所谓横轴,即当代文学研究界较为热门的理论问题,比如电影、科幻文学、现实主义、中外马克思主义理论家的比较研究等。如此做法,一方面更能够彰显出西方马克思主义经典理论家当代研究的最新动态,另一方面,也能够在当代文学研究的热门问题中,整合进更多身份具有争议的当代西方马克思主义理论家的思想资源,比如齐泽克、巴迪欧、阿甘本等。这些以西方马克思主义为名的理论家们有着普遍的特点,即他们都借助社会批判的手段,一方面将文学和美学视为研究对象并对其内部的意识形态构建进行解剖,另一面也将文学和美学视为构建未来

新感性的通道,通过理论批判将困顿于现实的社会认知引领到具有超越性并富有未来愿景价值的社会实践当中去。

本报告将分为三个话题来论述国内借鉴西方马克思主义理论资源,在文学和美学领域所推进的社会批判研究:一是独特的艺术研究话题,二是广阔的现实主义问题域,三是中西方理论之间的影响授受。

一、独特的艺术研究话题

首先要切入的便是艺术研究的话题。自20世纪80年代,西方马克思主义作为独立的学术资源开始被有意识地译介到中国理论界以来,艺术研究也就随着这一资源的兴盛开始了其范式的转换。1985年杰姆逊在北京大学的演讲对于西方马克思主义文论的发展有着重要作用,这首先在于他明确阐述了西方马克思主义的概念。其次是杰姆逊借助于对阿尔都塞的介绍,对艺术研究提出了新的研究方法:"艺术品不再是一有机的整体,而是由分裂、距离、相异性和间隙组成的游戏。因此便也会出现不同的文学批评。当代理论中的一个趋势,就是放弃传统的关于象征的概念,而认为寓言性是文学的特征,因为寓言的特点便是具有不同的层次。"[①]在这里,艺术品就从统一的思想载体,变成了内部充满各种缝隙与矛盾的意识形态战场。其意义在于,研究者可以绕开对艺术本质问题的讨论,更加短兵相接地切入对意识形态或批判或捍卫的话题中去,这也让艺术研究的话题更具直接的现实感。

在新的艺术研究范式中,法兰克福学派被用作热门的理论资源,本雅明、阿多诺、马尔库塞等人也因其美学理论成为艺术研究中的热门。法兰克福学派所开启的艺术研究,特点在于将研究的视角聚焦于批判大众文化工业,从而强调个体在社会层面的超越与救赎。在20世纪80年代以来强调审美超越性的文学理论领域,这类艺术研究以其面对社会巨变中个体经验更有效的解释力,以及面对新的社会问题更直接的批判性,受到了大量文学研究者的追捧。在文学理论研究界,研究法兰克福学派的艺术理论一直是热

---

① [美]杰姆逊:《后现代主义与文化研究》,唐小兵译,北京大学出版社,2005年,第77页。

门话题,如何在研究中认识现实中的文化问题,释放艺术生产中的革命因素,是研究者一直以来都在探索的问题。近五年,围绕法兰克福学派所推进的艺术研究呈现出的新特点的比较研究越来越多,越来越多比较话题的引入,也证明国内对法兰克福学派的研究逐渐由思想介绍向理论辨析拓展。

这类研究较有代表性的有金翱的《死亡意识形态与艺术真理——法兰克福学派对海德格尔死亡观的批判》。在这一作品中,金翱重点阐述了霍克海默、阿多诺和马尔库塞对海德格尔"死亡形而上学"的批判,认为他将死亡置于哲学的层面论述会忽视其社会层面的意义,从而会成为具有欺骗意义的社会形态。面对这样的问题,批判理论需要借助于艺术阐释而保留死亡的社会性内容,将之转换为未来乌托邦的火种:"在对死亡观念进行意识形态批判、挖掘艺术作品中的真理性内容的过程中,批判理论最终生长出奠基于死亡之上的乌托邦精神。死亡本质上意味着否定,意味着批判和改变的需要。死亡乌托邦不在于哲学对世界的意识形态式的重构之中,不在于意义的源源不断的神学式圣灵灌注,而在于保留真实死亡经验的可能性,在于当下对死亡无意义性的直面。"①除了金翱的研究外,仰海峰的《批判理论:从卢卡奇到法兰克福学派》也是一篇值得重视的论文,他将技术理性作为西方现代社会的重要特色,并理出一条从卢卡奇到法兰克福学派的批判脉络出来:"卢卡奇的物化批判理论凸显了现代社会一个重要特征,即以现代技术为发展引力的合理化特征。这种合理化以形式化与可计算性为内在原则,法兰克福学派的批判理论继承了这一思路,并在早期的批判理论与后来的工具理性批判中得以展现出来。"②通过霍克海默、阿多诺和马尔库塞与卢卡奇对工具理性批判的对比,仰海峰重点阐释了法兰克福学派重新定位资本主义社会的工作,认为这些理论家都是在新语境中尝试开拓面向未来的批判理论的可能性。

从法兰克福学派整体的研究落实到具体的理论家个案研究,马尔库塞研究在比较方法的兴盛中获得了最大收益。因为马尔库塞有一套完整的审

---

① 金翱:《死亡意识形态与艺术真理——法兰克福学派对海德格尔死亡观的批判》,《文艺理论研究》,2023年9月。

② 仰海峰:《批判理论:从卢卡奇到法兰克福学派》,《思想理论战线》,2022年第1期。

美救赎理论,业内对他的关注和介绍都比较早,因此也较早陷入了研究的瓶颈当中,对其审美理论的探索往往陷入囿于文本内部的低水平介绍怪圈。比较研究为国内的马尔库塞研究提供了新的研究视野,对其美学理论的开拓都是在和其他理论家的相互参照中进行的。我们以李晓林、居忆然合撰的《马尔库塞〈爱欲与文明〉与福柯〈疯癫与文明〉比较研究——以生命哲学为视域》①和谢雅姝、赵淳合撰的《马尔库塞爱欲观之重审——从拉康视角出发》②两篇论文为例。前文以"生命哲学"作为标准,对比了马尔库塞和福柯对抗压抑性文明、释放生命活力的尝试,指出了马尔库塞艺术理论背后的康德"游戏说"基础,也对其停留在抽象理论思考层面的艺术救赎理论进行了反思。后文则为了回应学界对马尔库塞"爱欲"理论在社会层面过于抽象性的批评,谢雅姝、赵淳将拉康"实在界"的学说引入对"爱欲"的阐释当中,将形而上的维度引入"爱欲"的阐释当中,试图为其恢复活力。除艺术拯救的话题外,对马尔库塞的研究较为有新意的作品还有申扶民的《马尔库塞"奥斯维辛之后"诗学思想的阐发》③,他分析了马尔库塞关于文学艺术还要承担起记忆历史事件的功能的观点,认为这是在现实世界中形成社会主体责任的起点。

对本雅明和阿多诺的研究也一直是法兰克福学派研究的热门,其所涉及的话题也较为丰富。因为本雅明和阿多诺艺术理论的难度本身较大,因此对其理论本身进行研究的文章虽然每年都有,却每年发表的数量都算不上多。近些年的成果中,较为有新意的有赵千帆的《〈德意志悲苦剧的起源〉与本雅明的哲学规划》④,他认为本雅明的《德意志悲苦剧的起源》是其写作的转折阶段,从中生长出了其哲学总体规划和写作特点的雏形。张珊珊的

---

① 李晓林、居忆然:《马尔库塞〈爱欲与文明〉与福柯〈疯癫与文明〉比较研究——以生命哲学为视域》,《贵州社会科学》,2023 年第 4 期。
② 谢雅姝、赵淳:《马尔库塞爱欲观之重审——从拉康视角出发》,《外国语文》,2023 年第 6 期。
③ 申扶民:《马尔库塞"奥斯维辛之后"诗学思想的阐发》,《文艺理论研究》,2021 年第 6 期。
④ 赵千帆:《〈德意志悲苦剧的起源〉与本雅明的哲学规划》,《清华大学学报(哲学社会科学版)》,2024 年第 1 期。

《理念的光:本雅明对德国早期浪漫派艺术理论的疏解》①,这也是近期较为热门的比较研究类作品,文章梳理出了本雅明对德国浪漫派及康德的接受史,并强调浪漫派悖论式的"理念"理论对本雅明的影响作用。关于阿多诺的研究,较为有特点的是赵勇的《论笔中的辩证法思想与断片传统——阿多诺论本雅明》②,这篇文章也是在比较研究的视域中推进的。赵勇认为阿多诺推进了本雅明的断片式思维和论笔化写作,并尝试将其论笔形式内部所蕴含的辩证法思想和断片传统安置到自身否定理论的构建当中。作者借助于阿多诺"论笔"问题的形式分析对其艺术的否定辩证法的理论特点作了更详尽的阐释。

在艺术研究的具体门类中,电影、剧场和科幻文学的研究在当下最为热门。这些艺术类别的兴盛和国内文学及美学研究界对视觉艺术、人工智能等问题的重视有关,对这些问题的探索也让国内对艺术救赎理论的认识超越了法兰克福学派,从而将弗雷德里克·詹姆逊、雅克·朗西埃、吉奥乔·阿甘本、斯拉沃热·齐泽克等理论家的思考都容纳进来。

在艺术具体门类的研究中,电影是最为热门的题材。因为电影这个新兴的媒介同时兼具导演的创造意识和文化工业的资本规定性,它便很容易成为社会意识形态构建的争夺对象,也更容易为研究提供话题度。而且在当下,电影也越来越兼具媒介的作用,如何赋予媒介传播以意义,也被很多学者上升到意识形态构建的问题层面上进行阐述。在国内对法兰克福学派的研究中,阿多诺和本雅明的艺术理论虽然晦涩,但也因其丰富的思想资源在电影研究中一直受到重视。在国内,邵思源的《电影的否定之维与阿多诺的电影美学思想》和郭勇健的《从"去美学"到"返美学":本雅明电影理论再审视》都在此领域中贡献了出色的研究。邵思源的研究立足阿多诺对电影艺术的阐释,认为他对电影形式的重视源自其否定理论的坚持。对于阿多诺的电影研究,邵思源的判断是:"阿多诺对于电影的批判有一个重要的前

---

① 张珊珊:《理念的光:本雅明对德国早期浪漫派艺术理论的疏解》,《人文杂志》,2023年第8期。

② 赵勇:《论笔中的辩证法思想与断片传统——阿多诺论本雅明》,《文艺研究》,2024年第2期。

提，即电影是对想象的收编。不连续的蒙太奇则是对被连续性影像收编的想象力的内在革新，进而促成电影迈向否定性这一不可界说的电影美学特质。"①在这里，电影艺术对于阿多诺而言非但不是文化工业的产物，它本身也是我们批判和超越文化工业的重要路径。郭勇健在研究中，首先肯定了电影是"机械复制"艺术之一，并在细化具体时代背景的工作中呈现出本雅明研究的时代价值，他认为："本雅明写作《机械复制时代的艺术作品》的时代背景是法西斯主义把持德国，令欧洲陷入黑暗，同时他又注意到苏联的大众文化兴起、苏联电影学派的形成，似乎从中看到未来的光明。因此，本雅明赋予电影过多的政治意义。他希望无产阶级夺取'机械复制技术'这一先进的生产力，与法西斯主义的政治审美化做斗争，并批判资产阶级的已经腐朽没落的艺术文化。然而，本雅明未能充分有效地论证电影的政治意义，他加诸电影肩上的担子过分沉重了，电影并没有那么神奇的政治功能。况且艺术一旦服务于政治，往往变成宣传，'艺术的政治化'也就无从谈起了。为此，我们有必要站在今天的时代高度去改造本雅明对电影与政治关系的看法，将'艺术为政治服务'调整为'艺术为人民服务'。"②在此郭勇健将本雅明理论中辩证性的内容转化成了社会空间中的不同可能性，将研究的落脚点集中在当代中国艺术理论建构"艺术为人民服务"的工作，并将文章讨论的重点放在了如何将德国法西斯的电影问题和苏联电影学派的兴盛转换为可供我们借鉴的历史经验的问题上。

如果说法兰克福学派为艺术研究提供的有效资源集中于艺术救赎理论的话，那么詹姆逊、朗西埃、阿甘本和齐泽克的研究提供的则更多是批评意识形态的工作。在电影研究中这种情况也不外如是，对隐含在社会文化中的资本意识形态进行批判的意图是始终贯穿于这些理论家的研究，以及国内对他们理论的接受当中的。在这些研究中，我们可以拿张文的《弗雷德里克·詹姆逊电影批评中的寓言思想》③、范宇为的《电影的危机与现代人——

① 邵思源：《电影的否定之维与阿多诺的电影美学思想》，《艺术评论》，2024年第1期。
② 郭勇健：《从"去美学"到"返美学"：本雅明电影理论再审视》，《郑州大学学报（哲学社会科学版）》，2022年第11期。
③ 张文：《弗雷德里克·詹姆逊电影批评中的寓言思想》，《电影文学》，2022年第22期。

从本雅明到阿甘本》①、李忠阳的《朗西埃的〈电影寓言〉：审美影像与诗学虚构的对话》②、张墨研的《电影何以是战争？——以维利里奥、鲍德里亚和齐泽克的论述为核心》③四篇文章作为例子。张文在文章中认为，本雅明在历史中找到了被忽视的"寓言"形式，这种强调语言与对象之间断裂且多义的艺术形式和追求统一性的"象征"相对立。詹姆逊将"寓言"的艺术形式放在了电影批评当中，从而试图释放出被电影叙事所隐匿掉的其他话语："将在电影叙事的表象下积淀着的、被意识形态的'遏制策略'压抑的'政治无意识'和'地缘政治无意识'从电影文本的'遏制状态'中释放出来，来恢复晚期资本主义时期主体对历史总体性的认知，是詹姆逊寓言式电影批评的重要使命，因此詹姆逊的寓言叙事分析透露出非常强烈的政治色彩。"④恢复社会中"政治无意识"的复杂存在方式，以及隐含在现代性线性时间叙事中"地缘政治无意识"的多重声部，才是电影批评恢复历史总体性认识的重要任务。范宇为从对本雅明的Aura（光晕）理论的解读出发，阐述了"光晕"消失后艺术从膜拜价值到展示价值的转变，从而将艺术拉向了政治领域。阿甘本则看到了"展示价值"中的景观从影像化到商品化的变化，他所使用的"展示价值"理论指向的是商品意义层面的可展示性，这和我们当代人所处社会语境的变化高度相关。李忠阳认为朗西埃电影理论的核心命题是"被挫败的寓言"，他所理解的"寓言"是再现体制（兼具社会和认识的稳固规则）的核心特点和运作方式，而审美机制就在社会中再现机制的断裂处形成。蕴含在电影当中的审美机制则提醒大众，任何封闭式的批评，都无法捕捉到电影里无比丰富的意义内涵。张墨研的文章则立足维利里奥的"战争-电影"本体论，即维利里奥将电影视为某种认识层面的战场，电影是另一个层面上的战争，它要在意识形态冲突的"纯粹战争"中探索出带有拯救性质的"纯粹艺术"可能性。由此，张墨研将鲍德里亚和齐泽克的理论也都带入这一话题，并认

---

① 范宇为：《电影的危机与现代人——从本雅明到阿甘本》，《戏剧之家》，2022年第17期。

② 李忠阳：《朗西埃的〈电影寓言〉：审美影像与诗学虚构的对话》，《文艺争鸣》，2021年第12期。

③ 张墨研：《电影何以是战争？——以维利里奥、鲍德里亚和齐泽克的论述为核心》，《北京电影学院学报》，2023年第9期。

④ 张文：《弗雷德里克·詹姆逊电影批评中的寓言思想》，《电影文学》，2022年第22期。

为:"在鲍德里亚过度化而由齐泽克所'纠正'的维利里奥的'战争-电影理论'中,对'电影何以是战争'的回答至少在两方面为我们提供了理论参考,一方面它为理解一种特殊的电影本体论提供了契机,另一方面它指向了马克思主义技术美学对维利里奥原生理论的批判和保留,这将对我们理解社会主义电影理论有所助益。"① 从国内对这些左翼理论家电影理论的研究可见,他们也都或多或少共享着和法兰克福学派类似的艺术拯救论的想法,这些理论家之所以在各个层面推进意识形态批判的工作,就是为了让新的艺术能在因批判而具体化的现实维度上扎根,从而形成更好的未来引领作用。

剧场理论是近些年新兴的研究话题,相比电影等研究门类,剧场具有更广的涵盖面和更直接的现实意义。在这项研究当中,王曦的《当代剧场政治美学》(上海人民出版社,2022年)是近些年较有突破性的作品。其作品的主旨在于探索构成审美话语的奥秘,即政治,这也是她书名"政治美学"的用意。《当代剧场政治美学》全书分上下两编,上编通过对批判理论的梳理,作者剖析了当代先锋艺术家背后的理论意识,指出隐含在他们艺术自律理论中对社会政治的介入意图;而下编则是上编内容的具体化,借助对剧场这个具体艺术形式的分析,作者细致地呈现出了理论家的审美思考在怎样的社会语境中构成,以及其理论是应对怎样的社会困境而生等问题。除剧场理论外,科幻理论的兴起也是艺术研究领域中令人瞩目的新现象。王峰、陈丹合作的作品《科幻乌托邦批评的兴起:以詹姆逊为中心》②是这项研究中较为有新意的研究。他们认为科幻乌托邦的兴起是以政治乌托邦的衰落为前提,科幻就是乌托邦由政治转向文学的产物。詹姆逊所做的工作就是将科幻中的乌托邦精神通过批判重新回归到社会,从而在未来理想和现实社会之间带有辩证性质的实践路径。在这些研究中,作者或借助于剧场的艺术实践打开了公共性政治的研究领域,或借助于科幻研究重塑批判理论所朝向乌托邦的未来社会形态,这些研究的最终目标同样是借助对当代社会所

---

① 张墨研:《电影何以是战争?——以维利里奥、鲍德里亚和齐泽克的论述为核心》,《北京电影学院学报》,2023年第9期。

② 王峰、陈丹:《科幻乌托邦批评的兴起:以詹姆逊为中心》,《福建论坛(人文社会科学版)》,2021年第10期。

遭遇新问题的回应使艺术拯救论恢复其现实活力。

二、广阔的现实主义问题域

本报告所论及的第二个话题，是现实主义理论。现实主义的话题在中国随着革命论马克思主义理论的繁荣而繁荣，甚至一度成为国内文学理论界最为热门也是最为重要的理论话题。但后来随着我们对极左思潮的反思，文学的研究重心也从反映论转向了表现论，现实主义理论也就随之跌落了神坛，一度凋敝了很长时间。但随着近些年国家对文化建设工作的重视，重建马克思主义文学理论及美学理论的呼声也开始越来越高，加之近年来国家社科基金项目的立项对中国特色马克思主义文论历史发展的经验总结相当重视，现实主义理论因此也重新成为文学界研究的热门话题。

（一）卢卡奇现实主义理论的复兴

现实主义理论兴起的一大影响便是卢卡奇研究得以在这一话题当中重新被激活，其关于人民性、整体性等问题的分析，也都被国内研究者作为理论资源参与到了对中国特色马克思主义文论的构建工作中。卢卡奇是西方马克思主义的源头理论家之一，不仅较早地被引入国内理论界，且业界对他的研究也从未间断过。但在以往的研究中，国内学者多侧重于物化、阶级意识、辩证法、意识形态乃至西方马克思主义理论特点等话题上去阐述卢卡奇理论的，而在现实主义的话题领域，侧重的则更多是主动构建社会主流意识的尝试。在这种以构建社会主流意识为导向的卢卡奇研究中，较有代表性的成果有刘健的《无产阶级与文学——论卢卡奇现实主义文学理论的早期探索（1918—1933）》①，以及徐熙的《卢卡奇"伟大的现实主义"之生成》②。刘健将研究视角投向了《小说研究》，以及1934年以后的现实主义理论这两个以往卢卡奇研究热门区域之外的内容，试图去回应卢卡奇何以成为我们所

---

① 刘健：《无产阶级与文学——论卢卡奇现实主义文学理论的早期探索（1918—1933）》，《福建论坛（人文社会科学版）》，2023年第12期。

② 徐熙：《卢卡奇"伟大的现实主义"之生成》，《江西社会科学》，2020年第2期。

广泛接受的"卢卡奇"的问题:"在从以《小说理论》为核心的早期思想向《历史与阶级意识》的过渡中,卢卡奇对于如何把握社会总体性这一问题发生了根本性的观点转变:费希特的行为伦理学促使卢卡奇从文化批判性的沉思投身于社会变革性行动,对历史本体论的追问则使卢卡奇在认识论层面从康德转向了黑格尔。最终,隐含于《小说理论》中的总体性思想促使卢卡奇从黑格尔走向马克思,并在1918年后将其早期对生活总体性与艺术总体性的追问进行了唯物主义的重构。"①在对卢卡奇现实主义思想的历史梳理中,刘健也指出了他一开始就存在的历史乌托邦倾向,他只能不断将对"伟大的作品"的预期延宕到未来中去。徐熙的研究,重点在借助对卢卡奇"伟大的现实主义"理论的研究来诠释马克思主义的美学观,试图剖析出卢卡奇理论的内在现实问题,以及对现实主义边界的开拓意义。

徐熙在研究中指出,"伟大的现实主义"对于卢卡奇而言既是创作方法也是判断文学的标准:"表现'伟大的现实'需要伟大的文学,就是继承现实主义传统,又具有全新的内容与形式的'伟大的现实主义文学'。由此'伟大的现实主义'被提升到了超越于具体创作方法之上,具有文学标准和评价尺度属性的高度,成为卢卡奇用以对抗'社会主义现实主义'的理论旗帜,也成为体现卢卡奇的学术个性和批判精神的标志性理论主张。"②这是一种需要不断认识和不断创新的批判意识,以此有别于被规定的"社会主义现实主义"理论主张。除了这两篇文章外,还有卞友江、赵勇的《整体性与人民性——论卢卡奇现实主义文论中的人民性维度》(《山东社会科学》,2023年第8期);张学丽、杨林的《作为中介的环节:卢卡奇现实主义小说理论》(《马克思主义美学研究》,2022年,总第25期);刘洋、王守仁的《论现实主义的审美维度——从卢卡奇的〈叙事抑或描写〉一文谈起》(《外国语文研究》,集刊,2022年)等,也都是近五年来,卢卡奇的现实主义话题下较为出色的研究,共同呈现出了国内理论界的研究方向。

随着国内对卢卡奇现实主义问题的重视,其他与卢卡奇理论相关的拓

---

① 刘健:《无产阶级与文学——论卢卡奇现实主义文学理论的早期探索(1918—1933)》,《福建论坛(人文社会科学版)》,2023年第12期。

② 徐熙:《卢卡奇"伟大的现实主义"之生成》,《江西社会科学》,2020年第2期。

展研究也逐渐兴起,这首先表现为卢卡奇理论中的马克思主义美学体系问题被连带关注,傅其林的文章《卢卡奇马克思主义美学的体系性》就重点讨论了这一问题。傅其林认为,卢卡奇要寻找的是从日常生活到审美生活的超越,他的审美本体论是奠基在日常生活基础上的,并生长出自己独特的体系:"卢卡奇的马克思主义美学建构的可能性有三大维度:审美反映的哲学论、艺术作品理论、艺术的历史理论。马克思主义美学体系在卢卡奇那里获得了新的理论形态,从哲学层面、艺术作品、历史理论维度确立新的美学体系,这是基于日常生活本体论基础的审美领域的规范性建构,是对美学的历史唯物主义和辩证唯物主义的理论阐释。"①其次,现实主义理论的兴盛,也带动了对卢卡奇生平问题研究的发展。王璞的《在布达佩斯"寻访"卢卡奇》就是其中较有代表性的成果。这篇简短的传记式作品以卢卡奇的作品为线索,重新梳理了其生平,其特点在于第一是对卢卡奇整个学术生涯进行重新评价:"概括起来,卢卡奇一生的种种决断不仅是政治的,而且是伦理的。他的马克思主义哲学体系最关心的就是个人在历史中的具体生活实践,而他自己又把爱人和伦理统一性联系起来,可以说,格尔特鲁德已经代表了卢卡奇所没有写出的伦理学。"第二在于呈现了卢卡奇在布达佩斯被遗忘的历史指向对我们现实认识的救赎:"现在的布达佩斯,还能找到卢卡奇的痕迹吗?不复存在的雕像,不再开放的故居,没人献花的墓。连他星散于世界各地的学生们,也正在凋零。二○一七年开会时我见到了海勒,她以八十八岁高龄,解说着老师的遗产,而两年后,她也仙逝了。匈牙利没有成为卢卡奇为之奋斗的样子,多瑙河的水色继续透露着时间的晦涩,作为'社会存在'的人,仍需求解。今天遥想没有卢卡奇的布达佩斯,我更意识到,我们需要从二十世纪的哲学和实践中重新开始一场拯救。"②

结合中国特色马克思主义文论的构建契机,卢卡奇的很多作品也在这一时段被翻译出来或者再版:比如三卷本的《卢卡奇研究指南》(江苏人民出版社,2022年),《心灵与形式》(吴勇立、张亮译,江苏人民出版社,2024年)

---

① 傅其林:《卢卡奇马克思主义美学的体系性》,《马克思主义美学研究》,2021年,总第23辑。
② 王璞:《在布达佩斯"寻访"卢卡奇》,《读书》,2022年第3期。

等,围绕这些新作同时出现了很多书评,它们也都对卢卡奇研究的复兴有所助力。张亮在诸多学者倡议编撰《卢卡奇全集》工程的时候,提出目前条件不成熟,建议先编撰《文集》比较好。他的理由是:编撰全集是一项浩大的学术工程,目前研究人员并不充分;而且全集的作用在于展示,其学术作用并不比文集强多少;最后国内研究卢卡奇的条件还不成熟,适度的文集更能有效推动卢卡奇研究的进一步推进。①不过无论如何,在通过近五年的研究时段来看,卢卡奇理论中探索社会的整体性视野、将文学视为社会实践的认识方式,以及在文学实践中重新审视形式理论价值与意义的思路,都正在被有效地汲取到我们构建马克思主义文论的工作当中,国内学者都在尝试将它们转化为构建国家文化自信的有效资源。

(二)现实主义文学批评议题的呈现

除了卢卡奇研究的复兴外,文学批评也一直是现实主义研究较为关注的领域。在广义的现实主义文论语境中,文学批评是将文学研究切入现实、使文学所携带的人文意识现实化、当下化的重要手段。概言之,文学批评不但是文学反映真实现实的手段,还是将文学理想现实化的有效路径。在如此的文学批评议题中,除卢卡奇外,詹姆逊、伊格尔顿、朗西埃的理论资源也都是较受国内学术界重视的。其中詹姆逊和伊格尔顿因进入国内学界较早,文学界对他们相对熟悉,因此二者的理论也成为构建文学批评工作最为常见的资源。伊格尔顿的作品《文学事件》在2017年被翻译成中文,围绕着"事件"的概念引发了国内一系列的讨论,比如江守义的《文学事件不能只归于策略——对伊格尔顿〈文学事件〉的思考》②、邢建昌的《虚构的意义——伊格尔顿〈文学事件〉阅读札记》③,王伟的《论伊格尔顿的文学"策略"思

---

① 张亮:《关于多卷本〈卢卡奇文集〉编译的若干思考》,《广西大学学报(哲学社会科学版)》,2020年第5期。
② 江守义:《文学事件不能只归于策略——对伊格尔顿〈文学事件〉的思考》,《文艺研究》,2019年第1期。
③ 邢建昌:《虚构的意义——伊格尔顿〈文学事件〉阅读札记》,《中国语言文学研究》,2019年第2期。

想》①等。

在这些研究中,文学是否会被用作针对当下现实的政治"策略",从而形成未来愿景面对现实变革的牵引力,成了讨论的重中之重。其中王伟的文章较为中正地处理了伊格尔顿的"策略"问题,他试图在对伊格尔顿的理论阐释中连接起相互冲突和文学与政治两项研究领域,认为其对"策略"的论述一方面连接起文本与语境、形式、审美等文学内容,另一方面也意味着读者透过作品的影响通过行动介入现实结构当中,这种现实化的"策略"行动是伊格尔顿和概念的首创者肯尼斯·伯克所不同的地方。而国内对詹姆逊文学批评理论的研究,则是试图呈现出詹姆逊在批评所有效运用的研究方法,将之变成构建我们认识现实、回应现实问题的有效途径。比如文苑仲的《詹姆逊当代艺术批评的方法建构与目标设定》②,作者将自己研究詹姆逊艺术批评的意义落实在了中国学术界批评的"泛化"和"失语"的现实问题上,强调詹姆逊批评中借助历史唯物主义理论对后现代主义在资本社会发展中的定位,强调辩证法对于艺术实践问题的重视,强调艺术批评目标对全球资本化现实的超越,从而将对詹姆逊的研究变成我们艺术理论自我更新的他山之石。

除了伊格尔顿和詹姆逊的研究外,朗西埃的文学批评理论在近些年也越来越多地为学界所重视。关于朗西埃批评理论的研究,我们可以用邹键、李忠阳的《纯文学的平等——论朗西埃对福楼拜的美学政治阐释》③为例来阐释其特点。在两位作者看来,朗西埃所坚持的"纯文学",目标在于对蕴含在欧洲一直以来诗学体制的突围:"纵观朗西埃的美学政治论述,他致力于阐发艺术的审美体制,注重在古今之变——诗学体制与审美体制的转换与对立——中揭示审美体制的特殊性。扼要地说,第一,诗学体制建立一套艺术等级秩序,它与社会等级秩序紧密联系,而审美体制废除前者的等级规

---

① 王伟:《论伊格尔顿的文学"策略"思想》,《浙江师范大学学报(社会科学版)》,2019 年第 2 期。
② 文苑仲:《詹姆逊当代艺术批评的方法建构与目标设定》,《文艺争鸣》,2019 年第 12 期。
③ 邹键、李忠阳:《纯文学的平等——论朗西埃对福楼拜的美学政治阐释》,《文艺争鸣》,2022 年第 12 期。

范,实现审美的平等;第二,两种艺术体制是不同的感性分配形式:诗学体制是等级性的感性分配,审美体制是平等性的感性分配。审美体制的特殊之处也正是'文学'的新意所在,因为现代意义文学的出现正是审美体制发展的表征与助推,是远为广泛的艺术的审美革命的一部分,而福楼拜正是其中的先驱代表。在艺术体制论视域下重审西方文学的古今之变,'文学'便不只是脱离了古老的'文人学识'的意义,更意味着脱离古老的诗学体制,造成诗学体制等级性的感性分配秩序的崩溃。"①由此可见,作者是想要将朗西埃"纯文学"理论所形成的文学实践观,将认识层面的平等意识借助于批评带回到文学研究当中,形成新的社会实践形式。在这一目标层面中,国内对朗西埃的研究和伊格尔顿、詹姆逊有一脉相承之处。

最后,现实主义研究还体现在对文化唯物主义理论的重视。文化唯物主义是伯明翰学派的理论所衍生出的概念,对伯明翰学派的研究在国内文学理论界也一直未间断过。近五年来,雷蒙德·威廉斯成了国内伯明翰学派研究中的热门人物,文化唯物主义的理论也随着威廉斯研究的兴盛而兴盛起来。国内近些年几乎每年都有关于威廉斯的研究书籍出版,其中包括李丽的《文化与意识形态理论:雷蒙德·威廉斯思想研究》(中国社会科学出版社,2022年);盛立民的《作为整体生活方式的文化:雷蒙德·威廉斯文化唯物主义思想研究》(天津人民出版社,2021年),以及徐淑丽的《雷蒙德·威廉斯乡村文化思想研究》(中国社会科学出版社,2020年),这些作品的主题也全都与文化唯物主义相关,通过这些足以见到理论家和理论话题的热度。雷蒙德·威廉斯在国内研究界的持续升温,其原因不仅有国内对马克思主义理论建设的需要,还有在急剧变化的现实境况中,国内学者要认识世界、把握现实的尝试。在关于威廉斯的研究中我们能够看出国内文学界试图让文化研究及物化的努力。在对雷蒙德·威廉斯的研究中,我们能够看到国内学者将文化研究落实到对具体社会关系、社会结构的探索当中的努力。他们试图从特定的社会关系及结构中看到被阶级叙事所忽略的特定社会群体,从

---

① 邹键、李忠阳:《纯文学的平等——论朗西埃对福楼拜的美学政治阐释》,《文艺争鸣》,2022年第12期。

而将之安置到可共建、可共享的"共同文化"构建工作中来。

除了对雷蒙·威廉斯的研究外，国内的伊格尔顿研究也多涉及文化唯物主义研究的内容。论文成果当中有丁尔苏的《悲悯共同体之拓展——伊格尔顿论悲剧英雄》，作者以伊格尔顿的新作《悲剧》的出版为契机，将伊格尔顿的悲剧理论贯穿雷蒙德·威廉斯《现代悲剧》所呈现出的理论脉络当中去思考。在他看来，我们在思考悲剧中死亡问题的时候，指向的是我们对待现实中人的认知。在作者看来："伊格尔顿在许多场合将自己定义为清醒的现实主义者，他承认在所有人的内心深处都藏有弗洛伊德所谓的'死亡驱力'或拉康所谓的'欲望'，而对他人的伤害则是这种生物本能的表现形式之一。正因为此，我们在令人厌恶和憎恨的人身上发现自己的影子(finding our own selves reflected in the abhorrent and abominable)，从这个意义上讲，怜悯异类就等于怜悯自己。伊格尔顿由此得出结论，'只有在走邪路者、外在私密性和被驱逐者的基础上，才能建构起一个悲悯的共同体。一种新秩序的基石必须是受辱骂和污秽之人，就像科罗纳斯的俄狄浦斯一样'。"①

除论文外，伊格尔顿近些年也出版了一些非常有新意的著作，其中也涉及对文化唯物主义内容的研究。比如耿幼壮的作品《理论之外：特里·伊格尔顿"非文学理论"著述研究》②，该书分为神学思考、创意写作和文化研究三章内容来论述伊格尔顿的理论。在文化研究的章节中，耿幼壮深入讨论了伊格尔顿的爱尔兰研究主题，从殖民研究的角度将爱尔兰文化被安置进英国文化的现状给予了充分的揭示。耿幼壮指出，伊格尔顿的工作并没有陷入对狭隘民族主义的阐述当中，而是将民族主义视为一种现代性的进程，它是一个涵盖文化、认识、感觉和政治的工程，我们需要超越这些现代化进程的构建，面对具体的现实问题形成一个可共建、可共享的共同文化进程，而不是在民族主义和现代性所营造的群体对立当中维系社会。

除了耿幼壮外，阴志科的著作《回归古典：新世纪伊格尔顿文化研究》也涉及这一主题。阴志科的理论特色就在于将伊格尔顿的研究与亚里士多德

---

① 丁尔苏：《悲悯共同体之拓展——伊格尔顿论悲剧英雄》，《国外文学》，2023年第3期。
② 耿幼壮：《理论之外：特里·伊格尔顿"非文学理论"著述研究》，北京大学出版社，2021年。

等人结合起来,借助于后者来解读伊格尔顿研究的理论特点。在他看来,亚里士多德思想体系中的普遍性高于个体性,政治学中城邦高于个人,伦理学和诗学当中行动高于性格的论述,都是伊格尔顿将政治思考带向文学的有效资源。也是在对古典的转化和继承中,伊格尔顿形成了对抗后现代反本质主义的理论,认为需要建立起一个"人的本质",理由在于"……我们必须把注意力重新放在人的身上,没有普遍就没有个别,没有共性便没有个性,人不可能认识一个从未见过的事物,因为你和后者之间没有任何共性,只有先承认了这个问题,所谓的政治问题、伦理问题、审美问题才能够得到恰当讨论"[①]。在这些研究当中,文化唯物主义便呈现出了其理论最核心的价值,那就是在认识现实世界的基础上,试图去构建一个可感、可享、可参与的共同文化,最终形成一个可以彼此受益的社会秩序。无论是雷蒙德·威廉斯还是伊格尔顿,甚至是坚持现实主义思考的所有西方马克思主义理论家,他们共同坚持的都是这样的一个理论目标。

三、中西方理论之间的影响授受

本报告所论及的第三个话题,是对中西方理论之间互动与比较的研究。需要指出的是,此处专门提及的比较研究是跨国别界限的,和前文提到的西方理论家之间的比较有所不同。国内外理论家之间的比较研究在文学研究界一直都有,但近些年却呈现出越来越繁荣的景象,究其原因,也和国内越来越重视文化建设的趋势相关,特别是和前文所提及的近年间国家对中国特色马克思主义文论历史发展的经验总结工作的重视密切相关。以外国理论家为镜像,能够更有效地鉴别出中国特色马克思主义理论的理论价值和现实意义所在,从而能够更有效地将中国特色马克思主义理论的探索和国家文化自信建设工作结合起来。

---

① 阴志科:《回归古典:新世纪伊格尔顿文化研究》,中国社会科学出版社,2019年,第224页。

（一）中西方理论家的比较

在中西方理论家比较工作方面,较有代表性的是颜芳的著作《毛泽东思想与阿尔都塞》,以及邓海丽的文章《论文学立场:雷蒙·威廉斯与〈毛泽东论文艺〉》[①]等。颜芳的作品探索的是阿尔都塞在其理论构建中对"毛泽东主义"的转化性创造问题,她的落脚点是中国如何能够借鉴阿尔都塞的理论发挥将"毛泽东主义"转化为世界性的马克思主义理论资源。这本书是胡亚敏主编的"马克思主义文学批评的中国形态研究"系列丛书中的一本,这套丛书已经出版的六本作品,除了孙文宪的《马克思主义文学批评范式研究》和万娜的《走向资本批判视域的经典马克思主义文学批评》两本立足马克思主义理论本体研究的作品外,剩余的四本都是秉承着通过比较视域认识中国马克思主义批评形态特点的意识。这四本书分别是胡亚敏的《马克思主义文学批评中国形态的当代建构》、黄念然的《马克思主义文学批评中国形态的历史进程》、魏天无的《中国早期马克思主义文学批评形态研究》和颜芳的《毛泽东思想与阿尔都塞》。其中颜芳研究的对象较为具体,也更能呈现出丛书的研究特点。

在作者看来,阿尔都塞和毛泽东的比较研究,理论目标在于"鉴于阿尔都塞在其辩证法和意识形态理论中通过其若干重要理论范畴吸收和转化了毛泽东思想,其理论深度和对毛泽东思想接受的连贯性在西方'毛泽东主义'中是极为突出的,故此,阿尔都塞的'毛泽东主义'可作为建构中国马克思主义批评理论的重要参考之一。通过阿尔都塞的阐发,毛泽东思想的术语和范畴就既属于中国,又具有了超民族性的世界属性"[②]。这种比较研究所呈现出的中国马克思主义批评理论,是一种以独立姿态参与到世界文化建构历程中的尝试。

邓海丽的文章,则是从雷蒙德·威廉斯对《毛泽东论文艺》的引证出发,论及 commitment 及其中文翻译"党性"之间的区别,由此来解释威廉斯和毛

[①] 邓海丽:《论文学立场:雷蒙·威廉斯与〈毛泽东论文艺〉》,《马克思主义美学研究》,2023年第2期。

[②] 颜芳:《毛泽东思想与阿尔都塞》,人民出版社,2023年,第6页。

泽东在革命背景和路径之间的差异,继而来探索二者之间相互借鉴的可能性。其研究目标同样在于"其重要意义不仅仅是萨义德视域下外来思想输入嫁接到本土文化的理论旅行,更重要的价值在于,威廉斯的借鉴挪用其实是以毛泽东文艺思想为代表的中国化马克思主义与代表西方话语霸权的英国思想传统、文化理论进行的直接创造性对话。在此过程中,毛泽东文艺思想经嫁接移植,在西方文化土壤落地生根、开花结果,为全球文化研究提供了新的批评工具,产生了持久性、世界性影响,证明毛泽东文艺思想跨越中西文明、跨越时空的可通约性和持久深远的解释力,一定程度上体现西方思想界对中国化马克思主义文论的时代回应和价值认同,再次确认人类跨文化交流实现文明互鉴、思想创新的可能"①。通过对比研究目标我们能够看到,邓海丽的文章和颜芳乃至整个华中师范大学马克思主义批评研究团队的思路较为一致,都在尝试更为有效地将中国特色马克思主义理论的探索和国家文化自信建设的工作相结合,这也和近些年文学研究的时代潮流高度相关。

(二)西方马克思主义理论家在中国的接受史

除了国内外理论家之间的比较研究外,国外理论家在中国的接受史研究,也在近五年的时间段中出现的频率非常高,几乎每年都有类似主题的研究见刊,也可以视为西方马克思主义理论研究中较为热门的话题。关于这类文章,本部分将分为两个话题进行介绍,第一是单一的西方马克思主义理论家在中国的接受问题,研究者试图借助于国内接受这些理论家时所呈现出的思想侧面来剖析或还原中国理论思想的内在根基,完成以他者之镜定位自我的研究目标。在这类研究中,张亮的《阿多诺研究在中国的过去、现在与未来——纪念阿多诺诞辰120周年》②,徐德林的《威廉斯研究在中国:遗

---

① 邓海丽:《论文学立场:雷蒙·威廉斯与〈毛泽东论文艺〉》,《马克思主义美学研究》,2023年第2期。

② 张亮:《阿多诺研究在中国的过去、现在与未来——纪念阿多诺诞辰120周年》,《福建论坛(人文社会科学版)》,2023年第9期。

产与债务》①，李灿、刘健、张亮撰写的《卢卡奇研究在中国——基于CSSCI数据库(1998—2019)的实证分析》②都是较有代表性的研究。

张亮的研究认为，自20世纪80年代开始，阿多诺在中国的接受经历过边缘静置期、蓄势待发期、走向研究中心的第一次高潮，以及2019年开启的第二次高潮这四个时期。因为和国内流行的马克思主义理论研究内容不相符，国内很长一段时间内对阿多诺的研究都是沉寂的。随着国内经济形势的变化，以及阿多诺研究译本的改善，阿多诺研究进入蓄势待发期。再到后来，基于阿多诺研究前期基础的完善，包括译本和理论介绍的兴盛，阿多诺研究在否定辩证法、美学、文化工业、道德哲学四个领域形成了突破，形成了第一次兴盛期。2019年之后，得益于阿多诺《否定的辩证法》(王凤才译)出现了第二部中译本，并通过资深学者的大力引介，阿多诺研究形成了第二次高潮。作者也在第二次高潮的成果上对未来的阿多诺研究提出了展望，比如编译《阿多诺全集》等。

徐德林所谈的威廉斯接受并不仅仅是单纯的知识梳理，而是在思想史层面讨论中国理论界在资源化威廉斯时所形成的问题及遇到的困难。作者认为威廉斯对中国的遗产是他留下的情感结构研究，以及文化唯物主义的探索方式，但在媒介研究、电影研究及实践研究等方面仍未投入应有的重视，而这些研究能够更有效地将威廉斯的研究落实到以改良现实秩序为鹄的文化研究当中去，而不是将后者做知识化的处理："20世纪90年代中期以来，文化研究作为一种分析已然发生结构性变化的中国社会的利器，在中国大陆文艺理论界逐渐流行开来，持续受到人们的追捧，大量著述相继问世，但近年来，文化研究在中国学界的地位有所下降，不时遭人诟病，其中的一个重要抑或关键原因是它已经从作为政治的学术变为一种学术的政治，一种纯粹的学术操练，远离了文化现实。从这个意义上讲，在我们面对'全面建成小康社会''构建人类命运共同体'等全新文化现实的当下，再次寻找'希望的资源'是一种必须；无论是为了实现对威廉斯思想的总体把握和研

---

① 徐德林：《威廉斯研究在中国：遗产与债务》，《文艺理论与批评》，2022年第6期。

② 李灿、刘健、张亮：《卢卡奇研究在中国——基于CSSCI数据库(1998—2019)的实证分析》，《山东社会科学》，2021年第6期。

究,还是为了中国文化研究的再出发,全面审视和反思既有威廉斯研究同样是一种必须。"①

最后由李灿、刘健、张亮三位作者合作的研究,以翔实的数据呈现出了国内对卢卡奇研究的发展历程。并在材料分析的基础上总结出了当代国内卢卡奇研究的四个问题:第一是文献编译成果不能匹配研究的需要;第二是文献利用率低,各阶段研究比例失衡;第三是忽视了卢卡奇思想内部的有机性、连续性;第四是理论研究与思想史、社会现状的关联研究不够。几位作者在回应这些问题的基础上提出了加紧编撰《卢卡奇文集》,以全面、总体的视角研究卢卡奇,重视考察卢卡奇思想的异质性与连续性的辩证关系,处理好理论、历史和现实之间辩证关系的建议。研究最终的目标则在于:"复兴新时代的卢卡奇研究,是创新西方马克思主义研究的新起点,是历史赋予中国马克思主义理论界的重任,也是我们立足当下现实、理解自身发展、解决中国问题的理论创造和实践创新。"②

通过这三篇接受研究的代表作我们可以看到,具体理论家的接受是一种小口深切的研究形态,这些研究的落脚点都是对自我认识问题的深度挖掘。

(三)西方马克思主义整体思潮在中国的接受史

学界另一个研究路向,是聚焦于对西方马克思主义特定的理论流派,甚至是这一概念本身在中国接受问题的研究。虽然这些研究和单一理论家接受史的目标类似,都是想要借助外来理论的接受状况来映照中国马克思主义文学理论建构历史肌理和思想脉络,但对单一理论家接受史的阐释所思考的问题,更多是如何将这个理论家面对中国问题更有效地资源化,而对西方马克思主义的概念或流派的研究,则能够更加直接地面对中国理论和中国现实的问题,它们并不局限于为中国理论提供某些理论家的资源而是试图将中国理论整个的问题化,试图从中打开接受历史背后的社会意识变迁,

---

① 徐德林:《威廉斯研究在中国:遗产与债务》,《文艺理论与批评》,2022年第6期。

② 李灿、刘健、张亮:《卢卡奇研究在中国——基于CSSCI数据库(1998—2019)的实证分析》,《山东社会科学》,2021年第6期。

以及中国理论背后的问题意识及问题域体系。类似的研究在近五年涌现了很多很有价值的思考，其中以夏巍的《法兰克福学派在中国的传播及其思想效应研究概览》①，王健的《未能"体系化"的资源——谈西方马克思主义在中国文学理论建构中的影响与问题》②，以及曾军、汪一辰的《"西方马克思主义"在新中国初期的理论旅行及其引发的理论问题》③较为有特色。

夏巍的文章立足如此的研究目标："基于上述分析，笔者认为，今后法兰克福学派在中国的传播及其思想效应研究应着力立足于中国现实，面向中国未来，基于历史唯物主义、存在论诠释学及中外马克思主义比较的研究视域展开进一步深入探索，从而能够完整而清晰地呈现其在中国的传播历程，提供充分释放其更大思想效应的路径和方案，并重点加强对法兰克福学派对中国马克思主义发展的思想效应的深入考察与研究，揭示其服务于解决中国马克思主义理论与实践问题的重大意义，以推进21世纪马克思主义和中国当代马克思主义的发展。"④虽然作者在论述中仍然有明显的要让法兰克福学派的资源融入中国理论的意图，但相比对单个理论家的接受，其对所要融入的中国理论有了明显更为深入的剖析，阐述出了国内对法兰克福学派理论接受中简化问题的缘由，这种具体化地剖析中国理论内部肌理和发展脉络的做法，正是这种流派或概念接受研究的价值所在。

王健的论文明显延续着这一思路。其研究不是停留在描述清楚西方马克思主义在中国传播的历史现象，而是通过历史现象去思考"现象为何如此呈现"的社会与历史动因。如论文中指出的那样："1985年杰姆逊来华开始，西马的理论便以主题的形式译介进国内，但在当时以审美为核心的文论体系中，限于理论需求与社会需要，它很难被吸纳。但此时的西马却提供了社

---

① 夏巍：《法兰克福学派在中国的传播及其思想效应研究概览》，《国外马克思主义研究》，2021年第11期。

② 王健：《未能"体系化"的资源——谈西方马克思主义在中国文学理论建构中的影响与问题》，《马克思主义美学研究》，2022年第2期。

③ 曾军、汪一辰：《"西方马克思主义"在新中国初期的理论旅行及其引发的理论问题》，《文艺争鸣》，2020年第5期。

④ 夏巍：《法兰克福学派在中国的传播及其思想效应研究概览》，《国外马克思主义研究》，2021年第11期。

会性批判的内容,并在文化批判的维度承接了马克思主义文论的传统,这是它有别于审美体系中其他资源的地方。到了新世纪之后,在社会的急剧变化需要重唤文论建构的社会性视野,学者对自身定位的调整扫除了传播的障碍后,西马的理论在国内文论界迅速兴盛,它能够应对新事物,为文学研究提供新的方法。但在其蓬勃发展的过程中,以西马理论为核心的文化研究却遭遇了忽视对普遍性的建构;对文化冲突的研究过于平面化、难以将理论认识转化为改变现实秩序的实践力量等问题。八九十年代时西马遇到的是无法被审美体系所容纳的问题,而新世纪以后它本身就被用作为反体系化的资源。"①这里所呈现出的研究特点在于,作者是以西马的接受史为线索来呈现出中国理论的发展脉络,以及蕴含在发展脉络中的中国社会和政治的变化动因。

最后曾军、汪一辰的研究更是侧重从国际关系互动的层面来审视西方马克思主义这一概念在中国的接受过程,其研究视角无疑显得更为宏阔:"西方马克思主义的中国旅行,彰显了中国马克思主义与域外文论的密切联系,也预示着尽管中国与外部世界的关系呈现强弱不均的问题,但是中国始终是'世界的中国'。无可否认,新中国初期对西方马克思主义文论的译介在批判资产阶级的社会语境中引发了一些误读,存在着诸多问题,但是这一接受现象构成了新中国初期与20世纪80年代初期文论话语建设的内在联系,并在改革开放新时期以及21世纪新时代不断推进'新中国文论'话语体系的建构。"②如此研究的意义,在于将国际视野带入我们的认知范围内,恢复马克思主义世界性的理论特点。虽然在当下文学界对西方马克思主义理论的研究,都是将中国理论的自觉意识作为研究的重点,但如曾军、汪一辰所言,中国毕竟是"世界的中国",我们需要在世界的层面对中国进行定位,而并非独立和抽象地去看待中国理论的产生。如果说对社会性的认识是中国理论构建的认识基础,那么世界性便是我们了解中国理论建构形式和建

---

① 王健:《未能"体系化"的资源——谈西方马克思主义在中国文学理论建构中的影响与问题》,《马克思主义美学研究》,2022年第2期。

② 曾军、汪一辰:《"西方马克思主义"在新中国初期的理论旅行及其引发的理论问题》,《文艺争鸣》,2020年第5期。

构价值的基础。这一时期蕴含在西方马克思主义理论接受研究中的，就是国内学者探索社会性、探索世界性的尝试。

四、结语

通过艺术研究、现实主义和中外理论比较三个话题看西方马克思主义理论在中国文学和美学界的理论影响，可见一方面学界仍将它们视为切入现实问题、形成社会批判的有效手段；另一方面，也逐渐开始将西马呈现出的理论思考作为资源，为构建有中国特色的马克思主义文论形成助力。这也使得当下文学界对西方马克思主义理论的研究开始摆脱以往后现代主义的理论背景，开始逐渐向建设性、宏大性的方向转化，也逐渐开始形成与国家政治和文化之间相互配合的有效互动。如果说在过去的西方马克思主义研究中，体现出的是中国理论界认识现实、重新定位现实的努力的话，那么近五年来新的研究特点在于，我们在定位现实的基础上，重新去探索着构建中国特色的马克思主义文论体系，形成强大具有凝聚力和解释力的中国理论和文化的尝试。过去的研究，西方马克思主义文论研究呈现出的是一种在远离显性的政治机构，脱离于传统的文学研究之外，在文化研究的社会批判维度尝试形成新的社会文化样态、形成社会文化引领的努力。而在近些年的研究中，西方马克思主义文论研究中呈现出的新特点就在于慢慢开始与原来所脱离的内容相靠近，慢慢开始与中国学界所建立的马克思主义理论体系相融合，慢慢与原有的文学经典理论开始融合，这些新的特点也成就了其当下在坚持艺术研究特点的基础上，却出现了"现实主义"研究热点，侧重借助接受史阐述问题的新的研究现象。

当然，新的理论特点的形成源自其所应对的现实问题发生了变化。近些年中国的社会形势、世界的政治形势都发生了翻天覆地的变化，百年未有之大变局让我们对原本资本社会所承诺的"发展"幻象发生了进一步的怀疑，并对社会主义的国家政治形成新的期待。和平发展的东方提供的平等潜力会让世界秩序的构建逐渐形成新的局势，这种局势的变化很可能是历史中从未出现过的，这也为中国政治和中国文化面对世界的认识提出了新的挑战。我们所有的研究都是在这些新的形势下发生的，也一定都沾染上了这些时代的新的色彩。虽然急剧变化的中国社会形势和世界格局形势会对我们的研究形成一系列全新的挑战，但这些格局的变化也会为所有的研究提供共同的根基。西方马克思主义文论的资源，也只有变成我们应对世界变化的有效资源，以及在此基础上成为我们构建中国理论、形成世界格局下自我认识的有效工具，才能在国内有更加光明的研究前景。

分报告六
对拉吕埃勒的研究

一、研究缘起

(一)拉吕埃勒及其国际非哲学组织

弗朗索瓦·拉吕埃勒(François Laruelle,1937 年 8 月 22 日—),是法国巴黎第十大学(又称巴黎楠泰尔大学)的教授,他因开启了一个名为"非哲学"(non-philosophy)或者"非标准哲学"(non-standard philosophy)的思想计划,并建立和领导了"非哲学国际组织"(Organisation Non-Philosophique Inter-nationale,ONPHI)[①]而闻名于国际哲学界。与德勒兹和巴迪欧等已被国内学界大量译介和研究的法国哲学家相比,拉吕埃勒在国内的研究还处于刚刚起步的阶段,因此这里有必要先对拉吕埃勒本人的思想发展历程,以及他的国际非哲学组织成员们为"非哲学"的传播和发展所作的工作予以一定介绍。

拉吕埃勒将自己的"非哲学"计划分为五个阶段:哲学 Ⅰ(1971—1981)、哲学 Ⅱ(1981—1995)、哲学 Ⅲ(1995—2002)、哲学 Ⅳ(2002—2008)和哲学 Ⅴ(2008—)。作为一位多产作家,拉吕埃勒从 1971 年到现在已出版了 28 部著作,其中翻译为英文的包括以下 17 部:

《未来的基督:异端中的一个教训》(*Future Christ: A Lesson in Heresy*,

---

① 对于非哲学国际组织(ONPHI)本身的整体性了解,参见《哲学的终结时代的斗争和乌托邦》一书第五章"一种非制度性乌托邦的大纲",拉吕埃勒在此把 ONPHI 定位一种对非哲学的先验辩护。

2002）；

《差异哲学：非哲学的批判性导论》（*Philosophy of Difference：A Critical Introduction to Non-Philosophy*,2010）；

《非摄影的概念》（*The Concept of Non-Photography*,2011）；

《摄影—虚构，一种非标准的美学》（*Photo-Fiction，a Non-Standard Aesthetics*,2012）；

《从决定到异端：非标准思想中的实验》（*From Decision to Heresy：Experiments in Non-Standard Thought*,2012）；

《哲学终结时代的斗争和乌托邦》（*Struggle and Utopia at the End Times of Philosophy*,2012）；

《非哲学的诸原则》（*Principles of Non-Philosophy*,2013）；

《反巴迪欧：论毛主义在哲学中的引入》（*Anti-Badiou：On the Introduction of Maoism into Philosophy*,2013）；

《哲学和非哲学》（*Philosophy and Non-Philosophy*,2013）；

《非哲学辞典》（*Dictionary of Non-Philosophy*,2013）；

《受害者的一般理论》（*General Theory of Victims*,2015）；

《知识分子与权力：受害者的起义》（*Intellectuals and Power：The Insurrection of the Victim*,2015）；

《非马克思主义导论》（*Introduction to Non-Marxism*,2015）；

《基督—虚构，雅典和耶路撒冷的废墟》（*Christo-fiction,the ruins of Athens and Jerusalem*,2015）；

《普通人传记：论权威和少数人》（*A Biography of Ordinary Man：On Authorities and Minorities*,2018）；

《最终的人道：新生态科学》（*The Last Humanity：The New Ecological Science*,2020）；

《秘密神学：一个非哲学家的信仰自白》（*Theology：A Non-Philosopher's Confession of Faith*,2021）。

值得一提的是，在拉吕埃勒这些已有英译本的著作中，《普通人传记：论权威和少数》《差异哲学：非哲学的批判性导论》和《哲学和非哲学》的法文原版,分别发表于1985年、1986年和1989年,也即这三部著作处于哲学Ⅱ时期,而其他著作则是哲学Ⅲ时期及以后的作品。这里之所以要指出这种阶段性划分,是因为这印证了拉吕埃勒的重要译者之一的安东尼·保罗·史密斯(Anthony Paul Smith)的一个说法,即到哲学Ⅲ时期,拉吕埃勒才提出了"非哲学"的基本概念和方法论的成熟构想,而在此之前,拉吕埃勒的作品是被左翼政治和社会关切所标识。①换言之,当我们把拉吕埃勒一般地定位为当代左翼思想家和哲学家时,我们应该主要从他的哲学Ⅰ和哲学Ⅱ时期的作品入手来了解他的思想。与此相对,当我们要突出拉吕埃勒的"非哲学家"身份时,我们应该主要从他的哲学Ⅲ和以后时期的作品入手。当然,这种划分也不是绝对的,例如要理解拉吕埃勒在20世纪对"普通人"的关注,甚至有必要联系他21世纪以来对基督教的解构,而要理解他对马克思主义的关注在世纪之交时结出的成果,则有必要追溯到20世纪70年代的法国左翼学界。

综合来看,拉吕埃勒在阐发自己的"非哲学"思想及其与哲学的张力关系之外,还积极地运用"非哲学"对科学、艺术,以及宗教和伦理等进行批判性研究,这就表明"非哲学"作为一种创新的思维方式,开启着新的哲学实践。最早系统地介绍拉吕埃勒非哲学思想到英语学界的雷·布拉西耶(Ray Brassier)肯定地指出:拉吕埃勒的这种创新的思维方式体现为"抽象",并且拉吕埃勒为了达到这种方法论的创新,甚至以形式创新完全覆盖了实质创新。②对于这种"创新",拉吕埃勒自己更愿意称之为"异端",因为与以往哲学为了自己的利益而策略性地运用"哲学终结"不同,拉吕埃勒旨在通过对哲学的结构性分析,在"哲学的终结时代"彻底破除哲学的权威。对于自己的"抽象"风格,拉吕埃勒有过一个不太成功的辩护,即"非哲学"的抽象与哲学的抽象相比,只能算作"第二阶的抽象",因为哲学本身就是抽象的,"非哲

---

① François Laruelle, *Introduction to Non-Marxism*, Trans by Anthony Paul Smith, Univocal Press, 2015, p.xii.
② [英]雷·布拉西耶:《自明性的异端——弗朗索瓦·拉吕埃勒的非哲学》,黄其洪、王鸿宇译,《黑龙江社会科学》,2020年第1期。

学"作为一种以哲学为材料的理论,必然也是抽象的。①不难发现,拉吕埃勒的这种"抽象"的理论风格其实源于他偏重于"共时态"的结构分析,而较为缺乏"历时态"的具体分析。②

无论如何,对于拉吕埃勒"抽象"的理论风格,他的非哲学国际组织的成员们无疑是为之感到兴奋并着迷的。非哲学国际组织的成员主要包括雷·布拉西耶(Ray Brassier)、罗科·甘格尔(Rocco Gangle)、卡特林娜·科洛佐娃(Katerina Kolozova)、安妮·弗朗索瓦丝·施密德(Anne-Françoise Schmid)、杰森·巴克(Jason Barker)、本杰明·诺伊斯(Benjamin Noys)等人。除了翻译拉吕埃勒本人的著作之外,他们还围绕拉吕埃勒的"非哲学"撰写相关论文和著作,这两方面的工作一起逐渐改变拉吕埃勒在国际学界默默无闻的局面。例如,雷·布拉西耶(Ray Brassier)③除了发表论文介绍拉吕埃勒之外,还在自己的专著《解缚的虚无:启蒙和消亡》(Nihil Unbound:Enlightenment and Extinction,2007)中对拉吕埃勒的"非哲学"计划作出了专题讨论。罗科·甘格尔(Rocco Gangle)除了是拉吕埃勒的《差异哲学:非哲学的批判性导论》一书的译者之外,还专门为此书写了《拉吕埃勒的差异哲学:一个批判性的介绍和导读》(François Laruelle's Philosophies of Difference:A Critical Introduction and Guide,2013)一书,把拉吕埃勒的思想与尼采、海德格尔、德勒兹和德里达的思想进行比较。卡特里娜·科洛佐娃(Katerina Kolozova)则发展了拉吕埃勒对资本主义的"非马克思主义批判"和对主体问题的关注,写了《实在和"我":论限度和自我》(The Real and "I":On the Limit and Self,2006)、《内在反抗理论:非马克思主义和非基督教》(Katerina Kolozova,Theories of the Immanent Rebellion:Non-Marxism and Non-Christianity,Edinburgh University Press,2012)、《实在的切割:后结构主义哲学中的主体性》(Cut of the real:subjectivi-

---

① Anthony Paul Smith, *François Laruelle's Principles of Non-Philosophy:A Critical Introduction and Guide*,Edinburgh University Press,2016,p.62.

② 黄其洪、王鸿宇:《从哲学到"非哲学"——F.拉吕埃勒的"非哲学"思想导论》,《现代哲学》,2018年第4期。

③ 雷·布拉西耶同样是巴迪欧的重要译者,他对巴迪欧著作的翻译如下:Alain Badiou,Theoretical Writings,Trans by Ray Brassier and Alberto Toscano,Continuum,2004;Alain Badiou,*Saint Paul:The Foundation of Universalism*,Trans by Ray Brassier,Stanford University Press,2003.

ty in poststructuralist philosophy，2014)、《迈向社会主义的激进形而上学：马克思和拉吕埃勒》(*Toward a Radical Metaphysics of Socialism：Marx and Laruelle*，2015)和《资本主义的动物大屠杀：对资本、哲学和父权制的非马克思主义批判》(*Capitalism's Holocaust of Animals：A Non-Marxist Critique of Capital，Philosophy and Patriarchy*，2020)等书。总之，国际非哲学组织的成员们的工作，一方面为我们理解拉吕埃勒的思想本身作出了重要贡献，另一方面也示范了如何运用"非哲学"去进行哲学实践。

(二)一份"非哲学"的期刊：*Oraxiom*

要研究拉吕埃勒的非哲学思想，"非哲学"的一份专门期刊"*Oraxiom*"也必须引起我们的重视。据编辑们介绍，"Oraxiom"一词选自拉吕埃勒的《反巴迪欧》一书，是拉吕埃勒把"oracle"和"axiom"合成后新造的一个概念，拉吕埃勒将它解释为"公理化的决定和哲学化的决定的叠加，转变了概念及其效果的量子叠加"[①]。与此相应，Oraxiom 在其发刊词中强调自己的任务在于使"非哲学"国际化，收录横跨人文、科学和艺术等领域中的非哲学研究，调查和展现拉吕埃勒的非哲学及其迭代。[②]以 Oraxiom 第 2 期为例，它采用"The End Times"为主题，收录了9篇文章，2篇对话和拉吕埃勒1篇文章的翻译，来展现"非哲学"的历史和未来。这些文章表明了"非哲学"在人类学、教育学，以及生物学和生态学等学科中的延伸，它们谈论的话题包括后人道主义、现代性、弥赛亚、全球化时代的民族主义和种族中心主义、人类中心主义、生命政治等。可见，Oraxiom 既关注对拉吕埃勒"非哲学"概念、方法和未来作一些澄清，也注重表明拉吕埃勒的现实关怀和"非哲学"的理论实践价值，它是我们跟踪研究拉吕埃勒思想发展和传播的重要媒介之一。

(三)国内对拉吕埃勒理论的引进过程

2015年，黄其洪到美国天主教大学访学期间，发现拉吕埃勒在美国已经

[①]　Françios Laruelle，*Anti-Badiou：On the Introduction of Maoism into Philosophy*，Trans by Robin Mackay，Bloomsbury Publishing Plc，2013，p.122.

[②]　对 Oraxiom 期刊的详情了解和文章获取，请搜索 http://www.oraxiom.org。

受到一定程度的关注，同时发现拉吕埃勒的非哲学思想与自己"重建形而上学"的问题意识具有高度的相关性，是自己重建形而上学在当代西方的重要对话伙伴。基于以上考虑，黄其洪开始收集和追踪拉吕埃勒的英文文献，并逐渐拓展研究国外代表性学者对拉吕埃勒的研究和评论，把当时可以收集到的英文的拉吕埃勒本人的著作和其他人对拉吕埃勒的研究性的著作几乎全部收集齐全。2016年回国后，在与南京大学蓝江就当代左翼思潮进行交流时，注意到蓝江也对作为巴迪欧的重要反对者的拉吕埃勒产生了研究兴趣，而与此同时，拉吕埃勒在国内还处于一种默默无闻的状态，这与拉吕埃勒在国际上的影响及他的思想的冲击力是不相匹配的，于是，黄其洪决定启动对拉吕埃勒的译介和研究工作。

从2016年起，黄其洪在西南大学西方马克思主义研究所组建拉吕埃勒研究小组，引导和组织学生对拉吕埃勒的代表性著作，以及他人对拉吕埃勒的研究性著作的英文版进行翻译，并每周末举行研究推进会。目前，研究小组的学生包括王鸿宇、吴敏、袁雄、张倩（河南）、马文灏、刘庆、李作纯、孙启鸣、李圆圆、方立波、彭玉凤、张倩（云南）、廖宏伟。在研究推进会上，学生们汇报翻译进度，讲述对译文的梳理和感到困惑难解之处，黄其洪则为学生们指出解决办法和进一步努力的方向。正是在这种逐步翻译、理解和反复交流学习的基础上，经过艰苦的努力，西南大学拉吕埃勒研究小组开始取得一定的成果。

二、研究成果

（一）翻译工作

西南大学拉吕埃勒研究小组对翻译工作采取的方式是，每一位学生选取拉吕埃勒的一部代表性著作为学位论文的核心文献进行全文翻译，再根据个人研究需要出发，从该书拓展到对拉吕埃勒其他著作和文章的跳跃式翻译。毋庸讳言，小组成员在对拉吕埃勒的翻译中所遭遇的困难，或许并不比拉吕埃勒的英译者们少，这一方面是因为拉吕埃勒抽象的理论风格，另一方面也是因为拉吕埃勒像海德格尔那样改写和创造了一些概念。此外，再加上拉吕埃勒的英译者们所强调的英译本难免遮蔽了法文原版的一些精深微妙之处，这三方面一起拉开了拉吕埃勒思想与我们之间的距离，而增强了我们对拉吕埃勒思想的陌生感。

为了缩短与拉吕埃勒的距离，从而亲近拉吕埃勒的思想，拉吕埃勒研究小组在第一阶段翻译的是拉吕埃勒的《非哲学辞典》《反巴迪欧》和《非马克思主义导论》这三部著作。换句话说，小组从这三本书切入的目的是相当明确的，即首先我们要熟悉拉吕埃勒的关键概念，然后再把马克思和巴迪欧作为拉吕埃勒思想的参照系时，我们就可以把拉吕埃勒抽象的理论表述具体化，在一种比较研究中界划清拉吕埃勒的理论身份。概括来说，《非哲学辞典》对拉吕埃勒"非哲学"思想的关键词汇和专有术语作了条目化的介绍，能够帮助读者快速掌握拉吕埃勒文本中的一些关键问题，为读者更好地理解"非哲学"做好理论准备。而《反巴迪欧》则展现了今天仍健在的两个最重要的法国激进思想家之间的理论对抗，并解释了表面上拥有诸多共同点，例如都强调内在性、多元性的拉吕埃勒和巴迪欧，为什么实际上则是根本不同的。拉吕埃勒从他的"非哲学"视角对马克思主义进行创新性解读的成果即"非马克思主义理论"，集中体现在他的《非马克思主义导论》一书中。"非马克思主义理论"是与新马克思主义、后马克思主义，以及反马克思主义等不同的又一种新的"非正统"的马克思主义，在书中，拉吕埃勒详细地阐述了他的"马克思主义观"，并对马克思主义进行了解构。以上三本著作一直是国外学者研究拉吕埃勒哲学思想经常引用的文本，现均已翻译完毕，并购得版权，希望能够如期出版。这将更加有利于推进国内学者对拉吕埃勒非哲学思想的研究。

与此种思路类似，拉吕埃勒研究小组在第二阶段翻译的是拉吕埃勒的《普通人传记》《知识分子与权力》《非摄影的概念》《摄影—虚构，一种非标准的美学》《未来的基督：异端中的一个教训》等书。很明显，这些著作所关注的政治权威问题、伦理问题、宗教问题和艺术文化问题，都或多或少地贴近我们个人的生活经验，具有强烈的现实关怀。为了在后续研究中凸显这一点，拉吕埃勒研究小组还将陆续启动对《受害者的一般理论》《最终的人道》

和《秘密神学》等书的翻译,对拉吕埃勒的左翼政治思想和宗教神学思想进行纵深研究。

　　鉴于拉吕埃勒著作的翻译工作难度较大,成熟的翻译作品需要大量时间来打磨,所以为了使国内学界对拉吕埃勒的思想有一种初步的整体把握,黄其洪和王鸿宇合作,在与雷·布拉西耶建立联系并取得版权授权后,翻译了他向英语学界系统介绍拉吕埃勒思想的《自明性的异端》一文,译文发表在《黑龙江社会科学》2020年第1期。该文是国内公开发表的第一篇研究拉吕埃勒非哲学思想的译文,作者布拉西耶在文章中指出,拉吕埃勒可能是第一个舍弃哲学的内容创新而追求形式创新的哲学家。拉吕埃勒不仅没有对存在、真理或知识提出新奇的哲学主张,而且也没有对历史、伦理、艺术或政治说出更多的东西,或者至少也没有在他自己的极端抽象的理论框架之外说出一些有意义的东西。这种创新就是发现了一种异质于哲学的由实在本身所决定的"非哲学"思维方式。"非哲学"是拉吕埃勒对他所发明地对哲学的在哲学上前所未有地或异端地实践的命名。"非哲学"认为,所有哲学都会受到一个名为"哲学决定"的超历史的不变结构的制约。哲学决定的结构,是一种支配着哲学化的可能性的形式规则。然而哲学家们自身却仍未认识到这一点,这并不是因为他们对他们的角色缺乏严谨的反思,而恰恰是因为哲学的超级反思性妨碍了它认识到自己的决定的形式。"非哲学"从彻底内在性出发,对"哲学决定"进行了悬搁,从而把"哲学决定"看作一种材料,进而在实在与哲学之间建立了一种"单边二元性"关系。这种单边二元性关系,决定了实在和非哲学必定处于不断地运动和发展中,只能在最终情态中得到规定。"非哲学"作为一种描述性的、述行性的理论实践,是理论和实践的统一。最后,布拉西耶认为,虽然"非哲学"被认为是"抽象"的,但它不仅是一种可能,而且还具有现实性。而至于这种现实性能够发挥多大效能,还需进一步观察。①

---

① 　[英]雷·布拉西耶:《自明性的异端——弗朗索瓦·拉吕埃勒的非哲学》,黄其洪、王鸿宇译,《黑龙江社会科学》,2020年第1期。

(二)期刊论文

目前,拉吕埃勒研究小组共计发表了10篇以拉吕埃勒为主题的学术论文,此外还有上海大学的学者聂世昌也关注到了拉吕埃勒,并主要围绕"非哲学"在艺术领域的应用发表了2篇学术论文。为了更好地让读者了解这方面的研究进展,接下来我们将对这些论文的主要论点进行介绍。

黄其洪、王鸿宇的《从哲学到"非哲学"——拉吕埃勒的"非哲学"思想导论》是国内第一篇介绍和研究拉吕埃勒的文章。该文指出,"非哲学"主要是通过思考两个问题而产生:一是哲学的理论地位,"非哲学"认为从古希腊哲学到分析哲学再到解构主义,哲学家们进行新的哲学思考总是受到由内在性和超越性分裂而形成的结构的制约。拉吕埃勒将这种结构称为"哲学决定",哲学决定的二元划分直接导致了哲学对元一(One)或实在(Real)的独断和遮蔽。二是元一在哲学中的本体论地位,"非哲学"认为存在(Being)与元一不可混淆,元一先于存在,元一是彻底的内在性,因此不能把元一简化为存在。因此,"非哲学"既不是元哲学、哲学,也不是反哲学,而是"第一科学",因为它是对元一的科学的认识。如此一来,不仅原有的不同哲学流派之间的地位是平等的,而且哲学与宗教、艺术、文学、自然科学的地位也是平等的,都是对元一的局部、片面和不科学的解释,唯有"非哲学"才是真正的科学。最后,论文给出了一个基本的判断,即拉吕埃勒的"非哲学"思想是一种极为奇特的矛盾的综合。在这个矛盾体中,传统与变革、激进与保守同时并存。具体说来,一方面,拉吕埃勒对人类知识形态立体结构的解构,对不同哲学间或者不同哲学部门间的奠基关系的批判,对传统哲学本体论思维方式的自觉地拒绝,都给人一种很后现代的感觉,他似乎是一个十分前卫的人物;但是在另一方面,拉吕埃勒又强调彻底的内在性和客观性原则,强调大全的科学,反对独断和偏见,而且他对元一的认定和尊重,可以说超过了所有后黑格尔哲学家,对元一的界定也是非常传统的,与普罗提诺、埃克哈特和诺斯替学派有相通之处,从这个角度来看,他又是非常传统的人物。在拉吕埃勒后现代的面孔下却隐藏着一颗火热的捍卫传统的心。[①]该文通过对拉吕埃勒的"非哲学"的理论渊源、理论定位和理论限度的揭示,正式树立起了国内学界拉吕埃勒研究的旗帜,为后续研究起到一种思想指南的作用。

黄其洪、王鸿宇的《论拉吕埃勒对巴迪欧数学本体论的批判》是国内学界第一篇对拉吕埃勒基于"非哲学"立场对巴迪欧数学本体论进行的批判给予解析的文章。该文指出,巴迪欧基于对哲学终结论和海德格尔的"诗性本体论"的批判提出数学本体论,认为数学本体论是在相对主义占主流的今天重建普遍主义的唯一道路和言说存在的唯一途径。拉吕埃勒认为,巴迪欧的数学客观性表象之下隐藏着集权主义本质,他通过数学"再教育"哲学是一种"恐怖的纯化",不仅"纯化"了哲学的具体内容和外在形式,同时也肢解了哲学本身的内在整体性。该文最后得出结论说,拉吕埃勒的批判确实揭示了巴迪欧哲学的一些问题,但拉吕埃勒的"非哲学"本身也存在矛盾之处,即研究者们难免怀疑拉吕埃勒同样陷入他所批判的"哲学决定"和"充分哲学原则"中去了。[②]该文选取国内学界重点关注的左翼思想家巴迪欧为参照点,研讨拉吕埃勒与巴迪欧围绕数学本体论而展开的争论,是对拉吕埃勒的思想内容和理论限度的一种具体展示,有利于持续提升国内学界对拉吕埃勒研究的关注度。

黄其洪、吴敏的《拉吕埃勒对"柯尔施问题"的非哲学解答》是国内学界第一篇细致分析拉吕埃勒如何基于"非哲学"立场参与到马克思主义话语体系中的文章。该文指出,"柯尔施问题"从表面上来说探讨的是马克思主义和哲学的关系问题,但更为深刻和更为广阔地说,却是聚焦于理论和实践的关系。国内对"柯尔施问题"的研究偏重于对历史唯物主义的定位问题,争论的实质可以归结为探讨马克思主义与科学和哲学的关系问题,而对此的解答又分为以阿尔都塞的认识论断裂为代表和以拉吕埃勒的统一理论为代表的两条思路。拉吕埃勒从"非哲学"出发,对"柯尔施问题"作出了独特的

---

① 黄其洪、王鸿宇:《从哲学到"非哲学"——拉吕埃勒的"非哲学"思想导论》,《现代哲学》,2018年第4期。

② 黄其洪、王鸿宇:《拉吕埃勒对巴迪欧数学本体论的批判》,《马克思主义与现实》,2019年第2期。

回答，他认为马克思主义既包含哲学的维度，又包含科学的维度。而且在拉吕埃勒看来，在马克思主义的哲学维度和科学维度之间并没有高下之分，不存在哲学第一性或者科学第一性的问题，二者之间是一种平等的关系。它们之间的和平共处，恰恰证明马克思既是一个哲学家，又是一个科学家，从而使马克思的理论朝向元一或者实在不断开放，可以有新的要素或环节不断补充进去，这是马克思主义能够不断与时俱进的根源。从拉吕埃勒的这种"非哲学"解答入手，该文发现，我国学术界对于"柯尔施问题"的讨论恰恰陷入一种非此即彼的二元等级制和理论的封闭。[①]该文先把拉吕埃勒的问题意识定位到经典西方马克思主义所突出的"柯尔施问题"，再将国内学界对此问题的回答归结为以阿尔都塞为代表的认识论断裂和以拉吕埃勒为代表的统一理论两条路向，在阿尔都塞与拉吕埃勒的理论交锋中，逐渐澄清二者的异同，对旧的问题给出了新的回答，呈现了拉吕埃勒思想的创新性。

黄其洪、王鸿宇的《论拉吕埃勒对巴迪欧事件哲学的批判》一文较为系统地展示了拉吕埃勒与巴迪欧之间的思想分歧，一方面进一步推进了国内学界对拉吕埃勒哲学思想的研究，另一方面又从一种否定性的角度推进了国内学界对巴迪欧的研究，从而在更完整地了解法国当代激进思想的谱系方面具有一定的意义。该文指出，巴迪欧基于数学本体论建构了关于真理、事件和主体三元拓扑结构的"事件哲学"，拉吕埃勒立足"非哲学"对巴迪欧的"事件哲学"给予批判。拉吕埃勒批判巴迪欧的真理理论，认为巴迪欧利用数学论证其哲学的真理性，其实质是为了赋予自己的哲学以特权地位；拉吕埃勒批判巴迪欧的事件理论，认为巴迪欧把人类革命性因素完全寄托于偶然性事件，所谓政治解放更多地只能维持在意志层面；拉吕埃勒批判巴迪欧的主体理论，认为巴迪欧迫使革命主体陷入只具有分散的或暂时的身份的不幸境地，而这种主体在本质上也只是由巴迪欧建构出的傀儡主体。该文最后评论到，拉吕埃勒的批判确实揭示了巴迪欧的"事件哲学"存在的矛盾之处，但拉吕埃勒"非哲学"及其对巴迪欧批判的个别之处同样存在问题。

---

① 黄其洪、吴敏：《拉吕埃勒对"柯尔施问题"的非哲学解答》，《江西社会科学》，2019年第6期。

对拉吕埃勒的巴迪欧批判,需要批判性的反思来对之进行再批判。①

黄其洪、吴敏的《论拉吕埃勒的物质观》在一定程度上是对拉吕埃勒"非哲学"的实际运用。该文指出,拉吕埃勒基于自己"非哲学"的哲学观和"非哲学"的思维方式,对恩格斯的物质观进行了批判,认为恩格斯的物质观从物质与实在的关系来说,将物质等同于实在,造成了对实在的遮蔽和独断;从物质本体论的反映论来说,它坚持纯粹客观性原则,既忽视了人的主观能动性,也容易造成绝对真理的假象;从唯物主义和唯心主义的关系来说,物质本体论忽视了自己的唯心主义根源,从而陷入一种虚假的立场斗争,并被唯心主义蔑视为难以理解的或者庸俗的。在批判恩格斯物质观的基础上,拉吕埃勒对马克思和列宁的物质观给予了肯定,认为它们符合量子力学原理,符合"非哲学"的思维方式,更接近实在。拉吕埃勒物质观的创新性在于有清楚明白的哲学立场和哲学方法,并且创造性地转化了语言学和科学方面的成果,进而从量子力学视角澄清了列宁对物质的定义不等于本体论。然而拉吕埃勒的物质观的不足之处则在于其批判性大于建构性,并有过度发挥"理论实践"的嫌疑,最终回落到他自己所批判的理论思维模式中去了。②该文并未以专题形式呈现的物质观专题化了,集中展示拉吕埃勒对物质本体论的不同层次的批判,对于国内学界区分马克思、恩格斯和列宁的物质观有一定帮助。

黄其洪、马文灏的《以"哲学的科学"思考摄影——拉吕埃勒非摄影思想初探》是国内学界第一篇对拉吕埃勒的非美学思想进行研究的文章。该文指出,拉吕埃勒认为标准的哲学和摄影理论都是思想试图决定实在的媒介,拉吕埃勒反对这种企图,提出了非摄影思想。非摄影摒弃了通过哲学思考摄影的方式,重新思考摄影的本质。非摄影用"克隆"的思维方式审视摄影,接近了彻底内在性的实在的本质。拉吕埃勒对科学的看法是在与阿尔都塞的观点交锋中形成的,非摄影拥抱科学以保持自己的开放性,避免了自己陷入"哲学决定"的结构中去,照片的内容构成了自身内在的现实和真理,成为

① 黄其洪、王鸿宇:《拉吕埃勒对巴迪欧事件哲学的批判》,《内蒙古师范大学学报》,2021年第1期。

② 黄其洪、吴敏:《论拉吕埃勒的物质观》,《学习与探索》,2021年第2期。

独特的"在照片中的存在",而不是标准哲学所认为的那样,是对实在的复制和反映。拉吕埃勒的非摄影思想与量子学说的互补性原理非常相似:摄影中同一性和差异性的对立可以通过"量子叠加"的状态来解决。通过克隆分形算法的无限性特征,拉吕埃勒发展出一套可以使摄影的内涵无限延伸的"广义的分形"①。该文从摄影问题入手,阐发拉吕埃勒基于"非哲学"立场对"美"与"真"的看法,既凸显了艺术的相对独立性和开放性,也提示了艺术的非客观性。

黄其洪、袁雄的《21世纪知识分子何为——论萨特和拉吕埃勒对知识分子的反思及其启示》是国内学界第一篇对拉吕埃勒的知识分子理论进行研究的文章。该文围绕知识分子的缘起及其不断自我解困这一主题介绍了萨特和拉吕埃勒两位法国思想家为知识分子的合法性辩护的理论,其指出萨特通过结合存在主义和马克思主义发展出了一种具体的普遍性的辩证法并运用到对知识分子的具体说明中,而拉吕埃勒则是以非哲学的思维方式对知识分子与受害者的关系进行了反思。文章指出非哲学以彻底的内在性思维为审视受害者与知识分子的关系提供了一个新的视角,它拒绝将人性看作历史的一部分,而是强调人类整体的内在性,在此基础上其主张知识分子与受害者的正当关系是同情,知识分子据此与受害者一起共同进行一种不依赖于抽象权力的内在实践。文章最后以马克思的唯物史观对两种知识分子理论进行了反思,不仅揭示了理论的局限性,还深度挖掘了其中存在的为当代更加积极发挥知识分子的理论功能和实践功能的潜能。②这是国内学界对拉吕埃勒非哲学思想的一种现实应用,也体现了作者鲜明的哲学主体自我意识。

黄其洪、马文灏的《从非哲学走向非美学》对拉吕埃勒的非美学思想展开了进一步研究。该文首先对非美学最直接的思想背景非哲学进行了介绍,并且强调无论是非哲学还是非美学都不是某种思想的彻底否定,而是以

---

① 黄其洪、马文灏:《以"哲学的科学"思考摄影——拉吕埃勒非摄影思想初探》,《江西社会科学》,2021年第7期。

② 黄其洪、袁雄:《21世纪知识分子何为——论萨特和拉吕埃勒对知识分子的反思及其启示》,《社会科学研究》,2022年第1期。

更一般的视域来思考更多的可能。其次,文章介绍了非美学思想的起点——非摄影,对为何从非摄影切入非美学及非摄影本身的理论特征进行了说明,其指出传统摄影理论与标准哲学之间的相似性是以非摄影作为研究起点的重要理由,前者把摄影当作世界的复制品的行为与后者一样都是在向实在施加不合理的结构和解释,而非摄影则要使摄影作品拥有自己的内在现实和真理。在完成了非哲学和非摄影的理论铺垫后,文章重点阐述了非美学的问题意识与思想工具,其指出在非美学要使艺术摆脱充分美学原则的支配,消解美学企图定义艺术的姿态,停止美学对艺术具有独占性和垄断性的解释。文章最后还挖掘了非美学思想中的伦理学意蕴,通过结合拉吕埃勒的受害者理论,其指出非美学蕴含着的是一种旨在拉近人与受害者距离的、关于人类的普遍性的伦理学。①

黄其洪、李作纯的《拉吕埃勒"非无产阶级"理论透视》是国内第一篇对拉吕埃勒的"非无产阶级"理论进行研究的文章。文章指出,拉吕埃勒以当代资本主义的全球化、金融化和信息化发展为背景并分析了资本主义的全球蔓延对作为统一阶级的无产阶级的主体意识的消解。面对普遍化的资本主义或者超级资本主义,拉吕埃勒主张以非哲学的思维方式来改造马克思主义,即在彻底内在的实在论视野内生成更加一般的作为主体的"非无产阶级",来取代马克思的无产阶级的革命主体,进而抵抗资本世界的异化侵蚀。文章最后对拉吕埃勒的"非无产阶级"理论进行了反思,一方面肯定其具有一定的创新性和启发性,另一方面,以经典马克思主义的立场对其脱离了现实物质关系的神秘主义的色彩进行了批判。②该文对于我们研究拉吕埃勒的"非马克思主义"理论具有明显的推动作用,也对于我们反思当代激进左翼的主体理论具有拓宽我们视野的作用。

黄其洪、袁雄的《论拉吕埃勒对"实在"的非哲学阐释》对非哲学中最核心的概念"实在"进行了阐述,可以看作对拉吕埃勒非哲学思想的深度剖析。文章首先分析了拉吕埃勒对传统哲学中的实在概念的批判,指出了传统哲

---

① 黄其洪、马文灏:《从非哲学走向非美学》,《江海学刊》,2022年第3期。
② 黄其洪、李作纯:《拉吕埃勒"非无产阶级"理论透视》,《学习与探索》,2023年第7期。

学的"实在"概念具有虚幻性及精神分析语境中实在的矛盾性。接着文章介绍了非哲学对"实在"的重新界定,指出拉吕埃勒把实在作为第一术语并且主张实在是非概念的和彻底内在的,拒绝任何本体论和认识论层面的规定,因而"实在"不会成为任何对象化意义上的存在,他还特别提出巴迪欧的数学本体论只是用一种高度抽象的数学代替了传统哲学的存在,仍然是对实在的误解。此外,文章还详细阐释了"非哲学"对"实在"的运作机制,即最终情态的决定或者单边的决定,完全区别于以往哲学的相互作用的双向因果关系,在这种单边决定中实在在最终层面决定思维,思维无法对实在产生任何影响。最后,文章指出"非哲学"的"实在"是一种现象学本体论意义上的可能性,其超越了以往的还原式的本体论,另外文章还站在经典马克思主义的立场对非哲学的实在论仍然存在的问题如形式主义、独断性和缺乏建构性等进行了批判。①该文在一定程度上标志着国内学界对拉吕埃勒的研究已经摆脱了横向拓展的阶段,开始进入纵向研究和内化于思想史的阶段,中国学界已经摆脱了对拉吕埃勒思想最初的陌生感,开始了与拉吕埃勒思想的深度对话。

聂世昌的《从非-哲学到艺术-虚构——试论拉吕埃尔的非-美学理论》对拉吕埃勒的非美学思想进行了较为系统的介绍。该文指出非美学是在非哲学的基础上发展而来的,因而首先需要对非哲学的核心要点即哲学决定及非哲学对科学的重新思考和利用进行介绍。文章还阐述了非美学的主要观点,主要包括对标准美学中的充足美学律进行批判,并且通过自然科学的模型赋予美学话语科学的严格性,创造一种由艺术与哲学共同规定的新知识形式,从而消除哲学对艺术的抑制性影响,使哲学和艺术在平等的地位上实现叠加,这种叠加的产物,对于拉吕埃勒来说就是一种新的艺术实践类型即"艺术-虚构"。最后,文章根据拉吕埃勒的观点对"艺术-虚构"的积极意义进行了说明,其指出艺术在其中的回撤行为并非消极的抵抗,而是对美学无法穷尽艺术这一事实的肯定,由此可以说艺术获得了一种不依赖哲学途

---

① 黄其洪、袁雄:《论拉吕埃勒对"实在"的非哲学阐释》,《求是学刊》,2023年第6期。

径的表达方式,这与当代的艺术潮流是紧密相连的而非冲突的。①该文是国内学界对拉吕埃勒非美学思想研究的又一次尝试。

聂世昌的《从思想–世界到照片–虚构——弗朗索瓦·拉吕埃尔摄影理论研究》对拉吕埃勒非美学思想中的非摄影理论进行了较为系统的介绍。文章指出拉吕埃勒在完成了非哲学体系的构建后将其对哲学的批判延伸至摄影理论领域,目的就是以非摄影理论撤销哲学对摄影的主导权。为了完成这一目标,拉吕埃勒质疑了传统的摄影理论对世界概念的理解,反对把摄影看作对世界的复制品,并且通过诉诸内在的摄影实践来摆脱哲学对摄影的压制。此外,文章还指出拉吕埃勒通过自然科学的模型来增强非摄影理论的严格性,即利用广义的量子力学模型来为理论实践开辟虚构空间。最后作者对非摄影理论进行了总体性评价,指出其不仅为思考摄影提供了新的视角,还是理解拉吕埃勒非哲学思想的重要索引。②该文可以看作黄其洪的《以"哲学的科学"思考摄影——拉吕埃勒非摄影思想初探》疑问的姊妹篇,这充分说明,西南大学拉吕埃勒研究小组的研究成果已经在艺术圈和美学理论中产生回响。

（三）学位论文

2019 年由黄其洪指导、王鸿宇撰写的硕士学位论文《论 F. 拉吕埃勒对巴迪欧的批判》是国内第一篇研究拉吕埃勒"非哲学"思想的硕士论文。在论文中,王鸿宇首先将巴迪欧的学术影响、拉吕埃勒"非哲学"的理论渊源,以及拉吕埃勒批判巴迪欧的主要关切作为背景知识介绍。其次,论文从哲学观层面和具体层面论述了拉吕埃勒对巴迪欧的事件理论、真理理论和主体理论的批判。最后,论文指出拉吕埃勒对巴迪欧的批判深化了对哲学与现实关系的理解、创造性地对马克思主义进行了"非哲学"③解读及推动了哲学

① 聂世昌:《从非–哲学到艺术–虚构——试论拉吕埃尔的非–美学理论》,《文艺理论研究》,2022 年第 4 期。

② 聂世昌:《从思想–世界到照片–虚构——弗朗索瓦·拉吕埃尔摄影理论研究》,《华东师范大学学报（哲学社会科学版）》,2023 年第 4 期。

③ 王鸿宇:《论 F. 拉吕埃勒对巴迪欧的批判》,西南大学 2019 年硕士学位论文,第 77 页。

思维的科学化和民主化;但站在马克思主义立场来看,拉吕埃勒的巴迪欧批判否认了现实世界的可知性、忽视了人所具有的阶级性及泛化了意识形态的虚假性,对这些缺陷我们应该保持清醒的意识,不能盲目崇拜。①

　　2020年由黄其洪指导、吴敏撰写的硕士学位论文《F.拉吕埃勒的"非马克思主义理论"批判性研究》系统地介绍了拉吕埃勒的"马克思主义观",这是国内第二篇研究拉吕埃勒哲学思想的硕士论文,对于推动国内的拉吕埃勒研究,甚至对于深化法国马克思主义研究都具有一定的作用。在论文中,吴敏介绍了拉吕埃勒的"非马克思主义"思想的形成过程、基本框架及理论局限。"非马克思主义理论"主要围绕辩证唯物主义是否去除了辩证法的神秘性、马克思主义中科学和哲学的二元性困境如何解决,以及超级资本主义是否具有永恒性这三个问题来展开。从实在的彻底的内在性出发,拉吕埃勒阐述了一种独特的"单边二元性"②的因果关系来反对保留了神秘性的唯物辩证法;通过揭示充分哲学原则的存在从而否定哲学的权威,引进思想民主,拉吕埃勒为科学和哲学的统一奠定了基础;通过把劳动力概念解构为"自我"和"思想力",③拉吕埃勒找到了反抗作为拜物教的超级资本主义的内在途径。拉吕埃勒从唯心主义是所有哲学的先天印记这一判断出发,认为马克思"走出哲学"是不可能的,同时马克思主义哲学在本质上仍然是对世界的一种解释,但马克思哲学揭露了事物的异质性、生成性和暂时性真相,从而为改造世界打开了更多的可能性。"非马克思主义"思想是一种有益的理论尝试,它有助于打破对马克思主义的僵化的理解。但是站在马克思主义立场上,"非马克思主义"实在论层面的不可知论和灵知主义需要读者警惕,它造成了对唯物辩证法的误解、以异化理论消解革命理论和对无产阶级革命主体地位的否定等。④

---

　　①　王鸿宇:《论F.拉吕埃勒对巴迪欧的批判》,西南大学2019年硕士学位论文,第84页。

　　②　吴敏:《F.拉吕埃勒的"非马克思主义理论"批判性研究》,西南大学2020年硕士学位论文,第66页。

　　③　吴敏:《F.拉吕埃勒的"非马克思主义理论"批判性研究》,西南大学2020年硕士学位论文,第75页。

　　④　吴敏:《F.拉吕埃勒的"非马克思主义理论"批判性研究》,西南大学2020年硕士学位论文,第130页。

2021年由黄其洪指导、张倩(河南)撰写的《F.拉吕埃勒的"少数人"思想研究》是对拉吕埃勒的左翼政治思想的重要构成部分——权威、权力和少数人问题的研究,是国内第三篇研究拉吕埃勒思想的硕士论文。在论文中,张倩指出,拉吕埃勒在提出自己的少数人思想之前,对维特根斯坦把人定义为语言的存在、弗洛伊德把人定义为欲望的存在及尼采把人定义为强力的存在等以往的"人的科学"①进行了批判,指出他们的缺陷在于本质主义的思维范式,并使人工具化。拉吕埃勒从自己的"非哲学"立场出发,试图构建一门新的关于人的严谨科学,否定少数人的普遍性本质、肯定人的有限的超越性、强调有限个体的绝对内在性并区分了真正意义上的"少数人"与现实存在的"国家-少数派"②。在此基础上,拉吕埃勒又通过少数人原则的界定,区分出权威的正统本质和权威的真正本质,指出权力只是权威的模式之一,而以往的政治哲学则是哲学与权威的共谋。拉吕埃勒的这些思考突破了本质主义的思维范式,肯定了个体的绝对主体地位,推进了西方的元政治思考。不过,拉吕埃勒自己的关于人的严谨科学也缺乏现实性维度,并过分强调了绝对内在性,割裂了主客体的统一关系,忽视了人的社会性。

2022年由黄其洪指导、刘庆撰写的硕士学位论文《拉吕埃勒的非基督教理论研究》,主要涉及拉吕埃勒的《未来的基督:异端中的一个教训》和《基督—虚构,雅典和耶路撒冷的废墟》的翻译和理解。刘庆首先指出,要理解拉吕埃勒提出非基督教理论的历史缘由和理论背景,除了拉吕埃勒自己的"非哲学"思想之外,就要从宗教中的暴力现象入手进行分析,并注意到列维纳斯、亨利和巴迪欧的宗教理论对于拉吕埃勒的重要影响。其次,拉吕埃勒对传统基督教的教会、信仰、救赎等概念的重新理解,是通过对充分神学原则、充分教会原则、充分信仰原则等的揭示和批判来进行的。最后,需要在澄清拉吕埃勒的非基督教理论的关键问题(基督教的信仰是否需要保留、基督教的自卫机制是否合理、基督教和异端能否统一)的基础上,再讨论对拉吕埃勒的非基督教理论的核心概念、具体目标和相应方案的系统性理解,最

---

① 张倩:《F.拉吕埃勒的"少数人"思想研究》,西南大学2021年硕士学位论文,第5页。
② 张倩:《F.拉吕埃勒的"少数人"思想研究》,西南大学2021年硕士学位论文,第16页。

后站在马克思主义立场对拉吕埃勒的非基督教理论进行反思。作者认为，拉吕埃勒的非基督教理论在一定程度上揭示了传统基督教理论的局限性，对传统基督教理论的教条性和权威性进行了质疑和批判，但是该理论并没有完全实现走向科学的宗教这一最终目标，①究其原因是在于这一思想忽略了人的实际生存状况，没有从历史的和现实的角度考虑人的社会实践性，过度注重未来向度而忽视了对当下的把握，②因而陷入了形式主义和抽象化的窠臼之中。

2022年由黄其洪指导、马文灏撰写的硕士学位论文《拉吕埃勒的非美学思想研究》，主要涉及对拉吕埃勒《非摄影的概念》和《摄影—虚构，一种非标准的美学》的翻译和理解。马文灏指出，拉吕埃勒的"非美学"思想所针对的基本问题就是艺术被哲学过度决定。为了破除这一点，拉吕埃勒呼唤新的思考艺术的思路和工具，将代数和量子物理学的思维引入美学，这种经他改造后的美学工具被他称为"非美学矩阵"③。而在破除哲学对艺术的过度决定之后，还需要研究拉吕埃勒如何构建艺术与哲学的新关系、构建了怎样的新关系。为了展示拉吕埃勒的这项工作，可以从两方面入手：一方面是对拉吕埃勒选为"非美学"的典型事例的"虚构摄影"的解读；另一方面是对拉吕埃勒与巴迪欧的美学思想碰撞的研究。最后，该文还在西方马克思主义美学(包括阿多诺、本雅明和德里达)和马克思主义视角下对拉吕埃勒的"非美学"思想进行了批判性反思。在作者看来，拉吕埃勒运用非美学重构艺术与哲学关系的努力，是一种有益的理论尝试，它不仅革新了哲学研究中的科学观，还在与阿多诺和本雅明等西方马克思主义美学家的思想呼应的同时展现了数字化时代美学研究的前景，但是如果站在经典马克思主义的立场上观之，拉吕埃勒的非美学思想存在着抛弃了马克思主义美学的生产维度和阶级主体维度等问题。④

2023年由黄其洪指导、方立波撰写的硕士学位论文《拉吕埃勒秘密神学

---

① 刘庆：《拉吕埃勒的非基督教理论研究》，西南大学2022年硕士学位论文，第100页。
② 刘庆：《拉吕埃勒的非基督教理论研究》，西南大学2022年硕士学位论文，第108页。
③ 马文灏：《拉吕埃勒的非美学思想研究》，西南大学2022年硕士学位论文，第40页。
④ 马文灏：《拉吕埃勒的非美学思想研究》，西南大学2022年硕士学位论文，第90页。

思想研究》主要涉及对拉吕埃勒《秘密神学：一个非哲学家的信仰自白》的翻译和理解。在论文中，方立波指出，拉吕埃勒对基督教神学进行内在性批判的目标在于构建一种异端的无神论，并且在此基础上构建新的革命主体。文章主要介绍了秘密神学提出的现实缘由和理论基础，剖析了秘密神学理论对传统基督教神学的重新解读，梳理了秘密神学理论的基本概念、基本特征及最终目标，最后站在经典马克思主义的立场上对秘密神学理论进行反思。作者指出，拉吕埃勒的秘密神学理论既有创新也存在着局限，一方面推进了宗教领域的理论创新并且完善了其非哲学理论体系的建构，[1]另一方面还存在着神秘主义倾向，也就是说其是否实现了无神论的理论目标仍然是存疑的。[2]总体看来，方立波的硕士学位论文是对拉吕埃勒非基督教理论的进一步研究，与刘庆的硕士学位论文构成了姊妹篇，共同推进了对拉吕埃勒的宗教思想的研究。

2023年由黄其洪指导、李圆圆撰写的硕士学位论文《拉吕埃勒受害者理论研究》，主要涉及对拉吕埃勒《受害者的一般理论》的翻译和理解，属于对拉吕埃勒政治哲学的研究。李圆圆在文中指出，拉吕埃勒基于非哲学发展的受害者理论揭示了受害者遭受的不公正待遇，并且讨论了解放受害者的实践路径。文章主要介绍了受害者理论的现实缘由和理论背景，梳理了受害者遭遇的问题及受害者理论的目标，分析了协助受害者解放的实践主体的特点和可能性，阐释了协助受害者全面解放的路径，最后站在经典马克思主义的立场对拉吕埃勒的受害者理论进行反思。作者认为，拉吕埃勒的受害者理论在一定程度上秉承了马克思共同体思想中的价值追求，[3]但是忽视了受害者的革命主体地位，另外其理论目标具有空想性，理论整体具有神秘主义的倾向。[4]从总体上看，李圆圆的硕士学位论文与张倩（河南）的硕士学位论文构成姊妹篇，共同推进了对拉吕埃勒的政治哲学思想的研究。

2023年由黄其洪指导、袁雄撰写的博士学位论文《拉吕埃勒的知识分子

---

[1]　方立波：《拉吕埃勒秘密神学思想研究》，西南大学2023年硕士学位论文，第85页。

[2]　方立波：《拉吕埃勒秘密神学思想研究》，西南大学2023年硕士学位论文，第91页。

[3]　李圆圆：《拉吕埃勒受害者理论研究》，西南大学2023年硕士学位论文，第90页。

[4]　李圆圆：《拉吕埃勒受害者理论研究》，西南大学2023年硕士学位论文，第101页。

理论研究》是国内学术界第一篇系统讨论拉吕埃勒"非哲学"思想的博士学位论文。该论文洋洋洒洒近四十万字,主要涉及对拉吕埃勒的《知识分子与权力》《受害者的一般理论》和《非马克思主义导论》三本书的翻译和理解。袁雄在文中指出,拉吕埃勒在"非哲学"的基础上发展了一种非正统马克思主义的知识分子理论,这一理论创新性地回答了"知识分子是否死亡的问题",并且还为揭示现实生活中的受害者和弱势群体的境遇提供了新的理论启示。该文主要通过六个部分来展开对拉吕埃勒的知识分子理论的探究,首先分析了理论形成的原因,其次从正面阐述了知识分子理论的基本内涵、问题导向和实践路径,然后再来反思理论的可能性,最后对理论进行总体性的评价。从理论的定位和缘起来看,拉吕埃勒的知识分子理论是非哲学在政治和社会领域的理论实践,是拉吕埃勒在对大屠杀等人类历史罪行的深刻反思的基础上提出的。①根据文中的解释,拉吕埃勒的知识分子理论揭示了传统知识分子的整体特征就在于遵循形而上学的思维方式,因而坚持虚假空洞的抽象价值和永恒真理的存在,②在此基础上它强调知识分子不应该受绝对理性下的人道主义或某种意识形态的支配,并且指出解决问题的关键是通过非哲学和非马克思主义理论从底层摆脱传统哲学的入侵。非哲学视域中的知识分子是非介入的和非人道主义的,但是这里的"非"并不是完全否定和反对的意思,它更重要的意义是扩大了知识分子的研究范围,把知识分子从传统哲学的限制下解放出来,在更加一般的视野中来思考知识分子问题。在思考知识分子的理论实践时,拉吕埃勒主张要转向一种单边决定的思维方式来克服形而上学思维,并且要从"受害者亲身"出发来构建一门超越哲学的"真正的人的科学"和一种"人类的乌托邦"。在评价环节,作者认为拉吕埃勒的知识分子理论重新审视了传统马克思主义和知识分子理论,不仅深化了对马克思主义的基础性理论研究,还推进了对法国激进左翼的整体性、系统性研究,此外还对中国的知识分子文化建设有一定的启示意义。在作者看来,拉吕埃勒的知识分子理论作为"非哲学"和"非马克思主

---

① 袁雄:《拉吕埃勒的知识分子理论研究》,西南大学2023年博士学位论文,第31页。

② 袁雄:《拉吕埃勒的知识分子理论研究》,西南大学2023年博士学位论文,第31、129页。

义"推动形成的理论成果,在一定程度上发扬了马克思主义的实践智慧,但是由于缺乏对乌托邦构建的物质条件的探讨,[①]忽视了对具体的社会形式的历史维度的分析,从而偏离了历史唯物主义的基本原则,对具体社会实践的指导作用是微乎其微的。

三、评论与展望

总的来说,西南大学西方马克思主义研究所所长黄其洪所带领的拉吕埃勒研究小组,作为国内第一个持续推进拉吕埃勒思想研究的阵地,已经产出了一些期刊论文和学位论文,在学术界产生了广泛的影响,把拉吕埃勒增列到法国当代激进左翼思想家群体之中,成为中国人重建形而上学的哲学事业的重要对话伙伴之一。然而相较于巴迪欧、齐泽克、朗西埃、阿甘本、德里达等这些为国内学界所耳熟能详并大力研究的哲学家来说,拉吕埃勒还是处于"小众"的状态,尽管直到目前为止,已经有国内十余所高校的中青年学者着手研究拉吕埃勒的思想,但是他们关于拉吕埃勒的研究成果,还在酝酿和努力之中。鉴于拉吕埃勒思想的综合性和创造性,笔者呼吁更多的专家学者参与到国内的拉吕埃勒研究工作中来,共同谱写好法国当代左翼思想的新篇章。

就国内目前已有的拉吕埃勒研究成果来看,首先最为基础的是,对拉吕埃勒的著作和文章的翻译工作还需投入更多数量、更高质量的努力。同时,鉴于拉吕埃勒的部分论著还没有英文版,以及拉吕埃勒的英译者们多次强调过某些不可翻译性问题,笔者认为如果精通法语的学者直接翻译拉吕埃勒的法文原版著作,或许会更加有利于研究者们贴近拉吕埃勒思想的原貌。其次,目前的研究选择以马克思、阿尔都塞和巴迪欧等人作为介绍拉吕埃勒思想的参照点,虽说一方面有利于国内研究者对拉吕埃勒产生一定的熟悉感和兴趣,但另一方面也可能造成拉吕埃勒仅仅是这些思想家附属的解读者,甚至傲慢的寄生者的不良印象,因此在后续研究阶段如何选择好的角度

---

① 袁雄:《拉吕埃勒的知识分子理论研究》,西南大学 2023 年博士学位论文,第 292 页。

来展示拉吕埃勒的创新性，是一个值得深入探讨的问题。再次，目前的研究更多地呈现的是作为一个非哲学家的拉吕埃勒，而不是作为一个左翼激进思想家的拉吕埃勒，更多地展示的是作为一个解构者的拉吕埃勒，而不是作为一个建构者的拉吕埃勒，也即目前的研究只是瞄准了拉吕埃勒思想的某个面相，而不是拉吕埃勒思想的全貌。另外，目前的研究主要限于拉吕埃勒本人的文献，而忽视了拉吕埃勒与他的非哲学国际组织成员们，以及欧美学界的拉吕埃勒研究者之间的思想互动，这或多或少违背了拉吕埃勒所倡导的思想民主精神，远离了拉吕埃勒推广非哲学这种创新的思维方式的初衷。最后，目前的研究对拉吕埃勒的批判所作的反批判还不够，这是由于对拉吕埃勒的文本还没有做到"出入自如"，而要挣脱拉吕埃勒文本对研究者的束缚，既需要持续推进对拉吕埃勒的翻译工作，更需要把握法国当代激进左翼的整体走向和问题意识。

目前的研究所存在的种种不足，在起步阶段可以说是难以避免的，当然也是应该弥补和改善的。笔者认为，今后研究的推进方向包括：第一，根据拉吕埃勒近来出版的英译文献的主题更为偏重他的左翼政治思想，国内研究应该把这些新文献和拉吕埃勒哲学Ⅰ和哲学Ⅱ时期的文献联系起来，实现研究重心从拉吕埃勒的较为抽象的哲学思想到拉吕埃勒对权力问题、宗教问题和艺术问题等的具体讨论的转向；第二，鉴于欧美学界已经就拉吕埃勒思想产生了一系列研究成果，并且其中既有关于拉吕埃勒的导读性著作，又有关于拉吕埃勒思想的运用性著作，国内研究可以推进它们的翻译工作，直接呈现欧美学界对拉吕埃勒的理解和评价；第三，在论述拉吕埃勒思想时，要更多地从拉吕埃勒自身的视角来阐明他的问题意识和论战对象，防止帮助理解的各种支援性背景知识遮蔽掉拉吕埃勒的创新性，并且要更多地按照拉吕埃勒的思想精神运用"非哲学"来进行哲学实践，以此检验或证明他的"非哲学"计划的可行性。

分报告七
第十八届全国国外马克思主义论坛综述

2023年10月28日至29日,中国马克思主义哲学史学会当代国外马克思主义研究分会2023年年会暨第十八届全国国外马克思主义论坛在中山大学召开,论坛主题为"卢卡奇与西方马克思主义的百年发展"。论坛由中国马克思主义哲学史学会、当代国外马克思主义研究分会和中国马克思主义研究基金会主办,中山大学马克思主义哲学与中国现代化研究所和中山大学哲学系承办。来自中共中央党校、中国社会科学院、北京大学、清华大学、中国人民大学、复旦大学、南京大学、南开大学、浙江大学、同济大学、华东师范大学、武汉大学、中山大学、中国社会科学杂志社、《马克思主义研究》编辑部、《马克思主义与现实》编辑部等知名学术期刊的百余名学者与编辑围绕论坛主题展开了热烈讨论。

中山大学马克思主义哲学与中国现代化研究所副所长、哲学系马天俊主持大会开幕式,中国马克思主义哲学史学会会长、中国人民大学郝立新,中国马克思主义哲学史学会当代国外马克思主义研究分会会长、复旦大学吴晓明,中山大学哲学系主任、人文社科处处长、马克思主义哲学与中国现代化研究所所长张伟分别在会议开幕式致辞。郝立新代表中国马克思主义哲学史学会向与会的学界同人表示衷心的感谢,从坚定文化自信、秉持包容开放、坚持守正创新三方面概括了当代国外马克思主义研究的新任务与新使命,期待国外马克思主义研究能够为中国特色社会主义建设和中国的现代化进程贡献出不竭的动力。吴晓明在致辞中对中国国外马克思主义研究蓬勃发展的状况给予了充分肯定,强调了卢卡奇的思想对于国外马克思主义研究的开创性和震撼性影响,指出当前研究国外马克思主义应自觉将理论与实践相结合,努力走出"学徒状态",实现理论自觉,在中国式现代化和构建中国特色哲学社会科学的关键转折点上开拓国外马克思主义研究领域的新局面。张伟代表中山大学哲学系和马克思主义哲学与中国现代化研究所对参加会议的各位专家学者表示热烈的欢迎,并介绍了中山大学哲学系与马哲所在马克思主义哲学与国外马克思主义研究领域的情况。他表示,中山大学马克思主义哲学与中国现代化研究所自成立伊始始终关注马克思主义哲学研究与中国现代化实践进程之间的关系,希望借助此次会议与学界同人和兄弟院校进一步加强交流,为粤港澳大湾区和中国式现代化广东实践的哲学理论体系构建持续贡献力量。

在卢卡奇《历史与阶级意识》一书出版100周年之际,围绕"卢卡奇与西方马克思主义的百年发展"这一主题,与会学者从卢卡奇哲学观再审视、卢卡奇与当代国外马克思主义理论研究、卢卡奇与中国以及当代国外马克思主义研究新进展等方面展开深入讨论。

一、卢卡奇哲学观再审视

格奥尔格·卢卡奇(1885—1971)作为20世纪西方最有影响同时也最具争议的思想家之一,对国外马克思主义的形成与发展具有开创性与震撼性的影响。时值《历史与阶级意识》一书出版100周年,对卢卡奇哲学基础与理论体系的再审视既有助于澄清其思想内涵的复杂性与多样性,更能够增强当代中国国外马克思主义研究的深度与广度,为形成具有中国特色的国外马克思主义研究作出贡献。

第一,再审视卢卡奇哲学的本体论基础与核心范畴。在主旨报告中,魏小萍指出,卢卡奇早期从无产阶级的历史地位变化中理解历史主客体概念,认为只有具备了阶级意识的无产阶级才能将自身从历史客体上升为历史主体。在这种情况下,阶级意识对于历史主体的构建起着关键作用。这一理论受到黑格尔自我意识概念的影响,阶级意识主要是理性思维的反思认识活动,因此卢卡奇前期主要是从反思性的理性思维角度来把握"阶级"概念。而在20世纪30年代之后,卢卡奇从更加广泛的意义上理解历史主客体概念,他将"人"在对象性活动中的劳动目的性、意向性纳入社会存在本体论范畴。这一改变并非超越了阶级主体,而是把阶级主体置于更深的自然层面。卢卡奇的问题意识发生的变化与其对社会现实的关注密切相关,这种转变并不意味着后期对前期的否定,而是代表着卢卡奇历史主客体理论深度的增加。受到马克思《1844年经济学哲学手稿》对异化劳动论述方式的影响,卢卡奇不再仅仅从阶级意识角度来理解历史,而是转向以社会存在的本源为起点从人与自然、人在社会中的对象性关系中认识历史主体问题。卢卡奇的思想变化,很大程度上是因为他经历了社会主义的实践并从这一实践中汲取了理论灵感,将自己对意识问题的研究进一步具体化、本源化,进而提出了新的历史主客体概念。

在各分论坛中,赵司空指出,不同于布达佩斯学派基于人道主义思想的批评,合目的性劳动作为卢卡奇人道主义思想现实化的中介能够深入社会生活中构建一种符合历史唯物主义精神的社会存在方式。姜国敏从"人的合类性"概念入手澄清了卢卡奇社会存在本体论的基本理论立场,运用"类的语言"概念,可以重释马克思若干重要论断。周爱民重新审视了《历史与阶级意识》中存在的种种"错误",并试图以内在与超越的诠释方法阐明这类"错误"的非个人因素。李乾坤指出在政治经济学批判视角下,卢卡奇的物化理论在六八运动后失去了批判效力,而马克思的价值形式分析则可以承担该重任。张笑夷指出卢卡奇始终采取历史的方法,围绕"总体(现实)—自由(主体性)—必然(客体性)"的辩证运动理解人对历史的理解和能动创造,并致力于社会主义的真正实现和人类生活形式的彻底改变。滕藤提出全新的思路理解并辨识了卢卡奇是否反对列宁主义、是否受唯心主义影响,以及是否偏离马克思主义这三个关键问题。黄秋萍探讨了卢卡奇对正统马克思主义的"中介"方法论的强调,并指出其如何影响了西方马克思主义分析方法,以及最终分化为法兰克福学派与基于"消失的中介"的革命性批判方法。程广丽对卢卡奇《历史与阶级意识》四十余年的研究历程作了详尽的分析与深入的阐释,并澄清了伊西俄卢卡奇研究中长期存在的误解与偏差。李高荣聚焦于早期西方马克思主义者和后续西方左翼学者对革命主体的理论重构,强调当前关于革命主体的建构必须回到马克思主义的立场,坚持先验与经验的统一。骆中锋指出卢卡奇的劳动思想在本质上涉及文化与现代人的生存状况和解救之道,体现着个体自我实现的劳动可以通向马克思意义上的个人自由而全面的发展。

第二,再审视卢卡奇的辩证方法及当代价值。在主旨报告中,孔明安将卢卡奇历史辩证法的主要内容总结为三对概念,即实体与主体、物化意识与阶级意识、主体与客体的对立及克服这种对立的总体性。在卢卡奇提出这三对概念及解决它们之间矛盾的历史辩证法时,已经表现出其革命乐观主义和乌托邦色彩。为了解决物化结构中蕴含的主客体间的内在张力,卢卡奇在借用黑格尔"实体即主体"吸纳阶级意识与总体性概念的基础上,提出了历史不仅是实体也是主体的论断,即历史辩证法。同时,卢卡奇的历史辩证法也蕴含着物化意识和阶级意识的辩证思想。在资本主义社会中,物化和物化意识具有"普遍性"特征,在卢卡奇看来,无产阶级的阶级意识能够克服这一困境。受制于历史的限制、文献的缺乏与卢卡奇自身的思想结构,物化概念经过一百多年西方马克思主义的发展,已经远远超出了卢卡奇自身对它的阐释。物化概念实际上包含着三个层次,一是在马克思的《资本论》中其实就可以看到物化概念的影子甚至是物化概念本身;第二个层次涉及商品化过程中的两次抽象,即交换抽象和思维抽象;第三个层次涉及精神分析对物化现象的判断,即物和物化对人类主体来说具有特殊的吸引力,这种魅力以"物"为中心,对于人类来讲很难摆脱。物化的这三个层次是否能用卢卡奇对物化意识的分析加以克服,是现代人需要加以思考的问题。尹树广指出,在《历史与阶级意识》中,卢卡奇从批判只见事实的实证主义和主观化妄断的唯心主义出发,强调无产阶级对自身总体性的阶级意识是认识和实践行动的前提,总体辩证法思想就是理论实践。卢卡奇克服物化意识的实践哲学思想,关键在于对黑格尔哲学和其"概念神话"的批判。要在理论上阐述马克思主义的总体和总体辩证法思想,必须重新解释总体、主体、客体、过程、历史等概念,用存在论奠基实践哲学。在1964年开始写作的《关于社会存在的本体论》中,卢卡奇重申了马克思关于范畴是存在形式规定的思想,力图进一步推进总体辩证法的理论研究。卢卡奇不但批判了海德格尔、雅斯贝尔斯和萨特从个人主义出发的存在论,强调社会历史实践过程是构建存在论和辩证法的前提,还力图阐释马克思的存在思想和原则,并在此基础上对黑格尔哲学进行更为系统性的批判。总的来说,卢卡奇在《历史与阶级意识》中作出了许多原则性的讨论,对实践哲学、辩证法和存在论范畴重新理论化和系统化,阐释了旧的范畴、新的范畴及其相互关系。通过对黑格尔哲学的批判,卢卡奇发展了马克思的存在论思想,展现了马克思主义哲学理论创造的生命力,进而深远影响了共产主义理论在当代的发展。

在各分论坛中,赵长伟指出卢卡奇历史辩证法的当代价值在于重思全球化时代无产阶级革命的现实性问题、推进我国人民民主与政协协商民主实践,以及助益阐释中国式现代化的历史观和文化观。莫雷指出尽管卢卡奇的直接性与中介辩证法忽视了理论与实践中的各种复杂环节,但依旧有助于我们定位辩证法在无产阶级革命中的重要作用。祁涛分析了卢卡奇辩证法中关于资产阶级思想的二律背反部分,探讨了卢卡奇如何连接古典哲学与马克思主义哲学,并指出了卢卡奇理论的核心缺陷。高晨指出卢卡奇通过辩证法为《资本论》正名,展现了唯物主义辩证法在理论与实践统一、无产阶级认识、历史全貌及世界改造理想中的核心作用。李西祥指出卢卡奇和拉克劳的辩证法思想在理解《资本论》时存在的重要差异,揭示了经典马克思主义之后马克思主义辩证法转向的脉络。牛婷婷指出黑格尔意义上的内在批判实际上是一种能够解答辩证法标准悖论中的无穷倒退困境的非重复性连贯而循环的可谬论。张严指出《启蒙辩证法》在整体、局部与个别的层次上都使用了黑格尔的辩证法,并将启蒙理解为一种自我异化的过程。凌菲霞回顾了1950—1970年法国各类马克思思想传记中对卢卡奇实践辩证法的认识和接受,分析了吕贝尔、科尔纽与列斐伏尔对卢卡奇实践辩证法的不同理论回应。刘聪指出卢卡奇对马克思主义总体性辩证法的解读是一场对马克思主义浪漫精神的深入发掘,阐明了"总体性辩证法"的浪漫主义本源。蔡淞任从哲学史的角度分析了卢卡奇对青年黑格尔经济思想的阐释,指出卢卡奇辩证法的经济学内涵与背景。

第三,再审视卢卡奇哲学的思想渊源与发展历程。在主旨报告中,马天俊指出卢卡奇的革命实践主要是《历史与阶级意识》出版之前参与匈牙利苏维埃共和国时期的实践经历,而其革命反思主要集中于组织问题的方法论方面。在实践方面,卢卡奇参与了匈牙利苏维埃共和国政权,同时他也是较早加入匈牙利共产党的革命家之一。他的革命实践在很大程度上受到俄国十月革命之后苏俄政治实践的影响。同普列汉诺夫相似,卢卡奇对俄国革命中农民问题有着自己的判断,他认为俄国无产阶级不适时宜地夺取政权之后,绝不能完成社会革命,只会引起内战。这样的判断实际上代表了当时马克思主义传统内部非常激烈的争论,农民问题成为马克思思潮在西欧北美以外的地方展开时的一个棘手问题。卢卡奇的论述具有一系列鲜明的特色,他从现实出发,认为苏俄的革命经验既是例外的,又可资学习。与马克思相比,卢卡奇研究物化现象和阶级意识所采取的方法似乎更缺乏辩证性,这一特点也影响到卢卡奇对于一些大的历史问题之把握与判断。

刘卓红指出,卢卡奇的理论对手主要是第二国际的所谓"正统马克思主义者"对马克思主义的误读,卢卡奇坚决反对此种观点,并借助黑格尔的辩证法对第二国际的理论展开批判。具体说来,第一,卢卡奇重构了马克思与黑格尔之间的关系;第二,卢卡奇基于自身的黑格尔哲学观,对马克思的哲学作出了全新的阐释,并且提出了恢复马克思主义黑格尔传统的命题,同时黑格尔辩证法对卢卡奇自身的哲学思想也产生了极为重要的影响;第三,深化马克思主义哲学史研究必须把握卢卡奇的黑格尔哲学观。作为西方马克思主义学派的创始者,卢卡奇的思想是马克思主义哲学史发展的一个重要阶段,也成为马克思之后马克思主义思想发展史的重要内容,深化卢卡奇黑格尔哲学观的研究,对于运用马克思主义辩证法开展对各种错误观点的批判至关重要;第四,研究卢卡奇的黑格尔哲学观对于评价卢卡奇自身的哲学提供了一个新的视角。卢卡奇自身的黑格尔哲学观经历了四个阶段的发展,即相遇—深度融合—批判性扬弃—思想超越。这一历程既推动卢卡奇的黑格尔哲学观不断趋向完善,也透过对黑格尔哲学与马克思关系的重新认识,为西方马克思主义的出场和当代马克思主义发展提供新语境与新进路。

在各分论坛中,程钢通过对"物化"概念的深入分析,揭示了卢卡奇和马克思对它的不同理解及其在《资本论》和《历史与阶级意识》中的应用。温权强调了克尔凯郭尔对于卢卡奇思想的影响并详细考察了二人在思想史上的关联。陈良斌指出卢卡奇在理解恩格斯关于"自在之物"的论述时存在一定误解,我们必须采取整体性观点看待卢卡奇哲学中体系与方法之间的辩证关系。颜岩从连续性和非连续性的统一中出发重新评判卢卡奇的思想,认为卢卡奇思想的优势与缺陷只有在这一统一的视角中才能被更加全面地加以评断。

二、卢卡奇与当代国外马克思主义理论研究

作为国外马克思主义的奠基者之一,卢卡奇的思想深刻影响了不同阶段、不同地区与不同流派的学者。澄清当代国外马克思主义理论对卢卡奇思想的继承与发展,尤其是批判理论与当代政治经济学批判的新发展与卢卡奇思想之间的关联,有助于推进新时代中国的国外马克思主义研究进程,进而形成全面的"理论图谱",把握21世纪马克思主义发展的"新方向"。

第一,卢卡奇与当代批判理论。在主旨发言中,汪行福指出卢卡奇的物化概念蕴含了资本主义社会中结构性的不自由问题。考虑到新自由主义的全球化与数字资本主义的时代背景,结构性不自由的相关问题亦重新获得了现实意义。相应地,我们需要对卢卡奇的物化批判理论进行再现实化。该再现实化过程指向了将由于历史环境的变化及其哲学理论基础受到了质疑而被边缘化的物化批判理论重新激活。卢卡奇物化理论的核心是物的体系形成了一个严格的并且拥有高度自律性或自主性的体系,这样一个整全的体系最终使人失去了结构上自由的可能性。所以物化在本质上是一种现代社会的对象化形式及相应的主体性形式。我们不应该将物化简单地理解为某种生活方式,而应该理解为一种深层次结构性的现象,该现象作为完全自律或功能化的系统体现在今天仍然有着深刻的现实意义。刘怀玉指出应从卢卡奇造成的主体性的眩晕和崇拜症走向对卢卡奇的历史地位的复原与重新辨识。卢卡奇在早期试图用一蹴而就的方式从资本主义中解放出来,而后期的卢卡奇则放弃了他早期较为激进的现代性批判并逐渐转向了社会存在本体论的研究。卢卡奇的问题在于他将马克思的商品拜物教理论误读为黑格尔的意识外化理论,而忽视了马克思所谈论的自我异化问题。该语境上的错乱虽然造成了我们理解卢卡奇思想的困难,但是最终也以某种卢

卡奇所意想不到的方式开启了对马克思理解的新的可能性,即对物化问题的客观的意识形态的理解。卢卡奇在不自觉中发现了马克思的意识形态概念,并以此解释了人们社会生存的客观现实,进而促成了虚假意识概念的相关研究,这些研究影响了列斐伏尔在日常生活批判中"被神秘化"概念的提出,也部分解决了萨特在《辩证理性批判》中所论述的作为马克思主义哲学难题的主体性问题。

在各分论坛中,林钊指出施米特与卢卡奇几乎同时完成思想奠基并展开现代政治批判。而两者均认为现代政治陷入物化逻辑,差异在于重建政治正当性的途径。林青指出卢卡奇和列斐伏尔从政治经济学批判的意义上揭示了"第二自然"概念的内涵和形式。贺翠香指出卢卡奇的物化理论有助于我们克服图像时代的社会病理性特征。刘光斌从卢卡奇的商品结构分析和物化理论出发,探讨了法兰克福学派如何在形式理性、物化现象与技术理性的分析上继承和发展卢卡奇的理论。洪楼指出霍耐特将卢卡奇的物化批判归为社会本体论,而经过批判理论传统评价后,霍耐特调整了方法论,探求新的物化批判可能性。闫高洁探讨了韦斯特曼对卢卡奇思想的辩护,反驳了法兰克福学派的解读,并评析了卢卡奇对马克思"意识的改革"范畴的贡献。陈燕分析了卢卡奇与阿多诺在理解文化商品化与大众文化影响上的异同,即卢卡奇视文化为社会变革工具,阿多诺则关注文化工业对个体创造性的负面影响。

第二,卢卡奇与政治经济学批判。在主旨发言中,韩秋红提出:其一,当代左翼思潮为何能基于卢卡奇的物化劳动理论展开对于物质劳动问题的考察;其二,卢卡奇基于物化劳动强调无产阶级阶级意识的觉醒,聚焦无产阶级在历史总体性的辩证法和主客体统一的辩证法当中实现无产阶级自身的历史使命,这是《历史与阶级意识》的主线;其三,在《历史与阶级意识》中,卢卡奇专文介绍了政党组织问题,这一问题强调了无产阶级意识形成过程中党政组织原则的重要性,这一原则为革命主体的阶级自觉和时代职责提供了理论支撑与实践指引。卢卡奇从马克思对商品拜物教的论述中找到其物化理论的来源,同时力求向马克思思想本源回归,一方面重新激活了马克思对商品拜物教的批判,另一方面直接返回到黑格尔的思辨哲学中,强化无产阶级的阶级意识。卢卡奇在对物化理论进行阐释时同样着眼于生产活动领域，对现实生产过程当中凝结在商品之中的抽象劳动进行阐释，认为其无论在主观方面还是客观方面都为商品形式的普遍性所制约。同时，随着资本主义制度的发展，物化结构日益侵入人的意识劳动合理化的过程，消除了对象原本的物性，从而捕获了一种新的对象性与可计算性，此种意识的物化反过来又强化其对于劳动对象、劳动产品及劳动力的商品化，成为推动物化现象进一步展开的内在动力。由此，物化意识既是物化现象的结果，也是物化现象的内在环节，强化着资本主义条件下的物化技术发展。在今天的左翼理论中，"非物质劳动""新异化"等概念与卢卡奇的物化劳动理论紧密相关。

张双利指出卢卡奇在欧洲文明的危机及俄国十月革命的爆发与成功带来的冲击这两方面作用下写就了《历史与阶级意识》。卢卡奇对于资本主义版本的现代文明的判断在某种意义上和韦伯是非常相似的，但是他们之间的根本对立和差异就在于韦伯对于能否走出困局的出路的判断和卢卡奇之间是根本对立的。韦伯在关于社会主义的讲座中明确地提出了他的三大判断，而卢卡奇通过《无产阶级的立场》《关于组织问题的方法论》及《对卢森堡〈关于俄国农民问题〉的批评意见》三篇论文仔细回应了韦伯所提出的关于社会主义是超越资本主义的一条道路的质疑。今天的我们和卢卡奇面临同样的难题，即探索如何走出资本主义版本的文明危机这一困境的道路。在生产资料私有制已经被改写的情况之下，这个原则如何以制度性的和机制性的方式被再度圆融。通过与西方当今关于社会主义的讨论相互参照，我们可以重新探讨卢卡奇的理论环境如何被重新激活。

在各分论坛中，朱春艳指出了卢卡奇物化思想对我们从总体上批判数字资本主义量化逻辑和"量化拜物教"的重要意义。胡昕雯指出必须以中国化问题重构卢卡奇研究并助力当代中国马克思主义哲学体系的构建。姜淑娟指出卢卡奇的物化理论揭示了数字资本主义情境中经济的量化运作与社会整体的非理性特征，但仍要从马克思所揭示的奴役型生产关系出发才能科学把握资本主义的历史性本质。王馨曼从马克思文本在意大利的出版与研究以及意大利马克思主义与共产主义运动前景等视角切入展现了马克思主义在意大利的发展历程。

第三，卢卡奇与中国国外马克思主义研究。在主旨发言中，陈学明指出，西方马克思主义开始在中国的传播的主要标志便是卢卡奇的《历史与阶级意识》的引介，而徐崇温和杜章智二位先生对于此书的译介与评论进一步推动了中国对于国外马克思主义理论的深入研究。徐崇温是国内最早研究和评论《历史与阶级意识》的学者之一，而杜章智则最早将此书翻译为中文。二人对于本书的评价并不相同，杜章智认为卢卡奇作为曾经的第三国际重要理论家，与传统马克思主义特别是列宁主义，没有根本性的区别；徐崇温则是将《历史与阶级意识》与列宁主义的区别一一列出，然后站在尊重列宁主义的立场对卢卡奇进行一系列的批判。卢卡奇的《历史与阶级意识》为我们反对马克思主义的僵化提供了重要启示，具体表现在：一是卢卡奇在此书中通过对主客体辩证法的论述重新处理了"人"这一主体，特别是无产阶级在历史发展中的能动作用，批判了无视人的主体责任的各类理论；二是卢卡奇论证了马克思的方法论核心是总体性，并把它看作无产阶级意识的主要标志和内容，为反对个人原子主义提供了启示；三是卢卡奇在没有看到马克思《1844年经济学哲学手稿》的情况下用"物化"概念分析了现代人的存在状态，为正确理解和批判现代人的存在方式提供了启示；四是卢卡奇在本书中明确提出反对仅仅通过道德变革来改造社会的观点，为我们坚持通过生产力和生产关系的变革来推动社会进步提供了启示；五是卢卡奇提出重新揭示马克思主义的黑格尔来源，为我们通过把握马克思主义与黑格尔的联系来认识马克思主义唯物主义的本质提供了启示；六是卢卡奇在此书中批判了资产阶级社会科学的本质与危害，这为我们反对将马克思主义运用于改造资产阶级社会科学的做法提供了启示。

车玉玲指出，国内学界在研究卢卡奇时将他简单地放在西方马克思主义的范围内，甚至只是在马克思主义的视域内展开，是具有局限性的。卢卡奇同时也是现代西方哲学视域之内的，这不仅因为他早期深受韦伯、西美尔、胡塞尔等现代西方哲学家影响，而且他提出的方法论问题，在恢复马克思辩证法的革命性同时，也面对着现代性造成的困境——实证主义的泛化。为此，卢卡奇在阐释马克思的方法论的时候，他的核心概念与思维方式具有现象学的特征。"方法论"作为《历史与阶级意识》一书的核心范畴，要从多个角度进行阐释,只有这样才能揭示出卢卡奇思想的当代价值,因为卢卡奇不仅力图恢复马克思辩证法的革命性,同时也进行着方法论从"现代性"向"后现代性"的转变。卢卡奇提出的"总体性方法"对于后来的西方马克思主义者,尤其是列斐伏尔等认识后现代时期的都市社会提供了新方法。换言之,无论是回到到黑格尔的传统,还是借助于现象学的方法,卢卡奇的最终目标都是与马克思一致,即改变世界,不仅要恢复辩证法中的革命性进行阶级革命,同时也要改变现代人的物化的存在状态。为此,必须重新恢复"主体"的地位,克服方法论中的实证主义与教条主义的错误。

罗骞结合研习卢卡奇及其《历史与阶级意识》的学术历程指出,首先在思想原则方面,卢卡奇在《历史与阶级意识》当中提出了事实概念,通过对于事实的这样判断一个理解,卢卡奇在挑战他的导师马克斯·韦伯的价值中立理论。沿着卢卡奇这一简单的命题,引发了一系列关于做学问、阐释对这些问题的理解的进程,在这一过程当中,学界共同提出的关于马克思主义哲学、历史唯物主义原理、社会和历史研究对象和社会性与历史性等基本的原则,这些问题和判断都是受惠于卢卡奇的《历史与阶级意识》。由此,社会意识存在论和社会历史存在论,其根本的结构是存在论循环,也就是视为已存在物质与意识之间在实践中展开的,向未来敞开的辩证循环作为存在论的基本结构,也是受惠于卢卡奇的辩证法的思想。其次在做学问、处理理论的方式方面,在《历史与阶级意识》当中除了有两篇文章直接点名了作为研究对象的罗沙·卢森堡之外,没有专题性去研究其他作家。但是黑格尔、康德、席勒、韦伯、西美尔、狄尔泰和阿德勒等人的思想都内在地融贯在卢卡奇的《历史与阶级意识》当中,即卢卡奇不是以诠释、不是以对象化的方式去梳理把握思想史上的重要思想家。只有去阅读他的著作,追溯他的思想发展,才能感受他思想的深邃。对此需要反思的是,我国的自主知识体系的建构和自身学术思想发展需要面对一个解读方式,打开方式的变革问题,尤其在国外马克思主义研究方面经过近三四十年的发展,如果仅停留在介绍、梳理和翻译等层面的话,那么这些理论成果实际上还没有真正实现它的价值和功能。

三、当代国外马克思主义理论研究新进展

近年来，当代国外马克思主义研究在继承吸收马克思思想的基础上，通过批判性地分析当代资本主义的新形势新变化，进一步深化了马克思主义中国化时代化的伟大事业。对马克思思想与各种国外马克思主义理论关系的进一步阐释、对西方资本主义现代性的深度批判及数字时代的资本主义批判代表了当代国外马克思主义理论研究的最新趋势。

第一，马克思主义哲学与国外马克思主义研究新进展。在主旨发言中，张秀琴以关键节点性的人物及其相关理论为线索，回顾和梳理了国外马克思主义百年演变史。这一进程为我们提供了两种范式，第一种是文化批判或文化哲学批判，它呈现出来的是工具理性批判；另一种是政治经济学批判或价值形式批判。这两种范式实际上是我们为当下中国式现代化提供理论方案的时候无法回避的，这两种批判范式实际上遵循着两个逻辑。在传统阶段，即从卢卡奇到阿尔都塞，上述两种范式是分立的，它表现为人本主义和科学主义的对决。通过将国外马克思主义者的理论与马克思的学说比照研究这样的一个反溯的过程，能够帮助我们去更深入地通达和系统性地了解马克思主义经典著作中如何呈现马克思自己的方法，从而达到对整个思想史的呈现之把握。这样做的目的并非是纯粹学理性的，而是要在这样的一个环境里面对应资本主义的现代性历史。而工具理性批判和价值形式批判的范式是对资本主义现代性的历史现实有所回应的，进而才会呈现出对资本主义社会的种种批判理论样态。

在各分论坛中，夏巍指出历史唯物主义的科学性使其规定了新知识的性质、原则与方法，作为历史科学的雏形，历史唯物主义敞开了通向新知识的正确路径。马援指出结构-文化主义体现着马克思主义符号学发展的当代流向，代表了马克思主义介入人本主义符号学研究的思考方式，兼具马克思主义与"语言转向"交汇的当代理论发展特质。包大为指出"平民"这一概念作为自在的革命主体仍能有效描述流氓无产者且更能够在阶级社会演变的线索中找到其特征发展的内在逻辑。韩怀珠指出马克思、恩格斯同时立

足劳动的经济学和人类学语境,他们阐明的历史科学揭示了劳动的抽象与具体的双重性质。谭群玉以第二国际的合法路径思想为核心,关注了从资本主义到社会主义的和平进路与暴力进路,并讨论了该路径思想的理论奠基及其在实践上的效果。李永虎以西方马克思主义社会批判理论为切入点,分析了"形式"概念所引起的相关理论问题。张润坤阐明了社会诸多领域之中的极化关系以及由诸多领域中的共同构成的资本主义社会中的极化呈现出对于社会的一般运作状态的否定性。鲁绍臣指出马克思的历史哲学构建了以责任、担当、合作的命运共同体精神并解决了世纪之问、时代之问与中国之问。冯旺舟指出列宁的帝国主义论需要我们激活并运用到帝国霸权实践的分析中。宋惠芳分析了早期马克思主义哲学中异化概念的理论基础及其历史流变,为在异化劳动之外研究青年马克思的异化概念提供了新的宏观视角。

第二,现代性视域下左翼思潮理论与实践新发展。在主旨报告中,胡大平指出,马克思的政治经济学批判曾是鲍德里亚现代社会批判的重要理论支撑之一,亦是其在理论上的核心对话对象之一。随着鲍德里亚对以消费为经济支撑和以符号价值为文化秩序支撑的当代丰裕社会认识的不断加深,他不仅提到了替代政治经济学批判的符号政治经济学批判方案,亦把包括政治经济学批判在内的现代社会理论主流都作为意识形态扫进了理论的垃圾堆,并形成了自己独特的启示录式批判。如果说政治经济学批判代表着基于商品生产(资本积累)过程对权力及其异化后果的批判,那么鲍德里亚便演示了试图在商品生产过程之外寻求批判落点的后政治经济学批判的两种路向:以符号政治经济学批判为代表,实质上是巴塔耶提出"一般经济学"以来的一种持久的理论动向,即以更为一般的文明叙事来批判特殊社会形态的西方资本主义,就其反财富、交换价值、剩余价值的生产(积累)旨趣来说,亦可称为后财富政治经济学批判。鲍德里亚本人独特的启示录式批判,是一种将视角聚焦到意指过程,对今天资本主义以符号生产为主要载体的意义生产逻辑和后果的批判。

夏莹从德勒兹式的研究视角出发,在整个西方马克思主义发展的末尾处以回溯方式得出一个结论,即当我们试图在思想史中重新呈现德勒兹的时候,需要反思我们今天是否应该驱赶卢卡奇的一种幽灵化的存在。西方马克思主义存在的意义并不是一个理论到理论,从一个概念推到一个新的概念才得出它的生命力,而是真正的社会现实要始终进入理论的反思当中。如果卢卡奇对于西方马克思主义存在原罪的话,这种原罪主要表现为两个方面:一个是他关于内在超越的提法,即在迈向资本主义批判理论的过程中,卢卡奇及法兰克福学派所开启的路径就是内在性批判环节;另外一个原罪是,卢卡奇将辩证法的问题提升为一个面向社会现实的有效的方法论。而这两点恰恰是卢卡奇对整个西方马克思主义设定的并非完全真实的问题。仅仅通过批判、通过简单的思维游戏无法完成对资本的真正扬弃,应当重新开始踏实地去解决资本问题、研究劳动问题。就此而言,德勒兹在他的《反俄狄浦斯》中认为,唯一与资本逻辑相异质的就是国家逻辑。一个具有现代理性的国家机制,具有现实的政治权力和经济权力的国家体系,才能够真正地实现在资本逻辑统治下的真实革命。重要的工作应是重新开始从霍布斯开始研究现代国家,结合中国特色的社会主义道路建设,去探讨一种与资本逻辑截然对立的国家是否可能。

在各分论坛中,黄其洪指出拉吕埃勒提出非无产阶级作为革命主体,反对资本主义异化,但其主观非同一性却导向神秘主义,最终背离共产主义理想。黄玮杰指出面对当代资本主义的发展趋势,无产阶级主体需要在推进生产资料社会化的同时构筑区别于金融资本的有效社会动员机制。袁雄详细阐述了"解放神学"与马克思主义之间的本质性差异并对"解放神学"的理论预设进行了反思。谢静阐释了奥菲对绩效原则与社会现实的背离的分析,以及对劳动与社会关系的批判性反思。王增收从普遍的自我所有权是否成立、自我所有权包含什么权利以及为什么要授予自我所有权三个问题入手澄清了自我所有权概念。陈杨指出霍耐特在接受黑格尔关于社会实体的理论框架的同时也吸收了马克思的政治经济学批判及革命理论的内容。李春建阐明了霍耐特的劳动概念,并指出这一概念试图揭示雇佣劳动客观上有利于人的自由全面发展。李瑞艳指出阿尔都塞的"矛盾与多元决定"辩证法说明了马克思辩证唯物主义的创新与革命之处。郭延超分析了《启蒙辩证法》如何延续了黑格尔的辩证法式和解思想却展现了某种与黑格尔式和解有着批判性差异的和解图景。孙海洋从批判理论的视角出发考察了哲学家对劳动叙事的重构与该重构的理论效应,并分析了劳动争论的缘起与框架等核心要素。张涛考察了罗萨的共鸣理论为何无法扬弃新异化,并从马克思主义的角度对其作出反思。张米兰分析了拉图尔与罗萨对现代性危机的反思、诊断与解决方案。方珏分析了南希·弗雷泽如何以"一元三维"的性别正义理论从政治经济学的角度提出资本主义的批判。杨乐指出朱迪斯·巴特勒的批判理论揭示了发达资本主义社会的意识形态症候并凸显了概念与现实的内在矛盾。王垚指出了酷儿理论在为思考人类如何更好生活时所具有的意义及其后现代主义立场所具有的内在局限性。张能阐明了德勒兹对观念、情状、生成同情动关系的理解及其与斯宾诺莎哲学的关联。张娜从马克思主义的角度对韩炳哲非物质批判作出了详尽的分析。陈永森从古巴免费医疗体系出发,指出它对我国实施健康优先策略的启示价值。刘灵指出现代食品生产丧失了关乎人类健康发展的切身性、丰富性与多样性,让食品生产复归至人身体健康发展的需要是人的全面发展的民生课题与历史议题。

第三,技术-数字时代中的国外马克思主义研究新动向。在主旨报告中,雷德鹏分析哈贝马斯如何将马克思和卢卡奇所论述的异化概念应用于现代技术的分析和批判。资本主义社会既是技术理性形成的社会基础同时又是其异化的社会根源。技术理性异化具体表现为从僭越到统治的升级,即技术理性从劳动领域(目的理性子系统)向以语言为媒介的相互作用领域和生活世界领域跨界、侵入、僭越,最终演变为一种意识形态而成为现代社会的统治力量。消解技术理性异化之道的关键就在于,坚持以解放的认识兴趣为导向,正确区分目的理性活动子系统和社会规范系统的两种合理化概念,把技术潜能的释放同我们的伦理道德知识和内心意愿理性地联系起来,更好地服务于人类的解放利益。

王凤才指出,关于历史哲学的思考,或隐或显地存在于本雅明的所有文本中。本雅明历史哲学不仅关涉"历史唯物主义"与"历史主义"的关系问题,也关涉"历史唯物主义"与"弥赛亚主义"的关系。首先,本雅明明确区分了历史唯物主义与历史主义:在他看来,历史并非过去发生的事件,而是"当下"建构出来的"历史星丛","历史主义"满足于在不同的历史事件之间确立因果联系,而历史唯物主义更加重视历史的空间维度。其次,历史并非进步的连续,而是废墟的堆积。最后,历史并非自然而然的,而是弥赛亚的救赎。在本雅明的历史哲学中,"历史唯物主义"只有借助"神学"才能体现破坏性与救赎的统一,"历史的天使"已经不能理解由废墟堆积起来的世界,从而不能承担起"弥合破碎的世界"之任务,这个任务只能由"无产阶级""历史唯物主义者"神学之化身的弥赛亚来完成。本雅明的历史哲学代表着客观性与建构性、连续性与非连续性、必然性与偶然性的统一,具有一定的积极意义,其中既隐藏着历史唯物主义的革命潜能,又包含着弥赛亚主义的神学意蕴。

在各分论坛中,张一认为数字异化为数智化时代的马克思异化理论再现,展现数字劳动和生活方式的异化有助于恢复人的主体性并以数字共同体思维替代增值逻辑。山小琪分析了英国伯明翰学派的理论特点,对比了德国法兰克福学派,强调了伯明翰学派在经验主义、文化主义和历史主义方面的表现。孙珮云分析了西方马克思主义使英国文化研究走向了脱离政治经济学批判的抽象文化研究。齐艳红解析了戴维·米勒的社会主义政治理论,强调了米勒如何将市场、民主与共同体结合,探索在社会主义条件下的市场功能,以及超越自由主义的民主政治构想。蒋致宁从阶级利益的角度揭示了沃尔夫的分析理论的先天不完整性与局限性。涂良川描述了知识经济所推进的全球产业链变化、生产对象和生产方式当中已然发生的根本变化及其具体体现。陈艺文指出施密特在《马克思的自然概念》中开创了从唯物主义建构马克思主义生态观的可能性。郑湘萍指出生态学马克思主义的"异化消费"批判理论对于正确认识资本主义"消费社会"的实质、警惕我国当前社会生活中出现的不良消费现象具有重要意义。

四、论坛总结

论坛闭幕式由中山大学马克思主义哲学与中国现代化研究所暨哲学系户晓坤主持。复旦大学哲学学院张双利和中山大学马克思主义哲学与中国现代化研究所暨哲学系马天俊分别致闭幕词。东南大学马克思主义学院陈良斌代表下届论坛承办方致辞。张双利指出,本次会议中许多中青年学者能够用开放的心态重新回到卢卡奇、回到西方马克思主义的各大重要思想环节,并且开始主动自觉地去面对时代问题,这表明国外马克思主义研究在大的方向上令人充满信心。她认为在西方马克思主义理论的研究过程中,我们不仅需要在学术上努力把握西方马克思主义的理论和与时代主题之间的关系问题,更要进一步将其转化为有效的理论和思想资源来支撑起我们对于马克思主义哲学理论的新的思考,也支撑起我们从马克思主义视角出发对重大现实问题所展开的新的研究。马天俊总结了本次会议取得的丰硕成果,并代表会议承办方向中国马克思主义哲学史学会和当代国外马克思主义研究分会的支持表示衷心感谢。陈良斌介绍了东南大学马克思主义学院概况和国外马克思主义研究领域相关情况,代表下届论坛承办方向国内外同人发出了诚挚邀请。

分报告八
第六届全国21世纪世界马克思主义论坛综述

2023年7月7日至9日，由"21世纪世界马克思主义论坛"组委会和《学习与探索》杂志社及山东科技大学共同主办、山东科技大学马克思主义学院承办的第六届全国"21世纪世界马克思主义论坛"在山东省青岛市隆重召开，吸引了来自全国高等院校、科研机构、党校系统、国家开放大学、杂志社、出版社等单位的120多位专家学者和青年才俊出席。

本届论坛以"21世纪世界马克思主义语境中辩证法的新阐释"为主题，设有1个主会场(3场主旨发言、1场分论坛汇报发言)和5个分论坛(10场分论坛发言)。论坛涵盖了多个关键性议题，主要包括21世纪世界马克思主义语境中辩证法的基本形态、马克思辩证法的当代阐释、马克思主义语境中辩证法的历史演变与发展、辩证法视域中的现代性问题的反思与批判。与会专家和青年学者追踪了21世纪马克思主义语境中辩证法发展的新趋势、新发展、新动向，以基础理论与前沿问题兼顾为出发点，以理论阐释和现实反思深度结合为落脚点，力图使马克思主义辩证法以完整的、真实的形象呈现在世人面前，从而开创世界马克思主义辩证法发展的新境界。

一、21世纪世界马克思主义语境中辩证法的基本形态

"21世纪世界马克思主义语境中辩证法的基本形态"是本届论坛的焦点议题。在这一焦点议题下，与会的专家和学者们立足学界前沿进展，以辩证法的基础理论为阐发主线，从不同的研究视角、理论语境、历史线索解读了21世纪世界马克思主义语境中辩证法的基本形态，包括但不限于启蒙辩证法、否定辩证法、内在关系辩证法、具体辩证法、体系辩证法、停顿辩证法、历

史辩证法等。

在本届论坛中,法兰克福学派哲学家霍克海默和阿多诺的启蒙辩证法及否定辩证法思想受到了与会学者的重点关注。韩秋红从《启蒙辩证法》中的自我持存思想与启蒙理性的一致性出发,考察了启蒙理性的两面性。通过批判性考察资本主义文明,她认为资本主义文明始终无法兑现启蒙的承诺,只有超越资本主义的人类文明新形态才能开辟出克服现代性悖反的道路。王晓升从"非同一性"这一视角考察了阿多诺的辩证法思想。他认为在阿多诺的视域里,"非同一性"是一个东西成为其自身的本质特征,而不仅仅是量。但是,当这些东西被纳入"同一性"的东西的框架时,"非同一性"就被理解为"同一性"东西的量的方面。由此,阿多诺对非同一的东西的把握中就包含了一个客体的维度,这使得阿多诺超越了在意识范围之内把握"非同一性"的实证主义。贾永平讨论了阿多诺艺术美学理论中"显现"这一概念所蕴含的辩证法思想。他认为艺术美的显现作为一种否定式表达真理的独特方式,它表达的是艺术成为同一性逻辑支配下的不合理社会中的非同一性的持存者。陈燕以身份认同为主题来解读阿多诺的《启蒙辩证法》。陈燕发现,身份认同不仅包括主体的身份认同,也包含了客体的身份认同。吴敏通过把历史哲学框架作为联动考察阿多诺的启蒙辩证法和否定辩证法的框架,进而把阿多诺的两种辩证法的本质归结为卢卡奇所指认的"历史过程中主体和客体之间的辩证法"。此外,包桂芹基于《批判理论》一书,认为霍克海默所倡导的马克思主义否定辩证法的批判精神,对于推进马克思主义中国化的历史进程,以及澄清马克思主义哲学的原相具有重要的参考价值。陈兴亮分享了阿多诺非同一性思想的形成、同一性与非同一性的关系及其当代意义。杨乐围绕着资本主义社会启蒙与神话的关系问题,阐述了霍克海默和阿多诺在《启蒙辩证法》中对启蒙理性的系统批判,在此基础上探讨了启蒙理性异化的生成路径和启蒙理性批判的现实意义。杨丽探索了哈贝马斯在《启蒙辩证法》中对启蒙理性批判的批判。杨丽强调,哈贝马斯并没有简单地抛弃《启蒙辩证法》的努力,哈贝马斯从启蒙辩证法到交往行为理论的转型只是理论建构视角的转变,而非"断裂性的变革"。

法兰克福学派哲学家本雅明的停顿辩证法中所蕴含的革命与解放潜能

也是一个备受与会学者关注的问题。纪逗探讨了如何把握本雅明停顿辩证法的思想内核。在她看来，本雅明为了拯救现代性危机，以一种停顿辩证法范式呈现了存在的本质，以此来摧毁现代知性和概念思维建立起来的虚假同一性。马欣和武畅也分别阐述了本雅明停顿辩证法思想中蕴含的解放潜能。通过解读本雅明三种类型的"停顿"，马欣认为其中"历史的停顿"蕴含了解放的潜能，因为历史通过观照每一个"当下的时间"使线性的时间观中断；武畅则从哲学认识论、心理学两方面考察了"震惊"概念，她认为本雅明的历史哲学语境中"震惊"被赋予了一种革命特质。江文璇从本雅明对历史主义的批判出发，分析了本雅明历史唯物主义思想中救赎旨归的逻辑进路。她认为，正是通过对历史主义及其影响下的德国社会民主党的批判，本雅明才找到了重新阐释历史唯物主义和历史救赎的理论节点，即以弥赛亚主义时间逻辑重新赋型历史唯物主义。

颜岩和王秀敏围绕着捷克新马克思主义理论家科西克的具体辩证法展开了论述。颜岩从马克思"哲学家应该改变世界"的观点出发，解读了科西克的现实观。颜岩指出，科西克将辩证法的基本功能定位为"认识和改变现实"，在此基础上，科西克认为现实是不断生成的过程，它指向某种未来的可能性。资本主义社会危机的解除不仅需要辩证法，更需要生活方式的根本性变革，以及资本主义社会向社会主义社会的转变。王秀敏介绍了科西克"具体辩证法"的方法论内涵。她指出科西克对辩证法的理解有两面性，即对现实的建构和对伪具体世界的摧毁。进而她认为在科西克视域中，辩证法不是一种还原方法，而是精神地、理智地再生产社会的一种方法，是对历史的人的客观活动为基础的社会现象进行展开和阐释的一种方法。在此基础上，王秀敏指出科西克对辩证法的理解包含着对现实的建构和对伪具体世界的摧毁，通过主体把人实践的世界作为客体来进行研究，使人本身的能动性被激活了，与此同时，伪具体世界自主性的假象被摧毁了，人在精神上再生产社会也就成了一种实践的活动。

齐艳红和常俊丽研究了伯特尔·奥尔曼的内在关系辩证法。齐艳红探索了奥尔曼内在关系辩证法的有机结构及其局限。她指出，奥尔曼通过将马克思置入西方内在关系哲学谱系中，并由此将马克思视为与黑格尔在内在关系结构上一脉相承。她进一步认为,奥尔曼对马克思辩证法的重构构成了其内在关系辩证法的有机结构,但是奥尔曼无法确保内在关系的客观性及历史性的困境。常俊丽同样认为,伯特尔·奥尔曼内在关系辩证法的本体论和认识论意蕴是奥尔曼重构马克思辩证法的"骨架",其虽面临着无法确保和说明内在关系的客观性和历史性的困境,却为阐发马克思辩证法思想的复杂性提供了独特视角。

与会专家进一步探索了马克思主义辩证法的基本形态在21世纪语境下的解放与批判旨向。孙琳琼聚焦于维尔默的审美-现实辩证法,探究了审美的政治效应问题。孙琳琼认为,维尔默的辩证法根植于法兰克福学派对现代性危机的反思与批判,由此,审美在维尔默手中,成为对抗工具理性、资产阶级意识形态和社会控制形式的工具。维尔默致力于重建审美与现实的关联,进而在现实政治实践中严格限制审美的救赎功能,以现实来规制理想。孙秀丽介绍了艾米·埃伦对进步主义的批判,指出埃伦的进步辩证法视角对保持批判理论的批判性和解放性具有重要意义。金小燕通过阐述弗洛姆心理批判的前提性问题,分析了弗洛姆逃避自由的机制,进而论证弗洛姆是如何在总体辩证法框架下回答"意识形态如何从心理机制与社会经济条件互动中产生"及健全社会的可能性问题。赵长伟通过考察指出历史、历史性在卢卡奇思想中的本体论意义,指出卢卡奇历史辩证法蕴含三重当代价值:第一,重新思考全球化时代无产阶级革命的现实性问题;第二,重视我国社会主义民主建设中的日常生活民主和个体自由的环境营造;第三,繁荣我国文化产业,减少文化商品拜物教倾向。

二、马克思辩证法的当代阐释

本届论坛的与会专家和学者们自觉把握时代主题,在当代语境下重新审视和理解马克思的辩证法思想。他们或是围绕着马克思的经典文献,或是围绕着马克思与黑格尔的思想关系,或是基于其他哲学家对马克思的解读,以马克思辩证法作为理解和把握时代脉搏的思考构序点,为马克思思想和马克思主义理论研究提供了一些崭新的研究视角,在与当代其他哲学思潮对话的同时，阐明了马克思辩证法思想的当代意义。

何萍、吴猛及鲁克俭围绕着如何解读马克思的经典文本《资本论》展开了分析。何萍借由保尔·泽瑞姆卡的《马克思变革社会理论的关键要素》一书阐述了马克思《资本论》中的辩证法研究的思想史价值。何萍认为，要剖析《资本论》辩证法的内在构成，就要以一种历史主义而不是以逻辑主义的研究范式来考察文本依据。所谓的历史主义研究方式即政治经济学和哲学的问题视域相结合，以政治经济学问题为主线，将《资本论》辩证法置于马克思主义哲学史视域中，由此才能阐发《资本论》辩证法研究的思想史价值。通过考察思想史上曾出现过的关于《资本论》中的"货币转化为资本"问题的三种理解方式，吴猛认为，只有通过将《资本论》与《1857—1858年经济学手稿》对读，才能解读马克思的《资本论》中存留的三个"空白"：为什么马克思关于这一问题的叙述起点是 G—W—G？为什么看似形式化的 G—W—G 内含"必然成立"的要求？为什么作为预付货币的 G 一定要以商品 W 为中介再回到自身？在此基础上，他认为，《资本论》中的从"货币"到"资本"的概念过渡，是马克思运用形式分析方法获得的理论成果。此外，鲁克俭从基本概念翻译问题出发解读了体系辩证法。他首先解释了将"Systematic Dialectic"译为"体系辩证法"而非"系统辩证法"，以及把"Neue Marx-Lektüre"译为"马克思新阅读"而非"新马克思阅读"的原因，在此基础上强调体系辩证法涉及的主要是关于《资本论》理论体系的叙述方法，马克思新阅读是对马克思文本的新解读。进一步，他讨论了新辩证法与体系辩证法的关系、资本逻辑与马克思新阅读的关系，以及英语世界的前者与德语世界的后者之间的互动，并论述了体系辩证法与马克思新阅读的五处家族相似之处。

高红明和张晓兰将马克思的辩证法与其他马克思主义概念进行综合研究，在对其马克思辩证法思想的重新解读中迸发了许多新观点。高红明聚焦于马克思的革命辩证法和马克思主义妥协概念的交叉研究。通过梳理马克思主义革命辩证法和妥协概念发展史，他指出马克思主义的妥协则指一种有原则的、受客观条件所迫的妥协。这种妥协是建立在对象本质基础上的理论实践概念，同时又是一个始终对作为复杂整体的既存现实整体性考察基础上的实践行为，而马克思的辩证法以一种妥协的方式实现了对黑格尔辩证法的"颠倒",并由此矫正了人类社会的发展方向。张晓兰基于马克思的时间辩证法出发,分析了现代资本主义社会中时间结构关系的异化。她认为时间结构区分为自然循环时间和标准线性时间,体现了生命时间和社会时间之间的辩证法。在现代资本主义发展下,标准线性时间取代古代的自然循环时间获得主导地位,这会导致:第一,时间权力统治自然生命节奏;第二,劳动时间钳制生命基质;第三,消费时间磨灭主体意志。为此她提出,要以马克思的时间辩证法作为当代人类解放的切入口。

夏巍、刘鹏和向南将黑格尔辩证法视为马克思辩证法形成的重要主观意识,在此基础之上进一步揭示马克思辩证法的质性标识与当代价值。夏巍从马克思主义哲学基本立场出发,以历史性范式厘清了马克思与黑格尔在历史性原则上的分殊。她指出,借助黑格尔的辩证法,历史维度进入了马克思视域。虽然马克思辩证法批判性地继承了黑格尔辩证法的历史性原则,然而黑格尔的历史性成立在于理性辩证本性,其根基远离现实生活。但马克思转而以现实的自然界即感性活动及其历史运动过程为基石,由此确立了真实的历史性原则,使得马克思在理论上实现了自然史与人类史的统一,并完成了对黑格尔辩证法的超越。刘鹏通过论述恩格斯与黑格尔的关系,试图推进马克思和恩格斯经典理论研究。他剖析了恩格斯通过对黑格尔质、量范畴的批判继承,将主体从绝对者的自我转变为现实的自然和社会历史,使马克思主义成为真正的历史科学。向南从康德与黑格尔之间的张力出发,探讨了马克思的"抽象与具体"辩证法。他认为《资本论》中的"抽象与具体"辩证法以历史唯物主义的特定化向度,形成了超越"康德与黑格尔之间"的辩证法的诸种形态。

此外,李昕桐、周爱民结合时代背景对马克思的辩证法展开了不同向度的解读。李昕桐通过马克思后期的文本具体展开和论证马克思"关系-现实"辩证法思想的内涵、渊源、方法和意义,以此来进一步丰富马克思的现实观。李昕桐首先指出,"关系-现实"的内涵是在不断解决关系中的矛盾来切中现实。在此基础上,马克思从当下和历史事实的关系中确定范畴的意义,这个"关系"是指整体"结构"中要素范畴间的关系及要素与整体的关系;而且关系展开的内源性在于人的对象性活动;切中现实的方法在于关系抽象与具体现实的诠释循环,并以此确定现实的生成性和开放性特质。周爱民试图引用当前德国最新研究成果来激活马克思劳动辩证法的现实性。他主要强调了两个层面的问题:首先,当代资本主义社会大转型后,劳动辩证法最为核心的挑战在于劳动异化与劳动异化的扬弃不再可能处于辩证关系中。其次,在数字劳动时代,对劳动的理解须从工业生产劳动范式转向社会劳动范式。最后,他认为劳动辩证法的经典模式有必要稍作与时俱进的改进,即由"工业生产范式"转向以"社会劳动范式"为主导的劳动辩证法。

三、马克思主义语境中辩证法的历史演变与发展

回顾马克思主义辩证法的发展历程不难发现,马克思主义辩证法基本形态的演变与发展中不仅可以反映出时代背景对其的塑造,更蕴含着时代哲学家面对不同历史语境的时代反思。因此,厘清马克思主义语境中辩证法的历史演变及其发展,对于澄清马克思主义辩证法的核心理路与发展脉络,以及澄明马克思主义辩证法的理论内涵具有重要的理论意义。在本届论坛中,与会学者对西方马克思主义的主要代表人物及马克思主义辩证法的一些经典问题的研究更加深入,并开辟了一些新的视角。他们的考察主要是在两个层面展开:一方面主要涉及西方马克思主义代表人物对马克思主义辩证法问题的多样化重解,另一方面则关注当代社会语境下辩证法的其他阐释路径。

黑格尔辩证法在马克思主义辩证法历史演变中的地位和影响,一直是学术界关注的焦点问题。刘森林通过考察晚期谢林和尼采对传统辩证法的批判的重要性,探讨了当代西方马克思主义的辩证法研究问题。他认为,晚期谢林批判黑格尔辩证法过于理性、逻辑,难以公正处理感性实存、生成,从而难以避免传统形而上学;尼采批评苏格拉底式辩证法是平庸的,仍然以追求永恒、本质、完满、整全的形而上学境界。刘森林由此指出,不是黑格尔而是晚期谢林才构成德国观念论哲学的终结。刘卓红以卢卡奇的黑格尔哲学观为视角展开了辩证法的研究。刘卓红认为,正是通过阐析黑格尔哲学的辩证法,卢卡奇不仅完成了对第二国际教条主义的批判、重新思考什么是真

正的马克思主义哲学问题,也充分体现了其对马克思和黑格尔哲学关系的认识。陆凯华探讨了阿多诺对黑格尔辩证法的社会学化重构。在他看来,阿多诺以黑格尔"逻辑学"为模型、以意识自我辩证发展为历史叙事,由此为德国观念论构建了经验的、社会历史的基础。牛婷婷指出,黑格尔一般被视为法兰克福学派批判理论的"内在批判"方法的开创者与奠基者,论证这个命题的关键是要解释辩证法与内在批判的关系。

王春明和卢斌典关注的是阿尔都塞对传统马克思主义的反思与改造。王春明以"身体"问题为切入点重新解读了阿尔都塞意识形态理论。他首先剖析了阿尔都塞意识形态理论的基本立场,即意识形态具有一般性和两面性;在此基础上论述了其中隐含的身体性视角,提出意识形态是无关意识的表象系统也是基于身体活动的想象系统,由此揭示了阿尔都塞的意识形态理论作为一种社会批判的身体性坐标的现实意义。卢斌典主要探讨了阿尔都塞对马克思主义辩证法的改造问题。他认为,阿尔都塞通过马克思的生产一般概念,将辩证法看作"理论实践"的产物,在此基础上,阿尔都塞赋予辩证法以"多元决定"的哲学意涵,驳斥了第二国际的经济决定论。然而阿尔都塞借鉴结构主义及法国科学史学派的思想强调主体的空无,否定辩证法的真实存在,使他最终脱离了马克思主义的基本立场。

一直以来,马克思主义语境中辩证法的发展与阐释路径也是学术界关注的一个焦点问题。袁芃从美国著名马克思学家 N. 莱文的"马恩对立论"入手,为马克思与恩格斯关系问题提供了新的理解与阐释视角。袁芃指出,在莱文的视域中,对黑格尔辩证法问题的不同阐释导致了马克思和恩格斯的对立,而这种对立具体表现在:马克思的辩证法是"作为社会分析的方法和作为人类行动指南"的历史唯物主义;恩格斯则将历史唯物主义及马克思的立场转化为一种可用于同时解释社会和自然的辩证唯物主义。张珊以反思与无限性问题为主题,从概述德国浪漫派的发展性思想入手,补充了理解辩证法问题的一个视角。王馨曼综述了从葛兰西到奈格里的意大利马克思主义传统重解黑格尔和马克思思想关系的三条路径。傅志伟考察了否定之否定规律的理论来源和科学内涵,澄清和界定了它的核心概念"否定",并将毛泽东的主张与马克思和恩格斯的看法进行了对比,他最终的结论是:毛泽东对否定之否定规律的态度是肯定的,只是在肯定的同时,否定了这一规律所具有的基础性地位。陈伟关注的是分析的马克思主义视域的辩证法批判问题。在梳理了分析的马克思主义的概念、观点、内容基础上,陈伟认为,分析的马克思主义在对待辩证法问题上的两种态度可以与马克思主义辩证法形成对话。

四、辩证法视域中的现代性问题的反思与批判

在新时代中国式现代化建设的大背景之下,与会学者立足现实,将马克思主义辩证法的研究与复杂多样的社会现实问题相结合,从对辩证法经典问题的研究转向对现实问题的观照。具体而言,与会学者们一方面结合复杂的当代社会形态,即中国式现代化和国外现代化社会进程,广泛探讨了辩证法的当代适用性和功用性,剖析出一系列新的现代化问题,以及对于这些问题的深刻反思;另一方面,与会学者们从纯哲学领域的辩证法问题研究转向跨学科、多维度研究,尤其是政治伦理学、政治经济学领域的研究。

首先值得思考的是,如何在21世纪语境中开辟中国化马克思主义的时代化与新境界? 车玉玲以俄罗斯思想中的伦理原则为视角,思考了如何在多元文明视域下建构当代全球化伦理原则的问题。她通过比较研究的视角,阐释俄罗斯思想中以"多元文明并存"为背景的全球化新伦理原则的内涵,并说明建构"全球化新伦理原则"已在后发现代化国家中取得了一定的共识,并且中国式现代化道路与人类文明新形态已经开创着全球化新的伦理原则。滕藤从辩证法视角分析21世纪马克思主义的概念内涵,并提出以苏联解体、东欧剧变作为划分21世纪的事件节点。滕藤认为21世纪马克思主义概念讲的是21世纪以来马克思主义发展呈现出来的特征,只有通过界定范畴、刻画范畴之间的逻辑关系,以及语言使用分析等方面才能描述21世纪马克思主义的形态特征。竭长光分析了21世纪世界马克思主义辩证法在中国的几大研究理路,同时指出,作为关于"辩证运动"的"科学"的马克思主义辩证法之所以具有"哲学"性,是因为它本质上是关于"真理"的逻辑的理论表达,它是一种真正能够引导人们洞见"真理"的"智慧"之学。赵海峰从

现代新儒家代表牟宗三的"自我坎陷"概念入手，理解马克思主义中国化的辩证发展逻辑。他认为，马克思主义的"自我坎陷"表现为两个方面：一是从国际主义变为"本土化""在地化"；二是从"前启蒙"的东方社会主义到启蒙主义。在此基础上他认为，中国化马克思主义和其他国家的马克思主义一起，对丰富发展马克思主义作出了巨大贡献。但是中俄同属东方社会，处于"前启蒙"时代，直接进入共产主义的条件不足，需要"坎陷"为启蒙主义。此外，杨俊宏、戚姝和苏百义对21世纪世界马克思主义及其在中国的发展进行了宏观思考。杨俊宏指出，建设中国特色社会主义、实现社会主义现代化，是21世纪最伟大的实践活动，用社会主义辩证法，把建设中国特色社会主义和实现社会主义现代化的经验提升到普遍性，从而找出它们的辩证规律，这是马克思主义哲学的普遍原则同社会主义建设实践相结合的重要途径，也是马克思主义为我国建设事业服务的中介形态。戚姝和苏百义分别指出习近平新时代中国特色社会主义思想是指导世界人民图生存与发展的灵魂，以及辩证法思想对于中国式现代化具有重要的理论和现实意义。

同时值得深思的问题是，如何运用马克思主义辩证法理解和解决现代化进程中的社会问题？魏丽萍从马克思人学辩证法视域对智能思政风险认知问题进行了研究。她认为思政实践中"技术宰制""技术附魅""单向度的学生"等现象的出现，带来的是教育主体能动性的遮蔽。为了解决这一问题，需要求助于以否定性为核心的马克思人学辩证法。邓伯军对视觉中的辩证法进行了介绍。邓伯军提出，随着视觉技术的发展，现代性从对本体、逻辑、主题、价值等的研究转向了视觉色彩鲜明的形象、象征、景观、拟象、幻象等的美学研究，主体在视觉体制中的地位也从看到被看、从被动到主动、从规训到艳羡、从塑造到诱惑四个层面发生了转换。马金婷根据詹姆斯·奥康纳的生态辩证法，结合全球化趋势下的霸权主义意识形态探讨了生态学的制度设计问题。通过剖析詹姆斯·奥康纳的生态学社会主义思想，她认为，奥康纳对生态问题的剖析不是对环境恶化事实的简单描述，也不是对现存批判理论的直接选用，他对生态的关怀直接表现在对现实世界丑陋的揭示、对过往理论深刻的批判，以及对未来社会美好的构思之中，因此可以从奥康纳生态批判的理论张力中感受到客观的现实性、批判的批判性与坚定的继承性特质。陈珈翎站在马克思主义的性质与立场上对新主体哲学进行批判,指出了阿甘本及新左翼理论的实践性困境。郭晓晴指出,当代西方左翼的数字劳动批判理论既延续了马克思异化劳动批判的传统,也揭露了当今资本主义发生的新变化。郑亚岚对福克斯数字资本主义的批判理论进行了分析。闫杰对自媒体时代马克思主义大众化传播面临的冲击与创新路径展开了分析。那玉对数字化时代马克思劳动辩证法的新形态进行了详细的阐释。

此外,与会专家和学者通过对政治伦理学的核心论题的深入探讨,展现了国内学界对正义与平等问题的高度关注。李进书对门克文化平等思想进行了分析。李进书认为,门克通过分析不同文化对个体的平等权和自我成就的影响,引入了"良善生活"这个概念,一方面阐述了主体自主性的重要性,另一方面阐述了自主艺术的功能与意义。周清云借助弗斯特的全球正义辩证法思想,分析了全球正义问题语境下辩证法的新内涵。周清云指出,弗斯特之所以批判了传统的正义论即分配正义,是因为分配正义背后存在固化原有不正义的结构,进而弗斯特构建了基于辩护的权利的全球正义思想,并将此视为正义概念的核心,主张建立辩护的基本结构以确保所有人作为平等参与者自主地参与政治实践过程。吴华眉和钱疏影分别论述了巴特勒的现代性批判思想。吴华眉指出,巴特勒运用关于主体的生成与反抗的身体哲学,虽将资本主义的基础性背景论题化,但其将人的社会存在作为阐明新的伦理政治理论的基础,相比于将自主主体间的交往辩护作为核心的法兰克福的批判理论,更切中了新自由主义和控制论阶段资本主义的时代症候。钱疏影认为,巴特勒通过清算传统女性主义内部隐藏着的二元男女对立结构的异性恋框架的预设,表达了其自身所持有的拒绝那种通过简单的二元对立最后归结为统一的辩证法的立场。郑琪以玛莎·努斯鲍姆"好生活"这一政治哲学中的辩证法为切入口,传递出政治伦理学领域对现实生活当中存在的不平等不公正现象的反思与关切。

五、论坛总结

总体而言,与会专家和学者们的研究成果显示,21世纪世界马克思主义在欧陆国家、英语国家、原苏东国家、非洲-拉美国家、亚洲国家具有广泛的传播和影响力。并且论坛专家和学者们的成果进一步展现了21世纪马克思主义语境中辩证法的多元化、跨学科、现实性的研究视角和现实关切,强化了马克思主义语境中辩证法的现实解释力和诊断力,表明马克思主义理论在解释现实问题和引领社会发展方面仍具有重要的意义。同时,与会专家和学者的研究充分展现了马克思主义理论对社会现实问题的敏锐洞察和当代中国马克思主义学者们的现实关切。

本届论坛研讨主题较往届来说,研究视角更多元、理论来源更丰富、研究路径更具体。从研究方法上来看,与会专家及学者学科背景多样、学术视角丰富,方法上注重理论阐释和现实反思的深度结合;从研讨内容上来看,各位学者关于辩证法问题的探讨以小见大地呈现出当代中国学者对此问题研究的新趋势和新特点。本届论坛的成功举办,为辩证法问题的研究与阐释带来了新的洞见和启示,不仅激活了辩证法的理论活力,也推动了21世纪世界马克思主义辩证法开创出新的发展境界。

分报告九
第二届当代欧陆马克思主义论坛综述

为推动当代欧陆马克思主义研究的整体化、系统化和学科化,促进国内学术共同体的深度交流与合作,由西南大学马克思主义学院、西南大学西方马克思主义研究所主办,西南大学古典思想传统与欧美马克思主义发展研究科研团队承办的第二届"当代欧陆马克思主义论坛"于2023年11月25日至27日在重庆市举行。来自全国四十余所高等院校、科研机构的专家学者、青年学生,以及十余家学术期刊、出版单位的学术编辑代表共一百五十余人参加了会议,围绕当代欧陆马克思主义的理论与实践问题展开了深入研讨。

论坛开幕式由《哲学研究》编辑刁娜主持,西南大学党委副书记黄杰,当代国外马克思主义研究会名誉会长陈学明,西南大学马克思主义学院副院长王丰,中国马克思主义研究基金会秘书长、《理论视野》杂志社社长薛伟江分别致辞。黄杰在代表西南大学祝贺论坛胜利召开后,指出加强当代欧陆马克思主义研究对于国外马克思主义研究学科建设、马克思主义理论学科建设和推动马克思主义中国化时代化具有积极的意义和价值。陈学明指出,欧洲大陆不仅是马克思主义和西方马克思主义的诞生地,还是当代国外马克思主义的研究中心,开展当代欧陆马克思主义研究有助于进一步发展和推进21世纪马克思主义和当代中国马克思主义。他同时强调,国外马克思主义研究要坚持事实判断和价值判断相结合的方法论,即在弄清研究对象的真实思想的基础上用正确的价值评判标准对研究对象进行分析评判。王丰指出,当代欧陆马克思主义积极关注人类社会发展和当代资本主义、社会主义的新变化,实现了思想理论上的发展,将马克思主义研究成果特别是国外马克思主义研究成果服务于中国特色社会主义建设,需要牢牢把握"两个结合"的要求,需要国外马克思主义研究者的理论自觉与实践自觉。薛伟江指出,本届论坛的议题非常丰富,这些议题与当代中国马克思主义密切相关,深入研究讨论当代欧陆马克思主义相关议题对于认识和把握当代中国马克思主义和21世纪马克思主义具有重要意义。论坛召开期间,与会代表围绕数字资本主义研究、法兰克福学派批判理论研究、当代欧陆激进左翼思潮研究和俄罗斯、意大利及东欧马克思主义研究四个议题相继进行了主题报告、展开了充分交流。现将与会专家学者和会议论文的主要观点予以综述。

一、数字资本主义研究新进展

数字资本主义是当代资本主义与现代数字技术相结合的产物,"数字资本主义研究"是本届论坛关注的焦点之一。与会专家和学者们立足新一轮数字化浪潮的实践语境,以马克思主义理论为阐发主线,从数字资本主义的新治理方式、新生产方式、新异化等角度出发展开了深入探讨,为深入研究当代资本主义发展变化趋势提供了启发。

第一,数字资本主义的新治理方式。在对数字资本主义的批判中,生命政治学成为揭露数字资本主义新治理方式的一个重要视角。邓伯军对人工智能的算法权力及其意识形态进行了批判。他认为,人工智能算法借助技术逻辑和资本逻辑的合谋形成了一种客观化的权力谱系,人工智能算法在逻辑上是一种技术权力,在现实性上是一种资本化的技术权力,在社会学意义上是一种承认权力。他进一步指出,人工智能算法依靠技术逻辑和资本逻辑的合谋重新定义了生命活动的存在方式,一种全新的被数字化重新编码的生命宰制样态浮出水面,而克服算法对生命活动的异化就在于走出算法的资本主义应用。林海璇分析了数字资本主义何以成为生命政治的"副本",认为主要在于通过实现"三新"的数字变革,让生命政治得以具备从否定性批判走向肯定性建构的可能:"一新"是指对数字资本主义的多元化理解趋势;"二新"是指数字资本主义对于生命政治批判的方法论更新和本体论兼容;"三新"是指生命政治本身在数字化转型中,从世界发展看,必然提出构建数字生命共同体的时代要求;从中国之治看,也必然产生建设数字中国的现实要求。李旭辉分析了数字–生命政治的抽象化统治及其物化向度。他指出,数字–生命政治是一种带有"似自然性"特征和以数字物化为中介的总体性权力体系,其抽象化权力的实质是资本逻辑的抽象化权力。胡京多对数字资本主义时代的"生命的数字化"进行了研究。他认为,数字资本主义时代的生命政治不仅是福柯意义上的"使人活",而且是"使人数字化地活",即"生命的数字化"。生命的数字化是人的生命为数字资本所全面中介的结果,它奠基于数字资本对于现代生活的全方位的建构与控制。他进一步指出,从本质上来说,生命的数字化不仅是生命政治的问题,而且是由数字资本所主导的生命政治问题。谢静讨论了人工智能机器伦理治理的路径,认为主要存在强调人类制定的伦理规则的外在主义和突出机器主体道德意识的内在主义两种进路。她基于这一认识指出,由于通往道德意识的美与美感无法被模拟与分层,形成道德意识的有机生命与审美判断力无法被还原,因而人工智能机器的主体道德意识无法产生,在功利主义原则驱动下的人工智能机器伦理不能通往人类伦理的意义世界,人工智能机器伦理治理的"内在进路"行不通。

第二,数字资本主义的新生产方式。以大数据、算法、人工智能等新兴技术为核心的数字资本主义重塑了资本、技术与劳动之间的关系,催生了数字资本主义的新生产方式。魏传光认为,数据资本通过劳动指挥、劳动评价和劳动监督等算法控制的具体形态建构了一种影响社会正义的劳动结构。依据马克思主义的正义观,数据资本的算法控制过程包含着生产资料的垄断性独占、利用垄断优势对数字劳动者进行经济强制、劳动异化等非正义现象,必须给予正义批判。而建构算法正义既要从源头上抑制算法被资本操纵的内生力量和运行机制,又要以"算法取中"为原则进行算法生态互动治理,合理平衡资本、用户和数字劳动者三方利益,通过创造算法技术价值嵌入机制规约算法控制趋向正义。李樑分析了机器智能化发展与物化资本新形态。他认为,伴随智能机器在生产、生活中的广泛使用,物化资本形态发生变化,数据成为新的资本生产原料,智能机器成为新的生产工具,平台经济成为新的经济组织形式,数字资本成为占据支配地位的剩余价值剥削的主要手段。"劳动"或"数字劳动"的内涵与外延亦引起了与会学者的广泛关注。通过对国外马克思主义学者对马克思劳动范畴批判的批判,李春建指出,关于劳动范畴的形而上学解读和经验主义解读又以新的形式出现了,如哈贝马斯的"交往"和奈格里的"非物质劳动",在一定程度上遮蔽了马克思劳动范畴的科学内涵。李谧认为数字劳动本身存在诸多理论上的不自洽处,尤其是对数字受众所实施的网络空间活动被界定为数字劳动提出了质疑。他从马克思主义政治经济学批判视角,对数字劳动加以辩证,并以数字消费取代数字劳动概念,以确定人们在网络空间的休闲娱乐活动所反映出来的本真性质。通过运用帕舒卡尼斯方法,即呈现从物质生活的本质到物质生活的表现形式,再到意识形态的内容的推导过程,对数字劳动自主性进行意识形态批判,吴易浩发现数字劳动自主性的意识形态内容是劳动者的"自我管理""自由选择工作时间和工作地点""拥有一定的工作自主权",它来自的物质生活表现形式是数字劳动者的"去劳动关系化"。而"去劳动关系化"之下的物质生活本质,是以"数据""垄断"和"金融"三位一体为特征的数字资本,为了迅速获得短期利润而诉诸绝对剩余价值的生产。

第三,数字资本主义的新异化。数字资本主义不仅创造出新治理方式与新生产方式,还制造出数字社会的新异化。熊小果从绝对剩余价值和相对剩余价值范畴出发,梳理了资本主义、时间、空间、数字技术四者之间的关系,分析了数字资本主义的时空变构及其异化病症。他的研究发现,数字资本主义不存在独特的时空结构,数字资本主义对时空的变构及其带来的异化病症,是资本主义的价值"累进制"生产和循环的一种历史形式,数字技术是资本概念与自身存在的中介,时空是在数字技术中介下资本主义的价值的活化。郑亚岚通过梳理福克斯技术异化批判理论,揭示了数字资本主义时代的技术异化现象及其本质。她指出,福克斯从政治经济学、意识形态和文化三个维度展开对数字资本主义时代的技术异化的批判,认为数字资本主义时代的技术异化会带来人类日常生活异化、劳动新异化和技术意识形态化,而资本是导致技术异化的本质因素,进而提出以数字共享、占领运动和互联网替代平台消解技术异化的超越资本主义路径。罗星欣认为,数字时代资本主义发展呈现出生产劳动语境下的异化劳动、无产阶级领导权下的单向度的人、情感资本主义下的情感冷漠、数字资本主义下的数字陷阱四种不同语境下的人的现实生存困境。

二、法兰克福学派批判理论研究新进展

法兰克福学派批判理论研究是本次论坛中备受关注的一个重要话题，与会专家和学者们围绕法兰克福学派批判理论的哲学基础、现代性批判、政治伦理转向等议题将法兰克福学派批判理论研究推向深入，形成了较为丰硕的研讨成果。

第一，法兰克福学派批判理论的哲学基础。刘帅从伯恩斯坦的担心即如何获得对客体的直接认识出发，分析阿多诺的两种主体认识能力，并将之与观念论的直观理论进行比照，探讨了阿多诺的非观念论辩证法何以可能的问题。他的分析指出，观念论辩证法因为预设了同一性原则而沦为了一种意识形态，阿多诺在对其批判的基础上提出了一种非观念论的辩证法，这种辩证法以物的优先性为前提，通过它主体能够获得对客体中不可消解的某物的直接认识，从而避免主客二元对立带来的困难。通过重新思考一般与个别的非同一关系，李好笛讨论了阿多诺的否定哲学观及其对现代社会的生存启示。他指出，在阿多诺看来，现代社会中个别是颠倒了、隐藏着的一般，它体现了虚假的个性、自由；同一性原则是个别深受一般强制的哲学基础，它构成了现代社会的价值体系；非同一是个别的本质，个别生存者是比他是其所是"多"的东西；由于非同一重视事物的特殊性和个别性，因而他者对同一性的抵制才是辩证法的力量所在。郭成从法兰克福学派"同路人"索恩-雷特尔的视角考察了主体性哲学的唯物主义基础。他认为，索恩-雷特尔通过对货币起源及其发生学逻辑的考察，指出主体性与货币之间的内在关联，即主体性的生成与货币的产生是同一个过程，为主体性哲学奠定了一个唯物主义基础。

第二，批判理论家对现代性的批判。刘光斌和王希研究了哈贝马斯考察资本主义现代化的交往方案。他们的研究认为，哈贝马斯通过梳理从韦伯到帕森斯以来的"作为社会合理化的现代化"的理论史，指出他们采用合理化的考察视角把资本主义现代化过程理解为一种片面社会合理化的过

程。哈贝马斯还通过分析韦伯等人对资本主义现代化的时代诊断,指出资本主义现代化带来了自由和意义的丧失、物化病症、系统不平衡和社会危机等问题。在此基础上,哈贝马斯采用交往行为理论对"作为社会合理化的现代化"进行了理论重建,采用双重社会合理化考察资本主义现代化,把资本主义现代化病症诊断为生活世界殖民化。宋建丽考察了数字时代加速逻辑下的西方现代性。她的考察认为,罗萨基于对现代世界关系错误发展的病理学诊断,指出加速逻辑下的现代性悖论,并将时间规范凸显为现代性批判的核心。她指出,在罗萨的加速社会批判理论视角下,全面掌控与不受掌控构成现代性的基本矛盾,加速现象与不同步现象则处于现代性问题的中心。她认为,罗萨揭示的时间异化是资本逻辑和新自由主义的产物,重新审视马克思的"抽象时间统治",以及人类解放的相关论断,有助于认清缺乏共鸣的根源,从而真正走出西方现代性的迷宫。姜华和崔嘉晟则从时间异化的产生、表现及超越三个维度对罗萨异化理论进行了研究。他们的研究认为,时间异化是罗萨在时间维度解释异化的新模式,建立共鸣的世界关系是罗萨试图扬弃时间异化的尝试。黄继红研究了鲍德里亚的时尚理论对现代性的社会整合问题的解答。她认为,在鲍德里亚看来,前现代的社会组织原则是象征交换,而现代的社会组织原则是时尚。时尚的核心要素是模仿,现代社会是通过模仿传统社会的象征交换进行社会整合的。时尚通过各种模式内在的差异调制模仿传统符号的意义,将人整合进各种模式之中,从而形成新的社会秩序。

第三,法兰克福学派批判理论的"政治伦理转向"。李进书围绕法兰克福学派内部关于审美经验的真理有效性的"韦哈之争",分析了文学艺术对自主个体和良善生活的意义。他指出,在哈贝马斯看来,审美经验具有本真性,但不富有真理有效性,无法为良善生活建构提供可信的伦理资源。而韦尔默认为,审美经验能提高个体的认识能力,也能促进他们共同参与良善生活建构。他进一步指出,"韦哈之争"修正了审美经验在良善生活建构中的地位,弥补了哈贝马斯和霍耐特等人政治伦理路径的缺陷,使他们认识到审美经验能解决困扰他们"个体自主性确立"的难题。徐勐考察了霍耐特承认理论的规范性危机,并提出一种黑格尔式重建方案。他认为,霍耐特对黑格尔法哲学的"去形而上学"处理与"主体间性"阐释导致了其承认理论的规范性危机，即规范性的主体主义和习俗主义倾向。为了解决这一规范性危机，他进一步提出可以尝试回到黑格尔，借助黑格尔早期"生命与爱"的概念来为霍耐特承认理论的规范性奠定形而上学基础。袁博基于鲍德里亚对人道主义的批判，分析了人道主义之中的反人道主义内核。他认为，鲍德里亚看到了弗洛伊德主义抽象的人本主义是人道主义的变式，并对这种人道主义进行了批判，既反对自然主义的观点，也反对纯粹的主体性、理性的原则。他进一步指出，鲍德里亚对人道主义的批判实际上是对人成为抽象的、普遍性的概念的批判，但是鲍德里亚由于缺乏辩证法思想，并没有提出一种人类精神与肉体、抽象与具体和解的方式。

三、当代欧陆激进左翼思潮研究新进展

当代欧陆激进左翼思潮研究是当代欧陆马克思主义研究的一个重要方向。对当代欧陆激进左翼思潮的研究，尤其是对巴迪欧、拉吕埃勒、德勒兹、朗西埃等人思想观点的挖掘，也吸引了与会专家学者的普遍关注。与会专家学者围绕当代欧陆左翼思潮的思想溯源、激进哲学、政治指向等角度进行了广泛而深入的讨论，阐明了当代欧陆激进左翼思潮的发展脉络与核心理路。

第一，当代欧陆左翼思潮的思想溯源。刘临达梳理了西方马克思主义的共时性权力哲学的理论脉络。他指出，早期西方马克思主义权力哲学设想处于共时性与历时性的"叠加态"，随着西方马克思主义理论演化的展开，一种不同于葛兰西历时性权力哲学的共时性权力哲学逐渐显学化，它萌生于卢卡奇关于"降临的主体"的猜想，"爆炸"于鲍德里亚关于符号世界里"象征决战"的呼吁，成长于阿尔都塞笔下"没有父亲"的斗士，成型于21世纪的"事件"哲学。通过分析朗西埃对阿尔都塞的背离与回归，林宝怡对"无分者"进行了溯源探究。她的探究发现：其一，在前朗西埃时期，朗西埃追随阿尔都塞，消解"主体"范畴；其二，在五月风暴后，朗西埃背离阿尔都塞，怀疑结构主义立场，批判意识形态理论；其三，在"无分者"建构中，朗西埃传承阿

尔都塞,推崇"异质"与"多元"。周宏胤通过对阿尔都塞在《保卫马克思》和《读〈资本论〉》中使用结构概念的情况进行考察,发现阿尔都塞式结构概念具有具体的、内在性的、有层次的、动态的、不在场的等特征。

第二,当代欧陆左翼思潮的激进哲学。路强从巴迪欧事件哲学的视角考察了生态整体论。他认为,巴迪欧的事件哲学与"多"的本体论中蕴含的整体性理念,能够为生态整体论提供理论借鉴:一是"多"的本体与生态整体同构;二是人类的出场是生态整体发展过程中的一个"溢出";三是"历史情势"中的"大二"是生态整体的现实呈现。沿着巴迪欧的思路,他发现,自然生态是一个被整合起来的整体,我们不能简单地从中找到某一经验中的原则来统摄这一"实存"。袁雄探讨了拉吕埃勒的"非马克思主义"知识分子何以可能的问题。他指出,这种知识分子之所以可能,原因有三:一是非哲学提供了"新"的哲学观,二是非哲学的实在提供了理论的依据,三是伦理学的乌托邦指明了实践的方向。李作纯从内在统一性原理、多元对立原则、单边决定关系三维剖析了拉吕埃勒的辩证法思想。他认为,拉吕埃勒基于非哲学的哲学观,通过以下三个方面来"破"传统的双边决定的辩证法思想和"立"自己较为激进的单边决定的辩证法思想:一是吸收诺斯替主义的内在性观点,提出其辩证法思想的内在统一性原理;二是承袭阿多诺的星丛概念和借用阿尔都塞的多元决定理论,提出其辩证法思想的多元对立原则;三是批判传统哲学的"哲学决定",提出其辩证法思想的单边决定关系。李海梅从宏观的视角来把握西方新唯物主义,发现对物质一元论、反人类中心主义、物活力、物与生态、政治等内容的探讨是西方新唯物主义的主要内容。苏丹探讨了本妮特生机唯物主义的身体向度,认为本妮特的生机唯物主义建基在对身体能动性的思考上,发展出一种拟人化的新身体唯物主义。她指出,尽管本妮特认为她的理论与马克思主义传统并无关涉,但她对身体的坚守仍然保留着马克思的历史唯物主义的历史前提。

第三,当代欧陆左翼思潮的政治指向。王福生对巴迪欧的减法政治与共产主义假设进行了考察。他认为,巴迪欧在左派陷入迷失之际,提出了"共产主义假设"并考究了其历史,进而指出现在的紧迫问题是要在组织和行动的新形式内部发现共产主义假设展示自身的新方式,开启共产主义假设的新序列。他指出,这一新方式就是巴迪欧所倡言的减法政治,其核心要义在于与国家保持距离,而其实质,在巴迪欧看来是一场保罗·策兰意义上的新的远征,而在我们看来,则是一种弥赛亚主义式的狂热与静待。魏金鹏对朗西埃激进政治理论进行了卢德主义分析。他认为,朗西埃的激进政治理论以"幽灵的大众"为政治主体,反对精英对大众的天然领导权力,并主张通过大众的审美觉醒来达到实现自身解放的目的,其激进政治理论实际上是一种反对革命方法技术化的"政治上的卢德主义"。他指出,朗西埃的激进政治理论打开了反技术哲学的政治化通路,对朗西埃思想进行卢德主义分析有助于深刻理解激进左翼的革命理论的进步性,以马克思主义视角审视"政治上的卢德主义"对认识激进左翼思想的非马克思主义与反马克思主义也十分关键。张秀琴围绕生命政治论视野中的主体性议题,讨论了生命政治论何为、生命政治论为何、为什么要讨论生命政治论的主体性议题等问题,并详细对比分析了阿尔都塞、萨特、福柯、梅洛-庞蒂、列斐伏尔、鲍德里亚、德勒兹等人的主体观。赵小宇基于福柯对生命的阐释,指出其生命政治思想内核体现的三重维度:一是表征生命积极样态的生物性身体,二是被权力和治理统摄的个体和人口,三是作为政治客体的生命。她认为,福柯以生命为视差,从关注生物性身体走向考察生命的政治实践,将权力和治理作为构筑生命政治环视的两条主线,将生命政治的理论矛头直指生命社会化和资本主义发展,并进行理论审视和现实批判。王鸿宇基于马克思与福柯的互文式对话,从自然权利批判的视角分析了现代西方人权话语本质及限度。他认为,马克思历史唯物主义主要揭示了自然权利的阶级性,福柯则重点阐明了自然权利在资产阶级社会中的治理效应。

四、俄罗斯、意大利及东欧马克思主义研究新进展

俄罗斯、意大利及东欧马克思主义研究也是本次论坛关注的一个焦点。与会代表将研究视野拓展到俄罗斯、意大利及东欧诸国,从理论和实践双重维度深入阐释了俄罗斯、意大利及东欧马克思主义。

第一,对俄罗斯马克思主义的研究。郭丽双围绕复兴、批判、重塑三个

关键词,介绍了21世纪俄罗斯马克思主义研究新进展。她认为,21世纪俄罗斯马克思主义的当代发展与问题关切呈现出四个维度:一是审视经典马克思主义、苏联马克思主义,以及21世纪马克思主义的新发展;二是再论俄国十月革命和苏联社会主义实践;三是追踪当代资本主义新发展、新议题;四是关注马克思主义中国化与21世纪世界社会主义的现实进展。她进一步指出,21世纪俄罗斯马克思主义研究逐渐地演化为传统派、反思派、创新派、差别实践派与认识论派五个派别,他们从理论方法的复兴阐释、历史事实的澄清反思及现实世界的批判与借鉴三个维度展开了他们的理论叙事。刘洋基于科尔加诺夫思想,考察了资本主义的局限和社会主义的先决条件。科尔加诺夫基于马克思对资本主义的批判,展开了对全球资本主义危机地再批判,指出资本主义的内生性发展动力逐渐枯竭,但仍试图通过建构不平等的全球经济关系来延续自身的存在,当代资本主义的局限关键在于离开新经济体制萌芽资本主义就无法组织再生产,但资本主义又无法充分发挥这些新萌芽的作用。基于此,科尔加诺夫强调认知资本主义的新型生产力孕育出了共产主义生产关系的部分特征,提出基于共享性知识生产的知识社会主义方案"社会主义全球化",力图实现对马克思主义的当代重构。

第二,对意大利马克思主义的研究。吴頔围绕建构马克思主义的社会学、调查研究的意义和菲亚特工厂案例,探讨了早期意大利工人主义的理论和实践,认为对意大利工人阶级状况的调查研究构成了早期意大利工人主义运动的核心。早期意大利工人主义在理论上将社会学引入马克思主义,建构马克思主义的社会学;在实践上通过对工人状况的调查研究,来探求资本主义"生产方式"之变。奈格里等意大利马克思主义学者也是与会专家和学者们关注的一个焦点。陈飞考察了奈格里和哈特对另类现代性的生命政治解读。他认为,在奈格里和哈特看来,后工业时代非物质劳动的兴起为重建以共同性为核心的财产关系提供了可能,这是另类现代性生成的最重要的经济基础。生命政治主体通过集体协作和民主自治的方式占有共同性,以拒绝资本统治而走向另类现代性。他们的另类现代性规划忽视了客观历史环境的限制,脱离了历史唯物主义生产力-交往形式的内在矛盾运动规律,更没有深入资本主义劳资关系矛盾的具体表现形式之中。邵晓丹分析了奈格里和哈特的共产主义思想。她指出,奈格里和哈特从基于非物质劳动与共有性的生产维度、基于主体革命与集体自治的政治维度,以及基于爱与解放的社会维度筹划了数字时代的共产主义,并且他们思想的出发点和落脚点都可归于主体自身的生产、交往、反抗与共在。张帆讨论了奈格里和哈特激进政治主体的生成与困局。他认为,在奈格里和哈特看来,诸众诞生于资本主义生产方式由物质劳动转向非物质劳动和生命政治生产的生产之变,诸众自身奇异性与共同性的内在张力使他们难逃主体性危机和身份政治的窠臼。黄丽娟基于对非物质劳动理论的批判性论析,考察了主体性的潜能及其限度。她认为,非物质劳动的主体性潜能集中体现在三个方面:一是语言、知识、智能、情感等主体性要素的普遍运用促进了劳动力的全面发展,二是生命政治生产日益生成着独立于资本控制的自主性、协作性和共同性力量,三是大众将通过实现劳动力潜在自主性的方式颠覆资本逻辑以获得解放。

第三,对东欧马克思主义的研究。傅其林讨论了苏佩克的新马克思主义心理学阐释。他指出,苏佩克通过对普列汉诺夫的社会心理观进行反思,对现代主义演变的内在动力和心理学机制展开剖析,对萨特的现象学心理学阐释提出疑问,构建了一种马克思主义艺术心理学。他认为,苏佩克的心理学阐释不同于以纯粹意识为核心的现象学心理学,也迥异于以自然本能为核心的弗洛伊德心理分析。它强调主客体之间的动态实践的结构生成,具有突出的人道主义特征,开启了东欧马克思主义理论的新路径。陈浩东分析了伊凡·斯维塔克的东欧现代性反思。他认为,面对现代性危机,斯维塔克以"操控"概括对斯大林主义与东欧社会本土化的冲突和现代工业社会的技术理性异化的社会现代性反思,并提出从人类学中复活美学,以艺术的内倾性绽开人在日常生活中个体性的自由和创造力,实现"文艺复兴"式的现代性重构。刘颂扬对捷克新马克思主义美学的先锋主义与民族意识进行了研究。他发现,先锋性与民族性构成捷克新马克思主义美学思想史中一组重要的话语张力。以旋覆花社为代表的战前先锋派重构无产阶级文艺观,提出诗歌主义等激进反传统的艺术政治学,并在马哈的英雄浪漫主义中寻求乌托邦想象。存在人类学派和埃芬伯格超现实主义小组的战后美学赋予实验艺术反乌托邦的讽喻功能,揭示人道主义视域下的"捷克问题"。在捷克新马克思主义者看来,历史的悖谬性使捷克文化先验地以先锋话语表征自身,捷克民族不存在海德格尔式的神话叙事,而是与"小捷克人"所代表的无产者意识关联,这使其美学提供了不同于葛兰西的"民族-人民"阐释。

五、论坛总结

论坛闭幕式由《理论探讨》副主编侯冬梅主持,西南大学西方马克思主义研究所所长黄其洪代表本届论坛承办方对论坛进行了总结,并对所有与会专家学者和会务人员表示了肯定。黑龙江大学马克思主义学院副院长文记东代表第三届"当代欧陆马克思主义论坛"承办方向全国专家学者发出了热忱邀请。总的来说,本届论坛坚持前沿问题与基础理论、学术思考与现实关怀、世界问题与中国问题相结合,取得了丰硕的理论成果。本届论坛深入探讨了国内当代欧陆马克思主义研究的最新进展,推动了当代欧陆马克思主义研究向纵深发展,能够为分析当代资本主义发展变化趋势,推进马克思主义中国化时代化提供理论借鉴。

分报告十
"国外马克思主义基本理论问题研究"研讨会综述

2023年11月18日至19日,由北京师范大学出版社、《求是学刊》编辑部、湖北省哲学学会和中南财经政法大学主办的"国外马克思主义基本理论问题研究"研讨会在中南财经政法大学哲学学院召开。开幕式上,中南财经政法大学党委书记侯振发向参会专家学者介绍了中南财经政法大学的学科建设最新进展和人才培养情况,尤其是哲学学科的历史沿革和优势特色。湖北省哲学学会会长汪信砚、黑龙江大学副校长于文秀、北京师范大学出版集团党委委员饶涛副总编先后致辞。

本次研讨会围绕国外马克思主义研究存在的问题与反思、国外马克思主义的资本主义批判研究、国外马克思主义哲学基本问题研究和《国外马克思主义基本理论问题丛书》写作体例与规范四个主要议题展开,并就国外马克思主义的辩证法、文化观、技术观、生态观、空间理论、政治哲学、意识形态观等议题,以及国外马克思主义基本理论问题丛书的编写工作等进行了深入研讨。

一、国外马克思主义研究存在的问题与反思

20世纪90年代以来,中国学术界对西方马克思主义研究的水平不断提升,边界不断拓宽,并最终促进了国外马克思主义研究二级学科的形成,实现了从西方马克思主义研究到国外马克思主义研究的转换,时至今日,国外马克思主义研究毫无疑问已经成为中国哲学社会科学中最热门的研究领域之一。武汉大学哲学学院汪信砚在肯定我国国外马克思主义研究理论贡献

的基础上,提出目前国外马克思主义研究存在的两个基本问题。一是研究内容碎片化。一些学者的目光侧重放在人物思想和流派思想本身上,求新追新的趋势过度而没有从整体上把握国外马克思主义研究的发展变化的脉搏。把研究的聚焦点放在国外马克思主义基本理论问题上是克服相关研究碎片化的根本途径。二是研究范式还存在一定的问题。汪信砚强调对国外马克思主义的研究首先要为推动当代中国马克思主义的发展而服务,应该遵循马克思主义哲学中国化的范式,只有坚持把马克思主义哲学与中国具体实际相结合,致力于中国道路的哲学探索和表达,才能不断实现当代中国马克思主义哲学研究的理论创新和时代性发展。

中南财经政法大学哲学院王雨辰首先从西方马克思主义对列宁主义的三种态度入手,认为那种把西方马克思主义看作脱离政治经济学批判的抽象文化批判,看作一股反列宁主义的思潮,并不符合西方马克思主义发展的实际。他随后以此为切入点指出我国目前国外马克思主义研究存在的问题主要在于对国外马克思主义研究对象和范围的界定无法达成共识,抽象的"资料评介式"研究范式无法从整体上把握国外马克思主义研究的发展逻辑及价值立场的日益模糊等。最后,他认为要使我国的国外马克思主义研究走向深入,必须相对界定国外马克思主义研究的对象和范围,实现从抽象的"资料评介式"研究范式转向理论与实践相统一的"问题式"研究范式,采用马克思主义哲学中国化的价值立场,使我国的国外马克思主义研究服务于中国马克思主义哲学研究和现代化实践。

武汉大学哲学学院院长李佃来指出,受学科范式的影响,马克思主义哲学史与国外马克思主义研究长期以来处在分离的状态下,由于先已生成的理论范式没有得到根本性的破解与转化,国外马克思主义只是被生硬地绑定在马克思主义哲学史的研究之中,呈现在马克思主义哲学史研究断面上的也就不是国外马克思主义的本然面貌,因此我们需要对国外马克思主义研究的方法、路径和范式进一步反思和重新拟定,他认为其中的关键在于要回归经典西方马克思主义的基本理论问题之中,同时更重要的是要回归到马克思的根基之中,并以此为基础阐释了经典西方马克思主义对马克思政治哲学的基础历史唯物主义的理论贡献。

二、国外马克思主义的资本主义批判研究

在当代中国学界所关注的国外马克思主义的资本主义批判理论,主要是一种源自马克思的批判概念与方法,并经过以法兰克福学派为代表的批判理论的自觉构建对资本主义社会的系统性批判分析。北京大学马克思主义学院郁庆治认为我国的当代资本主义批判理论研究的突出特征之一,就是它的议题或主旨的"碎片化",即大都是围绕着资本主义社会(制度)的某些构成性要素或质性特征而展开的批判性分析。当代中国资本主义批判理论需要正视或解决的一个突出问题,是它的"中国相关性",或者说,如何更好地实现它的认识论价值。以此为目标,郁庆治呼吁大家需要把狭义上的国外当代资本主义批判理论转化为一种建基于中国自主性的"世界资本主义批判理论与实践"。除此之外,与会学者从生态批判、技术批判、空间批判,以及文化批判等方面对国外马克思主义者关于当代资本主义世界的批判展开了探讨。

(一)生态批判

生态学马克思主义指认资本主义制度和生产方式的反生态性质,并把自己的生态学命名为"反对资本主义的生态学",本质上是对资本主义社会和生产方式的生态批判。北京大学马克思主义学院仰海峰探究了国外马克思主义生态学基础理论学理路向上的三种逻辑。他强调,在当代马克思主义生态学的建构中,存在着三条不同的逻辑:一是从控制自然出发的生态学思想,强调人对自然的操控是现代生态危机的根源;二是从资本逻辑出发,将生态问题看作资本生产的结果;三是试图重新以自然为前提,以实现人与自然之间新陈代谢的平衡。他认为,马克思的生产力思想仍然是我们今天面对生态学问题的哲学基础。第一,生产力的发展是人类存在与发展的物质前提与技术保障;第二,生产力的发展是以人与自然之间的新陈代谢为内涵的,当下的生产力发展之所以出现生态危机,这是因为人类学意义上的劳动过程受制于资本增值过程,或者说是由生产逻辑从属于资本逻辑所致,这

使得自然成为资本工具的条件;第三,生产力发展才能为人的自由发展与自由人联合体的建构提供基础。

华南师范大学马克思主义学院张青兰将有机马克思主义看作当前国外马克思主义研究的新范式,蕴含着深刻的生态观。从其核心要义看,有机马克思主义主张以整体主义取代和超越人类中心主义、以共同体主义取代极端个人主义,并在此基础上构建有机共同体;同时有机马克思主义主张以后现代的生态性批判现代的反生态性,树立有机生态思维,推动生态经济学代替传统经济学;此外,有机马克思主义在融合生态原则和社会主义的基础上,在消解资本主义与社会主义二元对立的基础上尝试提出"第三条道路",指明了其生态观的实践向度。

合肥师范学院马克思主义学院刘英认为,工业文明在数百年间创造了巨大的物质财富,但以葬送自然环境为代价的黑色发展道路加剧了人与自然的矛盾对峙。当今世界生态赤字逐渐扩大,生存环境岌岌可危。生态学马克思主义对绿色发展道路的理论探索,是对黑色发展道路的批判与创新,在价值观念重新厘定、生产方式绿色转型、科学技术绿色创新、消费逻辑廓清重塑等方面历经理论变迁。生态学马克思主义密切关注全球性生态危机和人类发展困境,对西方资本主义的黑色发展道路展开生态批判,提出走绿色发展道路才是实现人与自然和谐共生的必由之路,对于我国建设生态文明,实现人与自然和谐共生的中国式现代化具有启示意义。

(二)技术批判

20世纪堪称技术批判的时代,深刻影响到21世纪人类理智认识现实世界和社会历史的发展及人类的实践活动。国外马克思主义技术批判作为百年来人类理智活动的一种基本形式,构成了一幅蔚为壮观的世界性的学术思想场域和前无古人的学术思想对立的图景。山西大学哲学学院乔瑞金围绕文化唯物主义对资本主义制度下技术运用的"恶"的表现及其实质的批判作出分析,探讨了其底层逻辑与现实意义,指出必须重新审视技术的资本主义应用的后果,以一种新的彻底民主和新的社会主义的必不可少的手段,使技术价值观回到对技术本真的认识和使用上来,从根本上彻底改变资本主义的现实,构建新的社会秩序,促进人的解放,造福人的自由发展。

中南财经政法大学马克思主义学院张星萍诠释了当代国外马克思主义技术理性批判的三重视域及其当代反思。为了清晰地展现国外马克思主义技术批判理论在20世纪70年代以后的发展趋向,选取芬伯格的技术民主化思想、鲍德里亚的媒介镜像批判,以及维利里奥的加速技术批判作为理论典型,重点剖析当代国外马克思主义者在承袭批判理论传统的同时广泛吸收建构主义、符号消费理论、速度政治学等社会思潮,从更为微观的层面揭示现代技术体系的意识形态本性及其社会后果,或诉诸公众参与,或寄希望于沉默的大众,或倡导"慢生活"理念的不同方式解除科技意识形态威胁,从而指引人们走向自由解放之路。

(三)空间批判

空间批判理论是近半个世纪以来国外马克思主义的一个重要理论生长点。历史唯物主义是以资本主义批判为核心的,决定了以历史唯物主义为理论底蕴的空间批判理论必然服务于资本主义批判。中南财经政法大学哲学院张佳从空间视域对帝国主义进行分析和批判,指出了在资本逻辑主导下的帝国主义空间实践造成了空间的资本化、工具化、等级化等特性,使空间沦为资本扩张和增值的工具,不再是人类理想的空间形态。对帝国主义的空间批判使我们深刻认识到空间霸权的剥削掠夺本质,中国式现代化要超越西方殖民掠夺的现代化道路,以人类命运共同体的理念打破不公正的全球空间秩序,重塑全球空间结构。

空间批判理论是国外马克思主义由现代性诊断转向后现代反思的枢纽,理论谱系庞杂且话语众多,为推进思想史视域中的主题归纳、方法论提炼和得失评价,提供了重要的学术参照系。中南财经政法大学马克思主义学院高晓溪根据列斐伏尔、哈维和索亚的理论展开论述国外马克思主义空间批判理论的三重视域。他指出,20世纪70年代以来的左翼思想界发生了"空间转向",形成了空间本体论、空间辩证法、空间认识论和都市革命等新主张,为五月风暴后期渐入困境的激进叙事注入了新的思想资源。列斐伏尔、哈维和索亚分别基于经典西方马克思主义、晚期马克思主义和后马克思主义立场,展开空间性的哲学反思、政治经济学批判和后现代地理学规划,形成了以反对资本空间生产和寻求空间正义为旨趣的学术共同体。

(四)文化批判

卢卡奇文化批判理论的形成和发展经历了文艺美学批判、物化批判与意识形态批判及日常生活批判三个阶段。中南财经政法大学哲学院陈食霖分析了卢卡奇文艺美学批判理论。他指出:该批判理论的批判对象是资本主义社会,它关注的核心问题是人的生存境遇,是对人的问题的深层追问,卢卡奇对资本主义社会的文艺美学批判侧重于抽象意义上的艺术审美与道德层面上的谴责,他借助文艺美学的力量批判资本主义社会,并将资本主义社会危机的解决之道诉诸艺术救赎。总的来说,陈食霖认为,卢卡奇以总体文化的式微与异化问题的显现作为文艺美学批判的现实缘由,以戏剧、论说文与小说作为文艺美学批判的表达形式,以重塑现代人与世界的总体性作为文艺美学批判的理论旨趣,以探寻个体的生存价值和生活意义作为文艺美学批判的价值诉求,卢卡奇的文艺美学批判理论作为早期的文化批判理论形式凸显了卢卡奇对个体生存境遇的关切和对人道主义思想的执念。

宁波大学马克思主义学院杜红艳认为,现代西方哲学的生活世界转向开启了现象学与生活世界之间的关联,存在主义对日常生活存在的研究和社会学现象学对生活世界意义结构的剖析都是从现象学出发的,西方马克思主义与东欧新马克思主义的日常生活批判中也隐现了现象学的色彩。尽管日常生活批判理论中现象学并非总是直接出场,但可找寻到其中内在蕴藏的现象学方法、现象学前提和现象学结论。杜红艳指出,在日常生活批判理论中,现象学总是隐形的线索和底蕴,认识论的、存在论的、社会学的和马克思主义的日常生活批判理论都具有现象学色彩,现象学贯穿了不同角度的日常生活批判理论研究。

同济大学马克思主义学院周爱民指出,当代形式多样的资本主义批判不同程度地显现出窄化趋势,未能将资本主义理解为一种全面的生活形式。批判理论也未能幸免,这表现为资本主义经济被置于"黑匣子"而不予讨论。为了复兴批判理论总体性原则,R.耶给(Rahel Jaeggi)构建了"生活形式批判"理论。在生活形式框架中,资本主义被理解为社会实践(包括经济在内)的"惰性集合",对其展开批判被理解为一个解决问题的学习过程。并给将批判建立在社会本体论上并展开总体性批判,这一理解路径为当代资本主义批判提供了典范。

三、国外马克思主义哲学基本问题研究

关注国外马克思主义哲学基本问题研究是国外马克思主义学术交流的重要使命,也是本次研讨会的重点议题之一。国外马克思主义哲学基本问题就是在深入国外马克思主义研究领域的过程中必然遇到的前提性问题,如果不解决这些前提性问题,对其他相关问题的理解就可能不到位。国外马克思主义哲学领域的人物和流派众多,观点繁杂各异,因此如何把握人物与流派之间的关系、传承与影响,如何在众多不同观念中提炼出作为永恒主题的哲学基本问题,是与会学者共同关注的问题。

(一)辩证法

复旦大学哲学学院王凤才从理论基础、基本特征、核心,以及最终结局四个方面辨析了黑格尔与阿多诺辩证法的根本差异,指出黑格尔辩证法是肯定辩证法,只有阿多诺辩证法才是否定辩证法。阿多诺的否定辩证法具有悲观主义的浪漫主义色彩和后马克思主义倾向,是形而上学批判与社会现实批判相结合的批判模式。但阿多诺却从"意识形态批判"走向了"批判的意识形态"。因而可以说阿多诺是后现代主义先驱之一,但却不能说他是一个后现代主义者。阿多诺将黑格尔辩证法视为肯定辩证法,并与自己的否定辩证法完全对立起来,有片面性甚至情绪化之嫌疑;但否定辩证法作为阿多诺对批判理论的最大贡献,为国外马克思主义提供了新的辩证法形态。

南京大学哲学系刘怀玉分析了列斐伏尔的辩证法是基于新人本主义异化逻辑与马克思主义矛盾辩证法调和融合中的、处于无限的矛盾转化与异化的重复差异的开放的总体性。在刘怀玉看来,列斐伏尔的空间辩证法说到底是马克思的社会矛盾辩证法的空间体现,三元空间辩证法归根结底是一种空间矛盾或者空间性矛盾的辩证法,是社会不同历史时代不同阶段的时间性矛盾的共时性/集中化表现,列斐伏尔的《空间的生产》真正重要的学术贡献是其将历史唯物主义的社会基本矛盾理论加以具体化的现代性矛盾空间及其空间矛盾批判理论。

华中科技大学哲学学院王晓升从康德形而上学思想研究入手阐述了阿多诺的唯物辩证法思想,这一研究是对否定辩证法进行内容上的扩展和补充。对于阿多诺来说,辩证法一定是主体和客体之间关系中的辩证法。超出了主体和客体范围,没有辩证法可言。而主体和客体的结构也可能出现非辩证结构。康德和黑格尔分别对应了两极:或者把主体和客体对立起来,或者把主体和客体结合在思维之中。这两者都走向了极端,只有在主客体关系中通过对客体的首要性的确认才能真正地坚持唯物主义。坚持唯物主义不是要否定主体作用,不是要否定观念的作用,恰恰要强调观念的作用。只有借助于观念的作用,我们才能达到客观地认识。今天,我们在深化马克思主义哲学的研究中,可以借鉴阿多诺的否定辩证法并深化唯物辩证法的基本思想。

北京师范大学哲学学院郑伟分享了西方马克思主义对待自然辩证法的态度及启示。目前西方马克思主义对辩证法研究的态度越来越拘泥于社会批判领域,通过改造历史唯物主义的框架,避开恩格斯,最终走向某种新的主体性建构或批判的理论思路。总的来说,自然辩证法在西方马克思主义的发展历程中,始终处于一种失落的状态,这种状态的产生并不是西方马克思主义者个体选择的一个结果,而是由整个社会批判理论的框架决定的,在绕开自然辩证法的基础上,主体性的预设和资本主义现实之间的尖锐对立才得以展开。

(二)文化观

广州中医药大学马克思主义学院刘秦民指出,雷蒙德·威廉斯以自己独到的思维方式对精英主义文化传统进行批判性反思,立足大众文化立场以及生命平等原则提出并阐释了共同文化的社会理想,强调文化的包容性和多样性,以及文化权力的重塑,力证了共同文化在本质上是民主的。雷蒙德·威廉斯将文化界定为"一种整体的生活方式"，突破了当时的文化范式，打破了文化与政治、文学之间的界限，表征出文化的思维方式、主体、结构在文化意义解读上的整体性特征。雷蒙德·威廉斯希望通过走向一种共同文化，继而推动构建文化共同体、化解文化危机、构建民主平等的社会，表达了对文化的社会变革和社会正义的关切和期望。

重庆大学马克思主义学院吕进研究了文化记忆视角下优秀传统文化的传承与发展。文化记忆是指从社会文化的角度对人的记忆进行综合性的编码与展演。集体记忆作为一种对"过去"在当下的再现，为文化记忆奠定了社会性建构基础。在交往记忆和文化记忆交织中进行的文化传承，不仅是对过去文化的简单回忆和"复刻"，还是立足当下、着眼未来的文化重塑，由此补救了日常生活中存在所遭受的侵蚀与消解。以文化记忆建构文化传承的路径，在"现代调适"的进程中通过记忆场来实施传统文化的现代性复刻与创新；在"活态传承"中实现记忆重塑，结合时代条件对传统文化加以继承和发扬，赋予其新的时代含义；"仪式动力"在文化传承中承担着存储、激活和传达含义的文化记忆功能，助推文化传承的延续与嬗变。通过活态传承与现代重塑，文化记忆形成文化传送链，找到传统文化在当代中国的适用性，促成文化的创造性转化，推动文化的创新性发展。

中南财经政法大学马克思主义学院孙珮云分析了英国文化马克思主义研究范式变革的内在逻辑与当代价值。英国文化马克思主义积极推动研究范式变革回应英国社会变化，其内在逻辑体现为：在20世纪70年代运用阿尔都塞的意识形态理论揭露大众文化、少数族裔和女性他者身份中的资本主义文化权力机制，实现从文化主义到结构主义的研究范式变革；其后以葛兰西霸权思想中的能动主体取代结构主义中被意识形态言说的主体位置，强调在解码大众文化、再生产文化身份和接合差异性身份中变革资本主义文化权力关系，进一步推动"葛兰西转向"的研究范式变革。加强对英国文化马克思主义的借鉴与反思对于我们坚持历史唯物主义立场，构建哲学研究和政治经济学研究范式有机统一的社会主义文化理论具有重要意义。

中国人民大学马克思主义学院孔晓辉揭示了西方马克思主义文化研究

中"总体性"的退场。西方马克思主义以批判经济决定论等对于历史唯物主义机械式理解的面貌出场,被学界视为马克思主义发展过程中的"文化转向"。文化正以其与经济基础、政治制度、日常生活密不可分的辩证关系成为现代性与总体性的重要表征,因此文化研究成为马克思主义当代发展不可忽视的研究路径。与此同时,中国式现代化开辟出一条不同于西方式现代化的道路,正是马克思主义同中国具体实际相结合、同中华优秀传统文化相结合的产物。因此,对国外马克思主义文化研究的发展状况的把握,有助于我们更好地理解中国式现代化开创的不同于西方现代性道路的人类文明新形态,更好地体现中国特色社会主义的世界历史普遍性与民族发展特殊性。

(三)政治哲学

厦门大学哲学系唐瑭解析了20世纪70年代阿尔都塞的哲学实践及其政治哲学意蕴。不同于《保卫马克思》《阅读〈资本论〉》时期纯然理论家的形象,70年代的阿尔都塞以更加立体的形象出现在我们的视野中。他对哲学性质作出了科学的分析,深度剖析了西方传统哲学的核心问题。面对马克思主义理论危机与国际共产主义运动危机,阿尔都塞在不放弃马克思主义基本原理的前提下,致力于补足马克思主义当中的理论"空白",对马克思主义无产阶级专政理论与意识形态理论都作出了创新与发展,并试图以理论实践的方式对社会主义战略与共产主义远景进行思考。阿尔都塞关于哲学实践的探讨对于我们反思马克思主义政治哲学具有一定的启发。

中南财经政法大学哲学院颜岩指出,《历史与阶级意识》在西方马克思主义发展史中具有重要的地位和影响力,卢卡奇在书中试图恢复马克思主义辩证法的批判性和革命性,但由于未能完全洞察和拒斥黑格尔和韦伯思想中的保守主义成分,最终在理论上陷入了悖论。深刻剖析黑格尔的历史哲学和法哲学,以及韦伯的合理化和官僚制思想,揭露其中内含的资产阶级意识形态因素,不仅是正确评价卢卡奇思想的根本前提,也是阻断《历史与阶级意识》理论错误对后世产生消极影响的关键。梅扎罗斯对《历史与阶级意识》思想遗产的评估可为我们提供重要的理论参考,但由于忽视了马克思主义历史性方法的积极影响，因此对卢卡奇思想中保守主义成分的评估有失公允。

武汉科技大学马克思主义学院郑雨晨深刻反思了阿甘本政治哲学中的两个基本概念"zoē"和"赤裸生命"之间的关系。zoē是先于政治的、无形式的生命，而赤裸生命则是被政治权力生产的、具有否定性形式的生命。赤裸生命不是zoē，而是zoē与bios之间无区分的门槛。以德里达为代表的学者没能准确把握阿甘本理论的"纳入性排除"逻辑和"门槛"结构，在面对阿甘本含混而暧昧的文本时，以传统的二分结构思维误读了"赤裸生命"的概念。辨析这一问题有利于准确把握阿甘本概念和理论的逻辑，避免泛化"赤裸生命"的概念，理解当下巴以冲突的生命政治逻辑。

清华大学哲学系潘沈阳认为，共同性思想根植于近年来在欧美流行的公地运动及其相关研究，以及在这一实践与理论进程中产生的治理方法与公地形态两个层次的突破性进展。从存在于共同性思想内外的理论张力出发，对目前共同性思想的整体发展情况可以从如下两个层面展开分析：从对话性补充一侧来看，主要包括由奈格里、哈特等人主导的思想共同体内部的拓展；从论战性批判一侧来看，主要包括达多特、拉瓦尔、拉图尔等人引起的思想内部的论战，以及德赛发起的来自思想外部的批判。更进一步地，激进左翼学者将从公地研究中抽象出共同性思想与马克思主义传统中的共产主义理论相结合，试图一方面借助最新的思想与实践资源在当代激活马克思曾提出的共产主义设想，一方面又以共产主义自身深厚的历史积淀来为"共同性"思想注入革命力量。

华中师范大学马克思主义学院雷禹解释了历史叙事转向中的加速主义思潮及其批判。加速主义对马克思主义的挪用和移植，挑战了马克思主义的叙事方式与理论视角。由此带来的后果是，在把马克思打扮成加速主义先驱的过程中，马克思主义成了加速主义思潮的重要来源。在这一过程中，加速主义思潮在话语上呈现出异常繁盛的姿态，然而在理论上缺失了诊断资本主义的科学视角，并在实践上无法应对面临的诸多困境。从历史叙事的角度厘清加速主义思潮的理论变迁，不仅是为了真正把握这一思潮的内在逻辑及其理论实质，更是为了阐明马克思主义的科学意义并在今天仍然主张其理论价值，从而加强我们应对各种激进思潮的方法论自觉意识。

中南财经政法大学哲学院郑力源认为，马克思主义哲学家齐泽克以拉康的精神分析理论为基础，站在当代激进的新马克思主义的立场上，以一种全新的视角对海德格尔的政治介入提出了不同于以往批评者或辩护者的评价，他精准地指出海德格尔在做出理论突破后却未经反思地选择了与激进政治背道而驰的纳粹主义道路。但是海德格尔早期哲学思想中隐含着一种巨大的激进政治潜力，只有回归激进政治之路才是拯救海德格尔冲出纳粹意识形态陷阱的救赎之道。

四、《国外马克思主义基本理论问题》丛书的写作

北京师范大学出版集团饶涛副总编在会议开幕式中介绍了《国外马克思主义基本理论问题》系列丛书的策划背景和编纂宗旨，他指出国外马克思主义和中国马克思主义都是马克思主义研究的两条主要脉络，加强国外马克思主义研究可以深化中国马克思主义研究，加深我们对当代资本主义的理解。在策划背景上，国外马克思主义基本理论问题研究从根本上制约着对西方马克思主义理论主题、理论内容、理论特征和理论职能的理解，因此本系列丛书高度认识到基本理论问题研究的重要性，致力于学说与学科相结合，对国外马克思主义研究领域中最基础最重大的课题进行全面且系统的探索，力图在国外马克思主义基本理论研究的广度和深度上进行掘进和拓展。在编纂体例上，遵循整体与部分相结合，重点突出当代中国的西方马克思主义研究基本观点和理论体系的原则，各卷之间既保持自身的独立性，又使得丛书具有相应的整体性，既体现对经典文献及隐藏在经典背后的学术大家的侧重和眷顾，又重视对马克思主义不同的理论倾向、思想流派的梳理和探索。北京师范大学出版集团主题出版与重大项目策划部祁传华主任在会议闭幕式中首先对本次研讨会的成功举办表示热烈祝贺，随后对《国外马克思主义基本理论问题》系列丛书的指导思想和写作体例进行了简要的介绍，最后希望该系列丛书能够顺利出版，让人们能够从中汲取思想力量，

创造性地发展国外马克思主义理论，为当代中国马克思主义研究提供一种新的思路或范式。

分报告十一

"国外马克思主义研究学科建设会暨西南大学西方马克思主义研究所成立十周年纪念会"综述

为推动国外马克思主义研究学科进一步发展,庆祝西南大学西方马克思主义研究所成立十周年,2023年7月1日,"国外马克思主义研究学科建设会暨西南大学西方马克思主义研究所成立十周年纪念会"在西南大学以线上和线下相结合的方式召开。本次会议由西南大学马克思主义学院主办,西南大学西方马克思主义研究所承办。来自全国十余家知名刊物编辑部的编辑和四十余所高校、研究所的专家学者共计一百六十余人参加了本次会议。会议开幕式由西南大学马克思主义学院党委书记廖晓衡主持,西南大学党委副书记兼马克思主义学院院长潘洵、中国马克思主义哲学史学会会长郝立新、当代国外马克思主义研究会名誉会长陈学明,以及《哲学研究》编辑部主任周丹分别在开幕式上致辞。

西南大学西方马克思主义研究所的前身是西南大学西方马克思主义政治学研究所,2013年7月2日成立,首任所长是马克思主义学院前党委书记王文余。该所于2017年9月13日正式更名为西南大学西方马克思主义研究所,由黄其洪担任所长。该所依托西南大学马克思主义学院,成员来自西南大学马克思主义学院、西南大学国家治理学院、西南大学地理科学学院、重庆大学马克思主义学院、西南政法大学马克思主义学院、西北大学哲学系和上海师范大学马克思主义学院。现有正式成员21人,其中教授10人,副教授6人,讲师或博士后5人。

在学校领导和学院领导的大力支持下,从2013年7月以来,依托于西南大学西方马克思主义研究所,西南大学国外马克思主义研究学科实现了从无到有、从硕士点到博士点、从普通学科点到西部重镇的三次飞跃。陈学明认为,经过十年的发展,西南大学西方马克思主义研究所已经成为国内的国外马克思主义研究领域的重镇,希望西南大学西方马克思主义研究所能够探索出一条马克思主义学院系统的国外马克思主义研究学科建设的新路,并对兄弟院校的国外马克思主义研究学科形成示范作用。

会议期间,与会学者围绕哲学学科下的西方马克思主义研究与马克思主义学院系统的国外马克思主义研究的异同、国外马克思主义研究与马克思主义理论各二级学科的融合、国外马克思主义研究学科建设面临的问题与解决方案、当代西方马克思主义研究的热点问题四个主题展开了深入讨论。

一、哲学学科西方马克思主义研究与马克思主义学院国外马克思主义研究的异同

国外马克思主义研究自2005年正式设立为马克思主义理论一级学科下的二级学科以来,进入了发展的快车道,影响力日益增大。目前,国内已经有九十余所大学设立了国外马克思主义研究硕士点,36所大学设立了国外马克思主义研究博士点。与会学者围绕西方马克思主义与国外马克思主义发展的历程回顾,国外马克思主义研究在哲学学科下与马院系统下的异同,国外马克思主义研究须具备的理论素养等议题进行了充分的讨论。

第一,国外马克思主义研究学科的发展大致被划分为三个阶段,目前已经成了学界最为活跃的研究领域。陈学明指出,西方马克思主义主要作为一种哲学思潮传播到国内,长期被从事哲学、美学研究的学者关注和研究。西方马克思主义研究的主要机构和阵地最初集中在哲学系统之中。在马克思主义理论一级学科下设置国外马克思主义研究的二级学科后,我国学界对西方马克思主义、当代国外马克思主义的研究便从若干个高校的哲学系扩展到各个高校的整个马克思主义学院。伴随着研究主体规模的扩大,国外马克思主义研究的模式和方法也随之发生变化。吴猛认为我国国外马克思主义发展可划分为三个阶段。第一阶段是徐崇温等学者引入西方马克思主义经典著作对国内学界产生重要影响的阶段。第二阶段是俞吾金、陈学

明、张一兵等学者在广义国外马克思主义研究方面取得深入进展，对当代中国马克思主义哲学研究起到推动作用的阶段。第三阶段是当今活跃学者所处的阶段。这一阶段学者们重新审视马克思主义哲学研究和国外马克思主义研究的关系，以马克思主义哲学研究本身来重新考察和估量成果，构建具有中国特色的历史唯物主义话语。樊志辉同样认为国外马克思主义在中国的发展大致可以划分为三个阶段。第一个阶段在改革开放前，主要把国外马克思主义作为一个政治问题来研究。第二个阶段在1989年到1999年，在这个阶段逐渐从一种有关意识形态性质的研究走向了对该领域的文本研究。第三个阶段在2000年以后，国外马克思主义进入了学科建制。当下中国的国外马克思主义研究大致呈现出以下特点：第一是与国外马克思主义的同步化，第二是问题域的拓展。周丹指出国外马克思主义目前已成为思想最活跃，研究队伍最庞大，研究成果最丰富，影响最广泛的学科生长点和学术生长点之一。国外马克思主义中最主要的是西方马克思主义，它是我们进行马克思主义研究，包括马克思主义哲学研究的重要学术资源，同时也为中国的具体实践提供学理支撑。

第二，哲学系统下的西方马克思主义研究与马克思主义学院系统下的国外马克思主义研究在理论范围、问题意识、研究素养的要求等方面呈现出不同特点。陈学明指出六点不同：一是马克思主义学院系统的研究范围绝不能限于对哲学学科下的西方马克思主义的研究，而应扩展对整个当代国外马克思主义的研究；二是马克思主义学院系统下的当代国外马克思主义、西方马克思主义研究，绝不能仅仅局限于对哲学理论的研究，而应对当代国外马克思主义所涉及的各个学科进行全方位的研究，特别是要研究当代国外马克思主义的经济理论、政治理论、社会学理论、生态理论等；三是马克思主义学院系统下的当代国外马克思主义研究应强化问题意识，强化对当代现实问题的思考和研究；四是强化现实性，更加扎根于中国现实和中国经验，应该更加自觉地将中国与世界的关系作为重要的理论研究维度，在两者的互动关系中寻求人类性问题的解答思路；五是与当代中国马克思主义融合发展，在深入展开当代中国马克思主义与当代国外马克思主义的比较分析中，在中国马克思主义与国外马克思主义的共时性结构中考察马克思主义中国化的民族生成;六是马克思主义学院系统下的当代国外马克思主义研究应当承担起打通马克思主义的各个组成部分的责任。

王凤才指出国外马克思主义研究目前作为一个二级学科隶属于马克思主义学院系统。国外马克思主义哲学隶属于哲学系统,除复旦大学的国外马克思主义哲学是哲学一级学科下的二级学科外,其他院校的国外马克思主义在哲学系统下就是一个马克思主义哲学下的三级学科。国外马克思主义研究是一个跨学科的专业,它涉及哲学和马克思主义理论两个一级学科。国外马克思主义的阐释路径不仅仅限于西方马克思主义,它还涵盖了中东欧新马克思主义、西方马克思学、国外正统马克思主义等。王国坛认为自改革开放以来,中国的马克思主义理论研究几乎与西方马克思主义理论研究平行,在哲学系统中的西方马克思主义研究把马克思主义与现代西方哲学相结合是很有价值的,也有助于我们思考国外马克思主义研究与其他学科的融合发展问题。蒋红雨认为哲学学科和马克思主义理论学科可以相互补充和借鉴,因为两者在思想和理论回应上有着紧密联系,在中国式现代化的背景下,两者的理论兴趣应该是相同的。吴猛认为两者当下的关键在于以当代问题为导向,深入把握现时代的根本问题,提出属于这个时代的我们自己的马克思主义哲学,这是重新理解两者关系的根本所在。

第三,从事国外马克思主义研究应具备马克思主义理论与哲学相关部门哲学的知识基础。王凤才认为国外马克思主义研究所需的必备知识包括ME文本文献,主要是MEGA2,马克思、恩格斯的著作,马克思主义基础理论与前沿问题,马克思主义发展史尤其是国外的发展史,以及西方思想史和现代西方哲学。此外,还需具备与马克思主义研究相关的跨学科知识,以及对马克思研究相关的重要社会现实问题的把握。在正确的研究方法方面,则需要注意基础性研究应具有深刻性,前沿性研究应具有领先性,现实性研究应具有前瞻性,而比较性研究则应具有内在性。同时,在自身的学术能力锻炼中需要处理好"广"与"博"之间的关系、"专"与"精"之间的关系和"通"与"达"之间的关系。

二、国外马克思主义研究与马克思主义理论各二级学科的融合

与会学者普遍认为国外马克思主义研究应与马克思主义理论及哲学下的各二级学科融合发展。

第一，国外马克思主义研究与中国化的马克思主义研究既相互促进彼此的研究论域的扩大，同时在政治立场上也存在着一定的矛盾。何萍指出国外马克思主义研究和马克思主义中国化研究自20世纪90年代中期开始，成为中国马克思主义学术研究的两个最重要的领域。国外马克思主义研究是中国马克思主义研究的一个重要参照。国外马克思主义研究以西方马克思主义为重心，它在20世纪初依靠自己的学术性挽救了马克思主义的理论危机，因此它具有很强的学术性。西方马克思主义经过20世纪二三十年代和七八十年代的发展，已经打破了第二国际版本的"历史唯物主义"和苏联官方版本的"辩证唯物主义历史唯物主义"体系对马克思主义的独断解释权，成为当前世界马克思主义发展当中一种成熟的理论形态。国外马克思主义研究可以为中国化马克思主义研究提供思想资源和扩大研究领域。王秋认为，国外马克思主义研究和马克思主义中国化研究存在着同时在场又相互不在场的矛盾。尽管它们都聚焦于时代问题和现实挑战，但在学者的研究中却相对独立。此外，马克思主义中国化研究与中国马克思主义研究之间存在上下级关系，而国外马克思主义研究成果的部分政治立场，可能与中国马克思主义研究存在冲突。然而这两个领域之间仍需进行理论资源和政治立场的互动和协调。同时，中国问题和世界问题是相互关联的，研究者应加强两者的互动。在实际困境方面，需要兼顾二级学科分化和一级学科整合的矛盾。最终的目标是通过国际化的马克思主义研究，来彰显马克思主义中国化的优越性，并将成功的当代中国实践经验通过理论阐释，传达给世界。

第二，国外马克思主义研究应注重与其他学科之间的融合发展。杨栋认为，对马克思主义经典原著的研究，可以充分借鉴利用国外马克思主义的

理论资源,国外马克思主义研究应该是我们回到马克思主义经典著作的桥梁,而非目的。贾中海认为,国外马克思主义的研究对象包括政党实践、西方哲学、马克思主义文本和西方马克思主义。这些研究方向对于理解社会主义国家执政经验、对西方资本主义进行批判、研究各种马克思主义思想流派,以及借鉴西方马克思主义对中国的马克思主义理论相关学科的影响,都具有重要意义。杜红艳认为,国外马克思主义研究与马克思主义基本原理学科之间存在着相互关联和相互促进的关系。尽管它们面对的理论问题是一致的,但在研究目的、内容、方法和文献上存在差异。然而通过将国外马克思主义研究与马克思主义基本原理学科相结合,可以促进对马克思主义理论的新解读和马克思主义中国化的研究。因此需要打破学科分割壁垒和国别界限,采用全面吸收的立场,走向一种融合性的研究,并与现实问题相结合,进行反思和批判。通过这样的努力,可以推动国外马克思主义研究和马克思主义基本原理学科的互动,为马克思主义理论的发展作出更大的贡献。罗克全认为,国外马克思主义既是一个独立的学科,也是马克思主义发展史的一个重要延续,在研究整个现代世界所遇到的难题上发挥了马克思主义应有的作用,让马克思主义在主流的讨论中占有一席之地。因此,在看待国外马克思主义的学科归属问题上,不应该把它与马克思主义发展史相剥离。宋建丽认为,马克思主义基本原理的学科发展离不开国外马克思主义的理论视野,以国外马克思主义的前沿视野来激活马克思主义基本原理的当代研究,非常必要,其中涉及数字化时代的劳动价值论的问题,各种形容词的资本主义的解析问题,人工智能时代的劳动解放问题,等等。对这样一些问题的解答,离不开广博的国外马克思主义理论知识。而深化对国外马克思主义前沿问题的研究和理解,同样也需要依据马克思主义基本原理。在学科的交流当中,应当以问题意识为抓手,推进对相关理论的深化,同时加深对现实问题的理解。

三、国外马克思主义研究学科建设面临的问题与解决方案

从全国来看,国外马克思主义研究学科发展初具规模,但发展过程中的问题也日益显现,学者们围绕该领域中存在的问题展开讨论并提出了相应的解决方案。

(一)国外马克思主义研究中存在的问题

与会学者普遍认为国外马克思主义研究领域中存在着界定不明,研究队伍规模偏小,与马克思主义理论其他二级学科融合不够等问题。

第一,国外马克思主义研究中普遍存在着研究队伍规模偏小、界定不明、研究特色不鲜明的问题。郝立新强调,从总体上看,国外马克思主义学科属于弱势学科,研究队伍规模偏小。对国外马克思主义研究存在两种误解:一种是认为"外马非马",即认为国外马克思主义的研究不是马克思主义的,对国外马克思主义的研究持否定态度,这种认识否定了国外马克思主义研究的多样性、复杂性和学术性;一种是把国外马克思主义研究神圣化,认为"外马皆马",这种认识对于国外马克思主义领域中的理论观点不加分析和批判的全盘接收的做法,以至于在研究中缺乏自主性。近年来,以上两种观点虽然在国外马克思主义研究领域中越来越少,但仍然存在,并且影响国外马克思主义学科的健康发展。陈学明指出,总体上看,目前许多马克思主义学院系统中的当代国外马克思主义、西方马克思主义研究还在按照哲学学科下的西方马克思主义研究的路子走,把西方马克思主义当作现代西方哲学来接受和研究,是一种普遍的倾向。吴宏政认为,国外马克思主义研究在整个马克思主义理论一级学科中虽然规模较小,但具有重要的学术意义。然而该学科中的学派林立,与马克思主义的关系复杂,因此存在着如何界定他们的性质的问题。此外,国外马克思主义研究学科还存在着学术定位问题及三角结构的研究建制问题。要从学术意义上理解国外马克思主义的研究,更好地理解马克思、吸收合理思想,以及批判"反马克思"和"假马克思",

而不仅仅受制于政治立场。国外马克思主义研究学科的建设需要考虑学术意义、界定问题、学术定位、复杂性和政治原则等因素。刘贵祥根据大连理工大学国外马克思主义研究学科的研究和团队建设情况,介绍了在研究方向设置上的困境,主要反映在研究难以确定自身的特色、团队成员较为分散上。

第二,国外马克思主义研究中存在理论深刻性不足、人才培养前景存在风险等潜在问题。何萍认为当前国外马克思主义研究存在两点不足:一是它的研究以介绍为主,缺乏一种批判的理论反思,缺乏理论的深刻性;二是它主要研究发达资本主义国家的马克思主义者,对于不发达国家的马克思主义的研究成果缺乏关注,因此研究的全面性和整体性不足。这两点不足不仅影响了国外马克思主义研究学科本身的质量,也使得它与中国化马克思主义的融合出现问题,也影响了中国化马克思主义的研究。隽鸿飞认为,当前国外马克思主义研究中存在着忽视讨论国外马克思主义学者的思想与马克思思想的真实关系的问题。因此需要回归马克思思想本身,对国外马克思主义领域中的思想、观点进行反思和批判,并结合当代世界和中国的实际情况,来解决理论和现实问题。吕进认为,按照目前马克思主义理论学科的人才培养规模来看,需要重视该学科在短期的繁荣发展之后学生的就业问题。如何有序、合理、科学地推进马克思主义理论学科的发展,推进国外马克思主义研究学科的发展,需要整个业界重视和思考。

(二)针对国外马克思主义研究领域中存在问题的改进建议

针对国外马克思主义研究领域中存在的问题,学者们认为可以从构建该学科的话语体系、增强与其他二级学科的融合等方面进行改进。

第一,国外马克思主义研究应提升学科的总体性意识。郝立新指出,针对国外马克思主义研究存在的问题,可以从三个方面加以改进:一是要认真学习习近平总书记关于坚持和发展马克思主义理论的重要论述,在文本上下功夫,吸收当代世界各国马克思主义思潮中的有益成果,正确认识资本主义发展趋势,准确把握当代资本主义的新变化和新特征。在研究过程中坚持自主性,加快构建国外马克思主义研究的知识体系、学科体系和话语体系;二是在国外马克思主义的研究和学科建设中坚持以马克思主义为指导，注重国外马克思主义研究与马克思主义理论和哲学学科下的其他二级学科之间的关联性，不能简单地做壁垒森严的分割，注意它们之间的协调发展和交叉发展;三是重视对国外马克思主义新成果的借鉴，重视这些创新在马克思主义发展史中的重要性。

罗骞认为马克思主义学院系统中的国外马克思主义研究应注重三个方面的意识，即学术意识、现实意识和总体性意识。国外马克思主义尤其是传统的西方马克思主义概念虽然在梅洛-庞蒂时期主要是一个政治上的判断，甚至有反马克思主义的倾向，但从柯尔施到佩里·安德森，在使用这个概念的时候都有强烈的学术和学理的倾向。因此，在国外马克思主义的研究中要首先关注它的学术性和学理性，不能简单化地拒斥。当今的国外马克思主义和中国化的马克思主义最大的差异来自两者的实践基础的不同，国外马克思主义的实践立足对资本主义的反抗运动，与我国马克思主义的现实基础存在差异。并且在理论形态、价值取向和对于未来社会历史的影响方面，也存在着巨大差异。因此，要研究国外马克思主义的实践前提和现实指向。当前马克思主义学院系统下的国外马克思主义研究迎来了一个突破应用哲学、经济学和科学社会主义分化研究的契机，在研究中贯彻总体性的意识，对于研究的深化极其重要。纪逗则认为，国外马克思主义研究对中国产生了影响，推动了思想解放和马克思主义哲学的发展，并帮助我们将马克思主义与中国实践相结合。然而真正的内在介入，是通过以中国现实问题为导向，将国外马克思主义转化和创造，实现国外马克思主义的中国化。

第二，在改进中应注意问题意识，寻求关联学科的共同点和研究方法上的创新。臧峰宇认为，在国外马克思主义研究中，引入比较哲学的思路可以推动学科发展。比较哲学研究从不同哲学传统的角度比较概念和命题，寻求共同点和相互启发，促进哲学的创新。这种研究方法可分为平行进入、自高而下进入和合作互进与共生进入三种方式。平行进入保持各种哲学的完整性，但缺乏内在的相互理解和借鉴;自高而下进入可能带有偏见和排他性;而合作互进与共生进入强调对话和融通，推动哲学发展。在比较马克思主义研究中，需要开放包容的心态，以扬长避短的方式借鉴前两种思路，推动马克思主义哲学研究的发展。陈高华强调了在马克思主义研究中问题的重要性。他认为马克思主义的一个总问题应该是批判资本主义的现代性，实现人的自由解放。在西方马克思主义研究中对这一总问题又可以具体化为发达工业社会如何扬弃或批判资本主义的必要性及可能的革命的道路。国外马克思主义研究的落脚点，也应该落脚在问题域中。

针对如何深化国外马克思主义研究这个问题，张笑夷认为首先要有聚焦意识，即聚焦到国外马克思主义的核心地带，关注人类重大理论问题和实践问题。其次要深耕，深入挖掘该领域研究的思想理论深度，开阔理论研究的视域。杨礼银认为，在国外马克思主义领域进行比较研究具有迫切性和必要性，主要原因包括国外马克思主义学科问题不够明确，需要通过比较研究明晰边界；个人和学派思想研究导致信息茧房和壁垒，需要跨越壁垒进行比较研究；西方马克思主义思想对中国问题的适用性有限，需要通过比较研究找到共同点。比较研究方法在外马学科中的应用包括内部比较、外部比较、异同比较和优劣比较，最重要的是，对中国马克思主义与西方马克思主义进行比较，因为它们是影响最大、最典型的马克思主义形式，对同一世界问题提出不同解答，而中国马克思主义的创新发展是比较研究的目标。

四、当代西方马克思主义研究的热点问题

与会学者围绕国外马克思主义研究领域中的研究方法、马克思学研究、东欧新马克思主义，西方马克思主义经典人物研究等方面议题展开了深入的讨论。

第一，对研究方法的研究。王晓升认为阿多诺的哲学方法可用于研究现代社会，并与鲍德里亚的社会理论建立联系。阿多诺认为哲学应该研究超越统一概念的事物，即超越我们知识范围的存在。康德关于"自在之物"的思想对阿多诺产生了影响。"自在之物"超越我们的认知能力，因此无法成为我们的知识对象。阿多诺认为哲学应该研究这种无法言说的非同一事物。他将这一思想应用于研究社会现实，并认为在现代社会领域中，我们可以研究超越的事物。康德试图消解这种幻象，而阿多诺认为这种矛盾是社

会所必需的。阿多诺也对现代社会进行了研究,例如他对自由概念的理解。自由既存在又不存在,无法用一个概念来完全概括,也不能成为知识的对象。这种理解可以进一步应用于研究鲍德里亚的理论。鲍德里亚认为真实与虚假交织在一起,通过仿真的概念进行描述。真和假,可以相互转换,难以准确区分。鲍德里亚特别提到劳动和休闲的对立与转换,说明了与辩证法的关系,尤其是启蒙辩证法,即为了生存而自我牺牲的矛盾存在。

黄启祥同样也认为阿尔都塞在研究方法上可以给予我们研究西方马克思主义以启示:一方面是通过发现和把握马克思主义哲学的总问题,通过划分马克思的哲学与费尔巴哈、黑格尔的哲学来确立马克思真正的原创思想;另一方面运用辩证法等方法揭示出马克思并未系统的以理论形式表达出来的思想。因此,我们在研究西方马克思主义的时候,第一要有使命感和热情;第二不要简单地以外在的理论和方法来评价西方马克思主义哲学家;第三要着力探寻和阅读西方马克思主义哲学家的原则和方法。

张秀琴认为当代国外马克思主义现代性批判理论通过对资本主义现代性的历史演化和社会生产关系的系统研究,试图以概念的方式对其进行批判。这些理论的基础是辩证法,但在对马克思思想的理解上存在差异和误解。尽管这些理论对资本主义的某些方面有洞察力,但对总体生产和劳动的整体面貌及发展趋势的把握还不够。虽然科学或批判的话语实践需要依赖知识话语,但二者并不直接等同,不能忽视辩证法的重要性。

第二,技术文明的时代背景下的西方马克思主义研究。田海平认为我们需要关注现代技术如何化身为资本逻辑,现代建构、本体重构、欲望逻辑、身体展现和空间生产等方面如何影响整个政治运作框架和国家治理形式,以及激进主义理论的路径依赖。他认为在技术文明迅猛发展的背景下,西方马克思主义研究领域中存在着十个重要的转向,即能力转向、社会批判转向、生存论转向、存在论转向、欲望转向、身体转向、空间转向、政治哲学转向、国家企业转向和激进主义转向。他强调了技术文明时代的人学问题和马克思主义的理解,并提出技术文明时代的十个问题,应该成为西方马克思主义学科建设的重点关注对象。西方马克思主义可以为我们推动马克思主义研究提供重要的思想资源。

第三，对资本新形态的阐释。夏莹认为在目前对资本新形态的研究中，存在着两条路径：一个是以劳动为主导的话语体系；一个是以资本为主导的话语体系。两者不是决然对峙的，而是交织在一起。以资本逻辑为前提，去对现代的资本主义世界进行判定，国外马克思主义提供了极其重要的理论资源。从资本和欲望两个维度展开对资本主义的批判，是从拉康开始，到鲍德里亚、德勒兹所使用的一种解释当代资本主义的主体性的客观逻辑。因此，我们当前谈论的资本逻辑它并不仅仅是一个商业生产的延伸性逻辑，而是已经摆脱了以需要的体系去架构的市民社会的叙事，进入欲望的体系下的叙事。德勒兹以一种反俄狄浦斯的方式去写一种新的资本逻辑，以欲望作为阐释的基础逻辑，是切入今天的资本逻辑的一个非常有效的方式。他告诉我们，今天以资本逻辑架构的经济学模型，其实已经与之前的那个古典政治经济学的范式相比，发生了一些根本的变化。

仰海峰认为，在消费社会中，我们需要区分"需要"和"欲望"这两个概念。他引用了拉康的理论，指出需要、要求和欲望是有区别的，用英文词来表述，"需要"是 needs，"要求"是 demand，"欲望"是 desire。在消费社会中，"欲望"成为主导，而不是简单地满足"需要"。消费社会创造了一种永远无法满足的欲望，不断刺激人们产生新的欲望。广告通过创造符号和情境，激发人们原本没有或被激发出来的需求和欲求，从而成为消费社会中重要的推动力。因此，对于企业家和品牌来说，最重要的不是满足人们的需要，而是不断激发新的欲望。需要和欲望的区分对于理解社会结构和人的存在方式，以及马克思主义的发展具有重要意义。马克思从资本的角度出发，关注的是资本的欲望问题，而不仅仅是生产满足需要。对于理解马克思主义和当代资本主义的发展，需要采用新的模型和观察角度，因为情境和问题已经发生了重大变化。

涂良川指出，现实的经济秩序重建和知识产权问题，使"知识垄断资本主义"变得重要。这种形态改变了知识的控制方式，使其成为劳动控制和财富转移的工具。然而这种垄断形式也引发了对知识的依赖和对知识内部稀缺状态的关注。"知识垄断资本主义"包括知识化的资本形态和权力化、知识增长的集成化和知识产权的垄断化，以及知识的权力化和垄断形式的封建化。这些变化构成了当代资本主义的新状态。

第四,对于东欧新马克思主义的研究状况的介绍。傅其林介绍了东欧新马克思主义的理论发展状况。他认为东欧新马克思主义对资本主义意识形态和社会发展进行了尖锐批判,并对现存社会主义存在的问题进行了批判,展现了与西方马克思主义不同的更为尖锐的特质。苏佩克是东欧新马克思主义的重要理论家,他对现象学进行了批判,并提出了"感受现象学"的概念,重塑了马克思主义对感性存在的理解。苏佩克在20世纪50年代提出重新扭转苏联模式的"反映论",重新确立青年马克思奠定的异化理论对于文化、艺术和人的存在的思考,重新从异化理论来实现对反映论的尖锐批判。从苏佩克的理论贡献来看,他是东欧新马克思主义的先锋,他比较早地开启了东欧的新马克思主义的人道主义视野。

第五,对女性主义的研究状况的介绍。戴雪红在汇报中探讨了女性主义对马克思政治经济学的发展,并以性别政治经济学的三重范式为例进行研究。她介绍了三位重要的女性主义学者:格尔荣宾、朱迪斯·巴特勒和南希·弗雷泽,他们代表了左翼女性主义的不同流派。性别政治经济学是运用马克思政治经济学的观点和方法来分析性别问题的理论,强调性别压迫与政治经济学的联系。这一研究范式涵盖了性别制度、性别生产方式和社会再生产劳动三个核心概念。其中,格尔荣宾关注性别制度中的交换范畴,巴特勒探讨了生产范畴中的性别生产方式,而弗雷泽则强调了劳动范畴中的社会再生产劳动。这些范式的发展,扩大了马克思政治经济学的应用领域,对于女性主义的理论框架具有重要意义。

第六,对西方激进左翼研究的总体性反思。王福生认为西方激进左派主要包括巴迪欧、奈格里、哈特、朗西埃和齐泽克等思想家,他们致力于超越现有社会秩序,重回共产主义。这一动向与苏联解体、东欧剧变和全球政治进入新自由主义时代密切相关。然而随着美国全球政治霸权受挫和资本主义经济危机的不断出现,新自由主义的意识形态面临破产的危险。在这种背景下,如何超越自由主义和社会主义的现存社会秩序,成为重要的时代课题。西方激进左派提出重回共产主义作为答案,反对资本主义经济体系和现存制度安排,拒绝国家政治,注重建立新的共同体。然而这些思想家对于共产主义的理解有所不同,巴迪欧将其视为康德式的调节性理念,齐泽克强调社会对抗,奈格里和哈特认为共产主义是社会发展的内在趋势,而朗西埃强调共同体观念。因此,重新思考社会主义和共产主义之间的关系,结合马克思的理念,对这些思想进行批判性评价,就显得很重要。

第七,对西方马克思主义中的传统问题的研究。陈立新讨论了卢卡奇在历史唯物主义中的观点,以及与马克思主义的联系和区别,他认为卢卡奇在将异化和对象化区分上犯了错误,动摇了马克思主义的本体论的根基。相比之下,马克思在《1844年经济学哲学手稿》中明确区分了对象化和异化,并将异化与人类发展本质联系起来。他认为,思想研究需要寻找知识和思想之间的立足点,与时代精神相结合,回答当代问题,以保持生命力。谢永康在比较马克思主义哲学和阿多诺哲学时指出,马克思主义哲学在描述社会历史时缺乏规范性的观念和概念,即无法给出什么是善的、什么是正确的行为。然而阿多诺哲学,作为一种唯物主义的否定辩证法,则包含道德哲学,强调了道德行为的内容和情感的重要性。阿多诺提出了"希特勒命令"的概念,即不要折磨无辜的人,将身体的优先性与道德行为的动机联系起来。阿多诺的道德哲学与康德形式主义的道德哲学相对立,强调道德行为的动机是基于身体的痛苦,将身体的优先性视为客体的优先性。这与马克思主义有所不同,在阿多诺的哲学中,唯物主义和道德哲学是内在相关的。

邓伯军在汇报中阐述了普殊同对马克思批判理论的再阐释。普殊同认为,传统马克思主义是基于阶级关系来分析资本主义的理论和方法,强调私有制、市场和生产力的矛盾。然而普殊同主张重建现代社会的评判理论,将马克思主义理解为关于社会个体与社会主体规定性的社会建构理论,而非纯粹的经济理论。他强调资本主义是抽象劳动的统治,而马克思的批判理论是对资本主义文明的文化形式和社会结构的批判。普殊同重新界定了劳动和资本的概念,将劳动视为资本主义社会形态下特有的社会规定性,将资本视为一个动态的、扩张的运动形式。他指出资本与劳动是相互依存的,劳动创造了资本,因此消灭资本意味着回到奴役性劳动集团。综上所述,普殊同对马克思的批判理论进行了重新阐释,强调了劳动与资本的紧密关系及资本作为抽象劳动的统治。

李金辉探讨了实践哲学和理论哲学之间的关系,并提出了"存在论的伦理学"作为实践哲学的第一哲学的构想。他讨论了存在论的伦理学的特点和意义,并探讨了蒂里希、马克思、胡塞尔和列维纳斯在实践哲学和理论哲学中的贡献。他认为实践哲学作为第一哲学,应该表现为存在论或生存论的伦理学,与理论哲学的第一哲学形成平等和相互补充的关系。吕梁山阐述了加里·扬对艾伦·伍德"马克思并不认为资本主义是不正义的"命题的质疑。加里·扬认为劳动力商品的交易与剩余价值的生产是两个不同的过程,而伍德将这两个关键环节混合在一起。此外,加里·扬指出马克思认为劳动力买卖虽在表面上是公平的,但实际上是不公平和虚伪的,因为工人被迫出卖自己的劳动力以获取生存资料,而资本家获取原始资本是以盗窃为基础的。因此,加里·扬认为伍德对马克思的理解是错误的,伍德命题并不符合马克思的观点。

罗克全以"分配与再分配在何种意义上是正义的"为题进行汇报。他认为平等主义对于平等问题的社会归因,能有效应对自然归因的挑战。马克思主义对社会关系和价值平等的强调,揭示了经济利益平等对于实现人与人之间的价值平等具有重要意义。马俊峰以"数字时代注意力经济的历史唯物主义批判"为题进行汇报。他认为伴随着数字技术的日益更新,认识主体所拥有的注意力发生了异化,注意力关注的对象,不再是满足主体自身发展,而是被不断涌现的信息所裹挟而做出无奈的选择。资本通过发展技术,试图统治和支配注意力,使它成为资本的感知力量。而只有通过马克思的"自由人联合体",才能使注意力成为人的真实能力,从而构建人与世界共鸣的美好生活。李春敏汇报了马克思关于价值形式的辩证法与阿瑟的体系辩证法的本质差异,在此基础上,她认为阿瑟对于马克思在方法论上借鉴黑格尔的讨论,有一定的理论启示意义,但未能达到马克思政治经济学批判的历史视野与现实关切。

第八,国外马克思主义在我国台湾地区的发展状况及俄罗斯马克思主义的研究情况。张守奎介绍了"后马克思主义"与"新马克思主义"在台湾地区发展的情况。他认为与大陆学界相比,台湾学界研究"后马克思主义"起步较早,产出的研究成果体现出相当高的水准。但是存在着研究群体小并且分散的缺陷,还没有出现有一定影响力的系统性研究成果。郭丽双阐释了国外马克思主义学科中俄罗斯马克思主义研究方向的重要性。她认为,这首先取决于我国的国情和所选择的道路。俄国马克思主义对于苏联解体在理论和现实两个维度上的反思,对于马克思主义中国化、中国特色社会主义理论和中国式现代化的实践具有深远的意义和影响。其次,当代俄国马克思主义对于马克思主义哲学的研究成果斐然,急需国内学界开展关于原苏东国家的正统马克思主义的研究。但当前我国学界关于当代俄国马克思主义的研究相当薄弱,甚至缺失,需要尽快扭转这一局面。目前当代俄国马克思主义的前沿问题主要围绕着"俄罗斯向何处去""全人类的发展前景将如何"这样的时代之问展开。

第九,关于国外马克思学的研究状况。王凤才指出国外马克思学来自吕贝尔,广义的"马克思学"应该等于马克思主义学,包括马克思、恩格斯及马克思、恩格斯之后的所有的后马克思、恩格斯的马克思主义。狭义的"马克思学"是关于马克思、恩格斯的研究。关于马克思的学术事业、生平事业和思想理论的学术性研究,包括传记,诸多年表版本介绍,版本考证,学术专著等。关于马克思学的研究问题主要有这三个方面:一个是文献学的考证,一个是文本学的解读,一个是理论问题研究。国外马克思学实际上包括三个大的部分:一个是西方马克思学,一个是苏俄马克思学,一个是日本马克思学。白刚认为西方"马克思学"存在两个教条:第一个教条认为存在两个马克思,即"青年马克思"和"成熟时期的马克思",并主张这两个阶段存在断裂和矛盾;第二个教条认为恩格斯对马克思的理解背离了马克思的原意,否认真正的马克思存在。为了破除这两个教条,可以通过构建"《资本论》学"来实现,借鉴中国"马克思学"的创建成果,利用《马克思恩格斯全集》历史考证版和现有的《资本论》研究,还可以参考"红学"研究的经验。通过构建"《资本论》学",可以发现两个教条是不成立的,马克思的理论目标始终如一,而没有"马克思"的教条也不成立,因为恩格斯本身就是马克思的延伸。

分报告十二
"西马百年回眸,京师系列讲座"综述

回顾历史并立足前沿是学术创新的重要方式,在西方马克思主义创立一百周年之际,对西方马克思主义的发展历程进行回顾,并围绕其重要理论问题和前沿问题举办系列讲座具有学术价值和纪念意义。2023年4月至11月,"西马百年回眸,京师系列讲座"在北京师范大学以线上和线下相结合的方式召开,本次系列讲座由北京师范大学哲学学院主办,由北京师范大学哲学学院研究生会和中央编译出版社协办。

"西马百年回眸,京师系列讲座"学术系列讲座包括19场专题讲座,先后由来自山西大学、复旦大学、清华大学、山东大学、南开大学、中国社会科学院哲学研究所、华中科技大学、中国人民大学、北京大学、南京大学、北京师范大学、中山大学的19名专家担任主讲人,并有多位学者担任与谈人、学术评论人,线上线下共有三万余人次参加讲座。

此次系列讲座围绕"西马百年回眸"这一主题,在西方马克思主义的思想源头(即马克思和恩格斯)的重要理论、西方马克思主义的奠基者卢卡奇的生平及重要概念、西方马克思主义发展历程中的代表人物及重要流派的思想、当前中西方对最新时代问题的解决方案四个方面进行探讨。由于条件的限制,一些重要问题未能纳入系列讲座当中,但此次系列讲座依旧较好地完成了"回眸"西马百年历程的使命,得到了学界的广泛关注,推动了学界对相关问题的关注与讨论,引起了较大的社会反响。

一、思想源头:马克思和恩格斯

西方马克思主义是从以马克思和恩格斯的思想为基本内核的马克思主

义中分化而来,并与19世纪的马克思主义呈现出不同的存在格局。在对西方马克思主义的百年发展历程进行回顾之时,对其思想源头之马克思和恩格斯的思想进行讨论是必要的。

在"马克思资本概念的历史性和阶级性与三位一体的历史图式"主题讲座中,清华大学马克思主义学院刘敬东从分析资本概念出发,提出资本理论是现代社会结构的基本理论,构成了马克思社会历史理论的主体框架。刘敬东认为马克思资本概念的历史性和阶级性及其张力形态,即关于资本的历史观点与阶级观点的内在张力决定了其他的内在张力,并由此绘制和塑造了资本、世界历史与共产主义三位一体的历史图式和理论结构。刘敬东认为马克思的资本概念的历史性,从时间-历史的维度上看,资本推动了从传统社会向现代社会的过渡和飞跃;从空间-世界的维度上看,资本表现为殖民扩张、开辟世界市场和世界历史的历史进程。资本的阶级性主要表现为资本与劳动的矛盾、对立和冲突。刘敬东论述了马克思资本理论的多重张力和非均衡性特征,认为马克思从资本概念的历史性和阶级性及其张力结构出发,形成了历史主义与伦理主义、形式自由与实质自由、民族观点与阶级观点、历史主义与自然主义、传统观点与现代观点等一系列内在张力。

在"社会主义与国家主义"主题讲座中,中山大学哲学系马天俊对马克思和恩格斯关于国家主义的论述进行了介绍。马天俊明确指出,在马克思和恩格斯看来,社会主义必须是社会的社会主义,不能是国家的社会主义。马天俊讲座的重点内容是对波拿巴皇帝的社会主义与俾斯麦国家社会主义的批判。讲座主体分为两个部分:在第一部分中,马天俊结合苏联的历史和匈牙利共产党的历史来讲解国家社会主义;在第二部分中,马天俊结合马克思和恩格斯的文章、书信来揭示他们对国家的社会主义和社会的社会主义的不同看法。马天俊结合其搜集到的马克思和恩格斯的论述进行讲解,在19世纪50年代马克思给美国报纸写的文章中,马克思将波拿巴当上法国皇帝称之为皇帝的社会主义;19世纪70年代在德意志帝国俾斯麦主政之后,恩格斯对此也表达了看法。恩格斯在19世纪八九十年代作的评论,和他曾经的社会主义的想法是一以贯之的。马天俊指出,恩格斯和马克思在1848年还没有太多的实际经历,对这一问题的理解只是停留在文献层面;19世纪50

年代之后，他们有了社会主义运动的经历，但一直对国家的社会主义保持警惕。

北京大学哲学学院丰子义围绕"马克思的文明观及其当代价值"这一主题对引领人类文明需要马克思、马克思关于人类文明的基本立场观点和人类文明新形态三个问题展开论述。丰子义从三个方面论述了引领人类文明需要马克思这一问题：①当代世界需要马克思的思想引领；②当代世界的发展需要马克思的批评精神和批判意识；③当代人类文明的发展需要马克思的价值指引。丰子义从七个方面对马克思关于人类文明的基本立场观点进行了阐述，分别是：①马克思对文明的理解；②关于文明追求的目标和价值指向；③文明发展的内在矛盾及其根源；④文明进步的条件和环境问题；⑤文明发展的道路和规律；⑥文明的发展和全球化的问题；⑦东西方文明的关系问题。最后，丰子义指出，中国的发展不光创造了中国式的现代化，而且创造了人类文明的新形态，这是一个重大的理论提升。人类文明的新形态对人类文明作出了以下贡献：①扩展了原有的人类文明，赋予原有的文明以新的内涵；②改变了人类文明的格局；③扩展了人类文明发展的道路；④引领了人类文明的走向；⑤给人类文明注入了新的动力；⑥重塑人类文明发展的方式。

在"对马克思主义的三个追问——兼论西方马克思主义与其他几种马克思主义的区别"这一主题讲座中，复旦大学哲学学院、马克思主义学院"双聘"特聘教授陈学明对以下三个问题进行了回答：①马克思主义究竟是不是哲学？马克思主义与哲学的关系如何？②如果马克思主义属于哲学，那么马克思主义哲学属于西方近代哲学还是西方现当代哲学？③如果将马克思主义哲学视为西方现当代哲学，其与西方现代各个哲学流派的关系如何？陈学明认为，马克思主义哲学在阶级基础和理论立场上不同于现当代西方哲学，但在理论形态、理论内容和理论特征上与其有诸多共同之处。陈学明明确提出马克思主义哲学对近代西方哲学的批判和超越要比其他所有现当代西方哲学来得坚决和彻底，并在超越近代西方哲学的同时，也超越了现当代西方哲学。马克思主义哲学从四个方面超越了现当代西方哲学：①现当代西方哲学流派所说的转向现实社会生活，并不是指转向人的社会实践，不是指作为一切实践的基础的生产劳动;②马克思主义哲学建立起一种能使世界运动起来,与人的现实生活和实践密切相连的新的本体论、新的形而上学、新的哲学世界观、新的思维方式;③马克思主义哲学不是由反对理性的独断而走向非理性主义,不完全忽视甚至排斥理性的作用,使理性主义和唯物史观结合在一起,给予理性以恰当的位置;④马克思把哲学上的主客关系这一理论问题与无产阶级的革命斗争实践结合在一起,为正确解决主客关系问题开辟了道路。

二、西方马克思主义的奠基者:卢卡奇

中国人民大学马克思主义学院张秀琴担任"如何阅读卢卡奇"这一主题讲座的主讲人,并对卢卡奇的生平、国外马克思主义与西方马克思主义的定义之争、当代国外学界对卢卡奇的解读等问题进行了一一讲解。张秀琴指出,卢卡奇受德国学界、苏联马克思主义、匈牙利走向现代社会主义的理论表达三重影响。张秀琴认为西方马克思主义指的是学者对自己的称呼,是一个流派、思潮,而国外马克思主义是一个学科。张秀琴指出,我们要在马克思主义基本原理的理论与历史的辩证关系中,把握卢卡奇及其在整个西方马克思主义传统、当代论争的地位和作用,并试图对其进行批判性评价。这要求我们必须从卢卡奇一生中的所有著述,而不仅仅是《历史与阶级意识》来展开对其思想历程的批判。张秀琴认为除去发生在20世纪上半叶的一系列论争及卢卡奇自己的回应,20世纪中期以来关于卢卡奇的讨论并没有因为其去世而减弱。我们在阅读卢卡奇的时候,需要把我们自己关于理论和历史的纠结,对象化为卢卡奇的形象,然后反观我们的时代。

在"卢卡奇与浪漫主义:以无产阶级概念为例"主题讲座中,山东大学哲学与社会发展学院刘森林对黑格尔、马克思与浪漫派的关系,卢卡奇对浪漫主义的批评和卢卡奇对浪漫主义的继承三个方面的问题进行了讲解。刘森林指出黑格尔和浪漫主义对卢卡奇的影响并不相互排斥,卢卡奇一方面继承了黑格尔对浪漫派的否定批判,另一方面也明显地受到了浪漫主义的影响。就马克思与浪漫派的关系而言,刘森林认为马克思对浪漫派的继承主

要体现在物化、异化和破碎性这一问题上，马克思在解决这一问题的方式上实现了对浪漫派的超越。刘森林认为浪漫主义对卢卡奇的影响主要凸显在卢卡奇《小说理论》的"小说"概念上，他认为卢卡奇从浪漫主义的小说理解中获得了充足的思想资源，以获得整合破碎性和无意义性世界的足够理论与方法。最后，刘森林指出卢卡奇与浪漫主义的关系表现为：一方面拒斥了幻灭的浪漫主义，另一方面也接受了经黑格尔、马克思和韦伯中和、调整了的浪漫主义。

中国社会科学院哲学研究所魏小萍在"卢卡奇历史主客体概念含义的衍变"主题讲座中，对卢卡奇的历史主客体思想进行了较为详尽地阐述。魏小萍介绍了卢卡奇研究和创作的历史背景，卢卡奇经历了资本主义和社会主义两种社会制度，经历了资本主义世界的无产阶级革命和社会主义建设两个不同的历史阶段。魏小萍阐述了卢卡奇在不同时期的历史主客体思想。在早年，卢卡奇从无产阶级历史地位的变化中来理解历史主客体概念，认为无产阶级只有具备了阶级意识，才能使自身从历史客体上升为历史主体，从而实现历史主客体的统一。在后期，卢卡奇从更加广泛的意义上理解历史主客体概念，从人与自然及社会对象性关系中的主体性作用来理解历史主客体概念，把劳动目的纳入社会存在范畴。魏小萍对卢卡奇后期历史主客体概念的现实意义进行总结，认为卢卡奇随着时代的变化而不断调整自己的研究视野，但其思想发展在内在的逻辑关系上具有前后一贯性，并不为时代的变迁所左右。卢卡奇自始至终强调社会历史发展的能动作用存于主体性之中，并把人的意识活动作为这一能动性由以产生的内在根据。

在"卢卡奇对马克思辩证法思想的误读"主题讲座中，中国人民大学哲学院安启念对卢卡奇如何理解马克思的辩证法、马克思关于辩证法的论述、为什么说卢卡奇误读了马克思的辩证法这三个问题进行了讲解。安启念认为，《历史与阶级意识》是研究卢卡奇如何认识马克思的辩证法的最重要的依据，卢卡奇对马克思的辩证法的理解有以下几个特点：一是把马克思主义局限于社会历史领域；二是特别强调实践的重要性；三是卢卡奇对马克思实践思想的理解特别强调实践活动所体现的人的主体性、能动性、创造性、精神的作用，强调马克思主义的辩证法就是弘扬主体精神，这是卢卡奇认为最重要的特征;四是总体性的思想。卢卡奇在1930年阅读了马克思的《1844年经济学哲学手稿》,但并没有读懂,这导致卢卡奇对马克思辩证法的误读。安启念认为卢卡奇在阅读马克思的著作的过程中,没有把马克思最重要的东西读出来:首先,卢卡奇把辩证法仅仅局限于社会历史领域;第二,马克思的辩证法思想中的核心和焦点是人,卢卡奇没有理解马克思为什么强调社会和环境;第三,卢卡奇的辩证法思想特别强调实践和劳动,强调人的能动性、主体性,但没有认识到人的受动性;第四,卢卡奇对马克思辩证法的误读还体现为卢卡奇没有把握住马克思的总体因素。马克思的辩证法指的是人和环境的相互作用,这个环境包括自然界和人类社会,人、自然界和社会是统一的要素。但卢卡奇把辩证法局限于社会历史,卢卡奇对马克思的总体因素产生了误解。

在"视差辩证法与卢卡奇辩证法之比较分析——卢卡奇—柄谷行人—齐泽克"主题讲座中,南开大学马克思主义学院孔明安从辩证法的发展历程入手,简要地概括了苏格拉底、康德、黑格尔、马克思、阿多诺、卢卡奇的辩证法思想。孔明安指出,卢卡奇的历史辩证法继承了黑格尔唯心辩证法的历史意识与马克思商品拜物教的物化思想,走向了一种乌托邦的总体性。在卢卡奇看来,实体与主体之间即物化与阶级意识出现了一种"鸿沟"或"断裂"。这种"鸿沟"可以通过无产阶级的革命与实践加以克服,其原因在于卢卡奇的历史辩证法还停留在主体-客体的二元结构中。而柄谷行人和齐泽克对于这个"鸿沟"的回答持否定态度。孔明安指出,柄谷行人重新考察了马克思在《资本论》中对价值形态理论的划分,认为价值也出现了现象与本质的关系,在吸收拉康精神分析理论的基础上,柄谷行人提出了"视差辩证法"。视差之核心在于"并非从自己的视角也不是他人的视角来观察",而是从"最小差异"或者说"零差异"的视角来重新审视主体与客体之间的关系。在此基础上,齐泽克大大推动和发展了对"视差辩证法"的理解,提出了视差概念与幻想公式。

北京师范大学哲学学院周凡在"在意识的密林中探行——从卢卡奇一个修饰用语'zugerechnet'的翻译谈起"主题讲座中,概述了国内外学者对卢卡奇思想的研究历程,并阐述了zugerechnet一词的翻译问题。周凡指出,我们必须重新考量 zugerechnet 的翻译问题,否则我们就不能真正理解卢卡奇的阶级意识理论。周凡从卢卡奇关于阶级意识的几次表述谈起,从而引出 zugerechnet Klassenbewußtsein(imputed consciousness)的翻译问题。周凡揭示了卢卡奇挪用 zugerechnet 来修饰 Klassenbewußtsein 的思想背景、独特心境和特有旨趣。周凡指出,作为一个法学术语,Zugerechnet 的本意是被归责;在运用 Zugerechnet 时,卢卡奇试图做一个理论上的大胆尝试:突破韦伯对信念伦理与责任伦理无法和谐共处的观念,并且多次试图在文学艺术领域打破这个铁律。Zurechnung(impution)就是归责,而 zugerechnet(imputed)的基本含义就是"被归责的"。周凡指出,卢卡奇之所以选用一个法学术语放在阶级意识的前面,其初衷是告诫无产阶级要勇于承担自己的历史责任,不要错失历史的机遇,Zurechnen 是一种基于何种"法理"的归责。

三、发展中的西方马克思主义

在"戈德曼对卢卡奇总体性思想的'urbanization'及其意义"主题讲座中,复旦大学哲学学院汪行福提出,研究戈德曼对卢卡奇总体性思想的"urbanization"及其意义,可以为我们回顾经典提供思想桥梁。"Urbanization"一词源自哈贝马斯1979年的一篇文章——《汉斯-格奥尔格·伽达默尔:对海德格尔式天命的还俗化》,原义是都市化、文雅化、还俗化。汪行福认为卢卡奇的理论是物化、总体性和阶级意识概念的结合体。其中,黑格尔主客体辩证法是卢卡奇重要的概念工具,马克思的政治经济学批判是其解释历史现实性的核心环节,俄国十月革命及政党是其手段。将戈德曼的思想理解为对卢卡奇总体的"urbanization"是想强调,伽达默尔和戈德曼都是从他们的导师那里得到了启发,即接受了他们的核心概念并进行了改造,使他们的思想后形而上学化、非绝对化和凡俗化。汪行福阐述了戈德曼对卢卡奇总体性观念的还俗化的三个主要表现:①戈德曼把总体范畴作为马克思主义方法论的核心,他试图将卢卡奇用于哲学的、仅仅描述性的方法转变为各种证明是高度功能性的而非意识形态工具的方法论原型;②戈德曼继承了卢卡奇的阶级意识概念;③戈德曼对卢卡奇总体性的还俗化改造,最为新颖和独特的是他在《隐蔽的上帝》中提供的著名的"帕斯卡打赌"概念。

在"我们今天需要一种怎样的形而上学——对阿多诺'奥斯维辛'之后的形而上学的思考"主题讲座中，华中科技大学哲学学院王晓升担任主讲人。对于"奥斯维辛之后我们需要一种怎样的形而上学"这个问题，王晓升的答案是——这是一种具有内在超越特性的形而上学、是用形而上学经验取代第一哲学的形而上学，虽然它与分析哲学、海德格尔哲学一样都具有拒斥传统形而上学的特点，但又与他们不同。这种形而上学吸收了康德拯救形而上学的思路，对于"超越"有一种全新的理解。王晓升指出，对于形而上学问题的思考是人类理性精神的必然要求，也是人类文化中的核心要素，这个核心要素是围绕人的自我持存的要求形成的。王晓升指出，形而上学必须思考超越的东西。没有对于超越东西的思考就没有形而上学。然而超越的东西一直是形而上学研究中的一个难题，在阿多诺看来，超越既需要有神学上的超越意义，也需要摆脱神学。我们需要形而上学，需要拯救被合理化原则所压制了的东西及非同一的东西，这也是我们今天重读阿多诺的意义。

在"列斐伏尔的现代性空间哲学剧场：黑格尔—马克思—尼采的三位一体"主题讲座中，南京大学哲学系刘怀玉重点介绍了列斐伏尔的"哲学剧场"，即让在真实时空中没有关系的人在虚拟时空中进行思想的对话与交流。列斐伏尔的现代性哲学剧场共包含黑格尔的政治哲学、马克思的社会理论和尼采的身体哲学三个方面。刘怀玉指出《空间的生产》好似一座迷宫，出入路径很多，但《资本主义的幸存》和《黑格尔、马克思、尼采，或阴影王国》这两本书不可绕过。刘怀玉从《阴影王国》一书出发，以黑格尔、马克思与尼采的三位一体为中轴来理解《空间的生产》中的三个重要概念，即抽象空间（黑格尔）、矛盾空间（马克思）与差异空间（尼采）。此三者叠加互动构成至今我们仍无法突破而只能徘徊–辗转于其间的现代性"阴影王国"。西方现代性起源于基督教文明中隐蔽的异端传统，其中有中世纪意大利哲学家弗洛尔的约阿希姆所说的"永恒的福音书"（西方版本的公羊三世说）：人类历史要经历圣父、圣子与圣灵三期，或法律、信念与快乐三段。列斐伏尔借此典故把黑格尔、马克思、尼采喻为现代性理论的三位一体。其中黑格尔是圣父与法律，马克思是圣子与信念，而尼采是圣灵与快乐。换言之，列斐伏尔的现代世界是"黑格尔式"圣父般的理性国家,是"马克思式"圣子般的理想社会,是"尼采式"圣灵般的快乐文明。

在"'为艺术而艺术'或'艺术回归生活'"主题讲座中,复旦大学哲学学院王凤才概述了唯美主义与先锋派的主要观点,分析了比格尔对于唯美主义与先锋派的批判性重构。这主要体现在三个方面:其一,从艺术体制到自主性艺术体制;其二,从艺术自主性到"为艺术而艺术";其三,从"为艺术而艺术"到"艺术回归生活"。王凤才得出了这样的结论:①比格尔既不赞同唯美主义也未倒向先锋派;②比格尔对整个艺术体制进行总体批判,重申"艺术回归生活"的必要性;③比格尔以辩证的态度对待唯美主义和先锋派。比格尔对唯美主义基本上持批判态度——唯美主义消极的一面是艺术失去了任何社会功能;但也看到了唯美主义积极的一面——将艺术定义为一个独特领域,从而使审美体验成为一种特殊经验;通过使艺术脱离生活实践,保证了对生活实践的批判性功能;此外,它对先锋派有刺激作用。王凤才认为比格尔既不赞同唯美主义也未倒向先锋派。因此,将比格尔划归为先锋派是不恰当的。

在"评诺齐克柯亨对马克思剥削观的误诊"主题讲座中,中山大学马克思主义学院林进平对诺齐克和柯亨对马克思剥削观的看法逐一分析。诺齐克直接针对马克思的劳动价值论来批评马克思的剥削观,这是因为在诺齐克看来,马克思的劳动价值观是其剥削理论的基础。诺齐克还从社会必要劳动时间入手对马克思的剥削观提出了质疑。在诺齐克看来,劳动时间应该以劳动者实际投入的时间为计,但马克思是以社会必要劳动时间为主路,这使整个问题变得格外复杂。同时,诺齐克认为马克思的利润理论存在很多瑕疵。柯亨认为马克思的劳动价值论不是马克思剥削理论的基础,因此即使马克思的劳动价值观有误,也不会影响到其剥削理论。对此,柯亨在其著作《自我所有、自由和平等》中针对诺齐克提出的质疑进行了十分烦琐的论证与回应。柯亨认为,剥削意味着工人的自我所有权被资本家无偿占有,因此剥削是不正义的。林进平认为,诺齐克可以从自愿这个角度作出有效批驳,但问题在于马克思并不是一个康德式的思想家,马克思不是从道德哲学、政治哲学、自由意识问题角度谈论剥削问题,而是从结构、社会制度来谈论这一问题。

在"从英国马克思主义透视西方马克思主义:影响与意义——安德森《西方马克思主义探讨》释读"主题讲座中,山西大学马克思主义哲学研究所乔瑞金分析了反思马克思主义发展脉络的重要性。乔瑞金认为安德森的这部书把一些具有不同倾向和内在差异的马克思主义的流派和人物,置于统一的"西方马克思主义"的学术传统之下,对其总体特征进行了广泛的论述和评价,为国内外学术界和思想界提供了一部研究西方马克思主义的经典文本。乔瑞金归纳出安德森批判西方马克思主义的五个主要观点:第一,西方马克思主义完全颠倒了经典马克思主义的研究路径从而使其思想离开了历史唯物主义的核心理念;第二,西方马克思主义共同传统的最为突出的一个特性是始终存在着种种类型的欧洲唯心主义及其影响;第三,割裂马克思和恩格斯的学术思想,危害了对马克思主义的统一理解;第四,西方马克思主义使用"晦涩的语言"表达思想,表现出一种"悲观的基调";第五,也是最重要的,西方马克思主义在本质上把理论与实践分离开来,尤其是它在结构上与政治实践相脱离。在此基础上,乔瑞金指出其中存在多处错误论断。

在"生态马克思主义:回顾与展望"这一主题讲座中,北京大学马克思主义学院郇庆治对马克思和恩格斯的生态思想、生态马克思主义的源起与形成、生态马克思主义的三个"十年"及其新进展、从生态马克思主义到社会主义生态文明理论这四个问题进行了逐一讲解。郇庆治指出,马克思和恩格斯的生态思想主要包括马克思的生态思想、恩格斯的生态思想,以及列宁、卢森堡与生态帝国主义三个核心性理论问题。生态马克思主义起源于20世纪60年代中期之前,在60年代中期到70年代中期得以形成。生态马克思主义的"第一个十年"是指20世纪70年代末至80年代,主要涉及如何理解哈维与生态马克思主义的关系、如何理解巴罗与东欧生态社会主义的关系,以及生态马克思主义与生态社会主义之间的关系三个问题;"第二个十年"是指20世纪90年代,主要涉及狭义生态马克思主义、生态社会主义及绿色左翼三方面议题;"第三个十年"则是指20世纪90年代末至21世纪初,主要包含北美学派、生态社会主义,以及生态社会主义宣言三方面议题。除此之外,郇庆治还通过介绍约翰·福斯特、杰夫·尚茨、菲利普·克莱顿和贾斯廷·海因泽克等人的著作,向大家简要说明了生态马克思主义的新进展。最后,郇庆治指出,国内生态马克思主义研究以2010年为分界线分为两个发展阶段,并分别介绍了两个发展阶段的代表著作。

四、中西方发展前沿问题

清华大学马克思主义学院邹广文在"中国式现代化的文化解读"主题讲座中,提出要理解中国式现代化,首先要理解现代化的内涵。邹广文指出,现代化是一个过程,不是突然出现的,我们在解读中国式现代化的时候,首先关注的是现代化的人,其次才是中国式现代化,不能用中国式现代化充当现代化的主导的价值诉求。在中国式现代化实现道路层面,邹广文讲述了我们应该坚持的价值诉求。邹广文指出,改革开放是中国走向现代化的动力之源,改革开放给了许多人更多的机会,保证了公平、公正这些最基本的公益,改革开放还催生了中国许多领域的资源。邹广文进一步指出,开放就是把现代化作为一种普遍性,我们无条件地借鉴现代化这种共同价值,这种开放是向最先进的生产力开放。市场经济是我们真正融入现代人类现代化大潮无法回避的。同时,中国式现代化最重要的本质特征是中国共产党领导。

在"右翼民粹主义、西方政治极化及其潜在的政治哲学逻辑"主题讲座中,中国社会科学院哲学所马克思主义哲学史研究室周穗明对右翼民粹主义与西方政治极化、西方政治极化背后的价值观对立及其政治哲学逻辑和西方政治极化的现状、走向及其启示这三个问题进行了解答。在特朗普胜选的强烈推动下,目前西方政治整体沦陷于右翼民粹主义,右翼民粹主义很可能成为一个持续多年的长期政治现象。周穗明认为西方社会内部长期积累的结构性危机导致右翼民粹主义兴起,并对这一观点进行了阐述。后工业社会中有一系列危机,第一是产业结构变动引发的劳动危机,大批劳动者结构性失业;第二是经济停滞、税源不足导致的福利国家危机;第三是工业化和世界工业化浪潮引发的生态危机;第四是政策失灵引起的社会民主主义危机;第五是社会基础变动、新社会主义运动导致的政党政治危机;第六是民众政治认同感丧失导致的民主制度的合法性危机。周穗明指出极化政治的背后是意识形态、政治哲学和价值观的冲突,是美国和西方基本民情中固有矛盾的发展,美国目前已经发生了这种价值观的对立和断裂。21世纪西方右翼民粹主义狂潮的原因极其复杂,多元文化主义助力了西方政治极化现象的形成,右翼民粹主义和政治极化的局面是西方遇到的真问题,周穗明认为西方需要一场结构性改革,需要解决其内部的价值观冲突。周穗明对多元文化主义的走向进行概述,认为就其政治影响而言,多元文化主义可能沿着两个方向行进:①以极左对抗极右,以强化"政治正确"对抗右翼民粹主义(反之亦然);②反思多元文化主义的身份政治,在国家政策和意识形态层面重新检讨并修正以往多元文化主义政策的激进化失误,尝试在政治上对极化政治斩草除根。